U0617871

权威·前沿·原创

皮书系列为
"十二五""十三五"国家重点图书出版规划项目

YELLOW BOOK

智 库 成 果 出 版 与 传 播 平 台

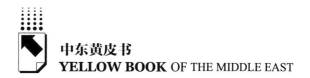

中东黄皮书

YELLOW BOOK OF THE MIDDLE EAST

中东发展报告 *No.23*（**2020~2021**）

ANNUAL REPORT ON DEVELOPMENT IN THE MIDDLE EAST No.23 (2020-2021)

新冠肺炎疫情影响下的中东局势

Middle East Situation under the Influence of COVID–19 Epidemic

主　编／王林聪

副主编／王　建

社会科学文献出版社

SOCIAL SCIENCES ACADEMIC PRESS（CHINA）

图书在版编目（CIP）数据

中东发展报告. No. 23，2020 - 2021：新冠肺炎疫情
影响下的中东局势 / 王林聪主编. -- 北京：社会科学
文献出版社，2021.10
（中东黄皮书）
ISBN 978 - 7 - 5201 - 9172 - 2

Ⅰ. ①中… Ⅱ. ①王… Ⅲ. ①社会发展 - 研究报告 -
中东 - 2020 - 2021②中外关系 - 研究 - 中东 - 2020 - 2021
Ⅳ. ①D737.069②D822.337

中国版本图书馆 CIP 数据核字（2021）第 236237 号

中东黄皮书

中东发展报告 No.23（2020~2021）
——新冠肺炎疫情影响下的中东局势

主　　编 / 王林聪

副 主 编 / 王　建

出 版 人 / 王利民
责任编辑 / 郭红婷
责任印制 / 王京美

出　　版 / 社会科学文献出版社·当代世界出版分社（010）59367004
　　　　　　地址：北京市北三环中路甲 29 号院华龙大厦　邮编：100029
　　　　　　网址：www.ssap.com.cn
发　　行 / 市场营销中心（010）59367081　59367083
印　　装 / 三河市东方印刷有限公司

规　　格 / 开本：787mm × 1092mm　1/16
　　　　　　印张：21　字数：313 千字
版　　次 / 2021 年 10 月第 1 版　2021 年 10 月第 1 次印刷
书　　号 / ISBN 978 - 7 - 5201 - 9172 - 2
定　　价 / 168.00 元

本书如有印装质量问题，请与读者服务中心（010 - 59367028）联系

中东黄皮书编委会

主　编　王林聪

副主编　王　建

编审组　（按姓氏音序排列）

　　　　　成　红　李新烽　刘　冬　唐志超　仝　菲

　　　　　王　凤　王　建　王金岩　王林聪　魏　敏

　　　　　邢厚媛　杨　光　余国庆

主要编撰者简介

王林聪　历史学博士，中国社会科学院西亚非洲研究所副所长、研究员，中国非洲研究院副院长，中国社会科学院大学（研究生院）教授、博士生导师，中国中东学会副会长兼秘书长，中国社会科学院海湾研究中心副主任，国务院政府特殊津贴专家。主要从事中东历史、政治和国际关系研究。现主持中国社会科学院登峰战略优势学科"当代中东研究"项目。主要学术代表作有《中东国家民主化问题研究》（专著）、《中国与埃及友好关系》（研究报告，合著），论文有《中东安全问题及其治理》《从马克思主义时代观看中东国家发展的国际环境》《"土耳其模式"的新变化及其影响》等。

王　建　中国社会科学院西亚非洲研究所副研究员，西亚非洲研究所图书信息室主任，中国社会科学院大学（研究生院）副教授、硕士生导师。主要从事中东政治和国际关系研究。学术代表作有《列国志：马达加斯加》（编著），论文有《从巴以冲突透析中东政治动荡的根源》《中东国家和地区治理困境的根源》等。

摘　要

2020年，中东十年剧变和世纪疫情叠加，加之域外大国对中东战略的调整，深刻影响着中东国家的发展进程和中东地区局势的演变。一方面，新冠肺炎疫情大流行不仅加剧地区国家政治、经济和社会危机，而且在一定程度上改变了中东国家经济形势、社会生态和治理方式，也凸显了地区公共卫生安全问题。另一方面，伴随美国在中东地区的战略收缩，中东地区秩序重塑步伐加快，中东地区国家间关系进入全面调整期。

首先，中东国家经济遭受疫情和低油价双重冲击，经济增长大幅萎缩，通货膨胀攀升，政府财政收入减少、债务增加，外国直接投资和侨汇流入下降，这些导致失业和贫困人口大幅增加。疫情也催生了中东数字经济，成为经济发展的新亮点。但是，中东国家经济走出低谷仍面临诸多挑战。

其次，受疫情影响，加强对社会控制的强政府治理模式普遍化。但是，随着疫情持续和蔓延，中东国家发展不足、治理不善等问题凸显，治理危机进一步加深，社会问题尖锐，阿尔及利亚、突尼斯、黎巴嫩、约旦等国家爆发民众抗议运动，给中东国家政治稳定带来新的冲击。

再次，大国对中东战略的调整以及地区国家间关系的重构成为中东地区最突出的变量。美国加快中东战略收缩步伐，中东在美国全球战略中的地位日趋下降，但美国为维护其霸权利益，仍保持"撤而不离"的态势。俄罗斯以叙利亚问题为抓手，"以点带面"继续提高其在中东地区的影响力。欧盟斡旋中东地区热点问题的能力下降，但仍寻求扩大其影响力。中国与中东国家携手抗疫，合作水平不断提高，为践行真正的多边主义树立了典范；中

国提出中东安全五点倡议，反响良好，中国在中东地区的建设性作用日益明显。

此外，中东地区热点问题反弹升温，地缘政治较量趋于激烈，安全形势严峻。阿联酋、巴林、苏丹、摩洛哥四个阿拉伯国家与以色列建交，深刻改变和影响着阿以关系和地区格局。但是，新一轮巴以激烈冲突表明巴勒斯坦问题仍然是中东地区动荡的根源问题，其解决前景堪忧。叙利亚、利比亚和也门的武装冲突烈度有所下降，但是政治和解进程步履维艰。伴随美国撤军行动，阿富汗政局发生剧变，塔利班重掌政权，对中东地区局势产生重要影响。与此同时，"基地"组织、"伊斯兰国"恐怖主义袭击频频发生，恐怖组织对地区安全的威胁上升。粮食安全、气候变化和水资源问题严峻，非传统安全问题仍在威胁地区的稳定和发展。

总之，新冠肺炎疫情持续和美国的中东政策调整引起的连锁效应，势必增加中东地区局势的变数，推升了中东局势的不确定性。在此背景下，地区诸强重启对话，谋求缓和紧张关系，维护自身安全，中东地区格局和国家间关系进入全面调整期。从长远看，重视中东地区安全和发展，加强危机管理，特别是推动构建包容性区域安全对话机制，将给动荡的中东地区迈向和平与稳定带来新的希望。

关键词： 中东 经济下滑 地缘竞争 安全风险 区域战略

目 录

I 总报告

II 分报告

III 国别报告

Ⅳ　热点问题

Ⅴ　对外经济合作

Ⅵ　文献资料

皮书数据库阅读**使用指南**

总 报 告
General Report

Y.1
新冠肺炎疫情影响下的
中东局势变化和前瞻

王林聪[*]

摘　要：　十年剧变和世纪疫情相互叠加，深刻影响着中东国家的发展
进程，并在一定程度上改变了中东国家经济形势、社会生态
和治理方式。新冠肺炎疫情既使中东国家遭遇空前经济和社
会发展困境，非传统安全威胁更加严峻，又放大了治理不
善、发展不足等问题，治理危机进一步加深。与此同时，大
国对中东战略的调整以及地区国家间关系的重构是中东地区
最为突出的变量。美国的中东战略收缩明显，中东在美国全
球战略中的地位日趋下降，但美国为维护其霸权利益，将维
持"撤而不离"的态势。中国与中东国家携手抗疫，合作水

---

* 王林聪，中国社会科学院西亚非洲研究所副所长、研究员，中国非洲研究院副院长，中国中
东学会副会长兼秘书长，中国社会科学院海湾研究中心副主任，主要研究领域为中东政治、
安全和国际关系。

平不断提高，在中东地区的建设性作用日益明显。中东热点问题反弹升温，新一轮地缘政治较量趋于激烈，中东地区国家间关系进入全面调整期；地区诸强既相互争锋，又尝试重启对话，谋求缓和紧张关系，维护自身安全。展望未来，动荡和纷争仍是中东地区的常态，但是，许多国家重视安全和发展，加强危机管理，推动构建包容性区域安全对话机制，这些努力将给中东地区迈向和平与稳定带来新的希望。

关键词：　中东　经济下滑　地缘竞争　国家治理　安全问题

2020 年，绝大多数中东国家仍徘徊于"中东剧变长波"① 下，一场席卷全球的新冠肺炎疫情也在中东地区蔓延和持续，深刻影响着中东国家的发展进程，并在一定程度上改变了中东国家经济形势、社会生态和治理方式。一方面，疫情加重了中东国家经济和社会问题的严峻程度；另一方面，疫情下，一些国家加大了对社会的管控力度。与此同时，疫情加快了中东地区地缘格局变化，对地区局势变化产生了深远影响。

一　新冠肺炎疫情对中东国家的重大影响

新冠肺炎疫情仍在持续，其后续效应正在发酵。面对失业率高涨、经济低迷以及产业链和供应链风险，绝大多数国家陷入抗疫和重振经济的两难境地，中东国家的经济和社会发展陷入空前困境。

（一）新冠肺炎疫情在中东地区的蔓延和持续

2020 年，新冠肺炎疫情在全球扩散。疫情在中东地区的蔓延大致可以

---

① 参见王林聪《2020：中东剧变十年的反思和展望》，载王林聪主编《中东发展报告 No. 22（2019~2020）》，社会科学文献出版社，2020。

划分为几个阶段。

第一阶段是 2020 年 2～8 月，疫情迅速蔓延，但政府严格控制。2020 年 2 月新冠病毒在中东地区迅速蔓延，3 月初中东新冠肺炎患者超过万例。面对严峻的疫情，中东国家纷纷采取严格的措施，控制疫情的蔓延，埃及、科威特、伊拉克、沙特阿拉伯、阿尔及利亚、叙利亚等多个国家实施宵禁。例如，沙特要求全国自 3 月 23 日起，晚 7 时至次日早 6 时实施宵禁，为期 21 天；埃及要求全国自 3 月 25 日起，晚 7 时至次日早 6 时实施宵禁，为期 15 天；约旦自 3 月 21 日起将居家隔离升级为强制措施。伊朗除在疫情重灾区实行强制隔离措施外，也呼吁民众不要出门、减少社交活动。在政府严格的管控下，2020 年 3～8 月，摩洛哥、突尼斯和约旦等国的感染率和死亡率处于低水平。

第二阶段是 2020 年 8 月至 2021 年 3 月，中东国家的政府控制减弱，疫情变得严重。2020 年 8 月之后，为了实现经济复苏，中东不少国家逐渐放松了对疫情的控制，疫情出现严重反弹，感染人数和死亡人数激增。以摩洛哥为例，2020 年 9 月之前，每百万人每日新增感染人数从未超过 40 人，但 2021 年 3 月 17 日，每百万人每日新增感染人数达到 466 人。①

第三阶段是自 2021 年 3 月以来，政府普遍加快新冠疫苗接种，遏制疫情的蔓延。2020 年下半年，阿联酋率先在中东接种中国研制的新冠疫苗。但是，中东国家的疫苗接种面临重重困难。一是疫苗接种不平衡问题突出。进入 2021 年，中东各国政府积极推进疫苗接种，然而各国呈现出分化态势。截至 2021 年 6 月底，以色列、土耳其和海湾阿拉伯国家接种一针疫苗的人口比例为 20% 以上，而其他中东国家的接种率均未超过 15%，叙利亚等战乱国家的接种率甚至不足 1%。从全球范围看，中东地区的接种率为 12%，

---

① Yasmina Abouzzohour, "One Year of COVID – 19 in the Middle East and North Africa: The Fate of the 'Best Performers'", Brookings, March 22, 2021, https://www.brookings.edu/blog/order – from – chaos/2021/03/22/one – year – of – covid – 19 – in – the – middle – east – and – north – africa – the – fate – of – the – best – performers/.

低于全球 26% 的平均水平。① 二是疫苗对外依存问题突出。除了极少数国家能够自主生产疫苗之外，中东大多数国家依赖于购买疫苗。全球 193 个国家或地区已经订购了超过 200 亿剂疫苗，将在 2021 年底前交付，但这段时间的全球疫苗生产能力为 92 亿剂，这意味着疫苗有很大的缺口。因此，很多中东国家将不得不等待一到两年才能为大多数人口接种疫苗。三是病毒频繁变异。2021 年 7 月，德尔塔变异病毒在中东（主要是地中海地区）肆虐，引发了中东第四波疫情，以色列、土耳其、突尼斯、摩洛哥、伊朗、伊拉克等国再度成为疫情重灾区。

截至 2021 年 7 月 15 日，中东地区新冠肺炎累计确诊病例 1140 万例，累计死亡 22.3 万例。不断上升的感染人数和死亡人数已逐渐超出大多数地区国家公共卫生部门的承受范围，凸显了中东国家公共卫生部门的问题，对其本已脆弱的经济造成压力。

（二）新冠肺炎疫情对中东国家经济和社会发展的影响

新冠肺炎疫情对中东国家的经济和社会发展造成严重冲击，不仅直接损害地区国家的经济和社会生活，而且深刻影响着地区国家的经济和社会结构。

1. 新冠肺炎疫情对中东经济发展的影响

第一，疫情导致中东国家的宏观经济恶化。② 20 世纪第二个十年，由于石油和其他大宗商品价格下跌、新一轮国内政治局势不稳定、区域内冲突持续、经济和治理改革停滞等原因，中东地区经济形势恶化。宏观经济的恶化表现在经济增长速度放缓、财政和对外收支不平衡恶化、公共债务增加以及通货膨胀加剧。在解决长期的结构性和体制性问题方面没有明显进展。例

---

① Paul Dyer, Isaac Schaider, and Andrew Letzkus, "COVID – 19 Vaccination Efforts in the Middle East and North Africa", Brookings, August 3, 2021, https://www.brookings.edu/interactives/covid – 19 – vaccination – efforts – in – the – middle – east – and – north – africa/.

② Marek Dabrowski and Marta Domínguez-Jiménez, "Economic Crisis in the Middle East and North Africa", Policy Contribution, Issue n°02/21, January 2021, pp. 4 – 7.

如，失业率高，特别是年轻人失业率高，女性劳动力市场参与率低；教育质量差，公共部门运行成本高且效率低；军事和安全开支大以及能源补贴高。而新冠肺炎疫情给中东地区本已停滞不前和脆弱的宏观经济带来了额外的负面冲击，包括卫生危机和封锁措施的影响、供应链暂时中断、旅游业收入和劳工汇款急剧下降以及油价下跌。

根据国际货币基金组织 2020 年 10 月的预测，2020 年，除埃及和土耳其之外，中东地区其他国家的经济都将是负增长，国内生产总值下降。此外，受疫情影响，全球能源需求下降，2020 年 3 月中东产油国面临油价暴跌，产油国普遍受到资本外逃的冲击。低油价对中东经济的影响是长期和深远的。与此同时，地区国家经济严重下滑、政府收入减少和支出增加，财政不平衡进一步恶化，债务占国内生产总值比重上升，这可能导致更多地区国家陷入债务危机。

为应对疫情带来的经济问题，国际货币基金组织向中东国家提供了紧急援助。埃及、约旦和突尼斯利用快速融资工具获得了紧急援助，吉布提和毛里塔尼亚则受益于快速信贷机制（包括优惠服务条件）。摩洛哥从其预防性信贷额度中提取了资金，约旦由国际货币基金组织支持的项目已获批，埃及一项新的备用安排也已审核完成。

第二，疫情导致普通民众的生存状况进一步恶化。① 疫情加剧了经济危机，民众的生存状况持续恶化，主要表现在以下三个方面。

一是民众的医疗成本压力加大。根据世界银行的数据，许多中东国家的公共卫生状况很差。几乎一半的医疗支出由家庭直接支付，65% 的劳动力受雇于非正规部门，而非正规部门缺乏医疗补贴和公共医疗保障。这使医疗系统和当地居民没有足够的能力应对公共卫生危机，加剧了先前存在的经济和社会不安全感。虽然富裕的海湾阿拉伯国家合作委员会成员国具备扩大医疗

---

① Alexander Farley & Brooke Sherman, "Economic Fragility and COVID - 19 in the Middle East: Will More Civil Unrest Follow the Pandemic?", Wilson Center, April 21, 2021, https://www.wilsoncenter.org/article/economic - fragility - and - covid - 19 - middle - east - will - more - civil - unrest - follow - pandemic.

保障覆盖面和购买新冠疫苗的财政能力，但其医疗保健系统普遍缺乏准备。

二是失业情况不断恶化。石油收入减少和旅游业停滞导致中东国家的经济普遍萎缩。大量中东民众在非正规部门工作，封锁、保持社交距离和宵禁对非正规部门的打击尤其严重。联合国估计，疫情将导致阿拉伯世界增加170万名失业人口，这将进一步加剧中东地区的收入不平等。与此同时，失业的女性明显多于男性。

三是日常教育活动受阻。世界银行估计，全球范围内，学校的关闭将减少有效教育学习时间0.6年。中东地区1100万名儿童受到影响，130万名儿童可能面临辍学的风险。联合国儿童基金会估计，贫困家庭的儿童人数可能会增加1000万人。尽管中东地区的移动宽带覆盖率很高，但许多国家的互联网普及率低，孩子缺乏在家进行网上学习的机会，从长远看这将对中东经济造成更多负面影响。

第三，新冠肺炎疫情影响了中东国家的国家经济发展战略的推进。以埃及为例，疫情严重影响了"2030愿景"的实施。疫情发生之后，埃及侨汇、旅游以及苏伊士运河的收入受到全球市场疲软的影响，如埃及旅游业损失超过10亿美元。2020年初，埃及失业率已经降至7.7%，但由于疫情导致总体贸易下滑和政府采取封锁措施，埃及的失业率有所回升，预计到2021年将上升到11.6%。① 在此情况下，埃及政府积极采取措施应对疫情。例如，划拨1000亿埃镑用于抗击疫情，为低收入群体和受疫情冲击严重的产业提供补贴；中央银行将利率下调了3个百分点，取消ATM提现手续费6个月，并要求银行为企业提供信贷，为公司发放工资和企业融资提供便利。此外，将一些食品供应商的免税期延长12个月。埃及旅游业雇用了国家约1/10的人口，埃及政府为旅游业提供了特殊支持，一方面，提供两年期信贷支持雇主；另一方面，以法令的形式禁止在危机期间解雇任何员工。

根据国际货币基金组织的《区域经济展望：中东和中亚》，中东地区的

---

① Mirette F. Mabrouk, "Introduction: Evolution, Adaptation, and Survival", in Mirette F. Mabrouk, ed., *Rethinking Egypt's Economy*, Washington D. C.: MEI, 2020, p. 1.

经济总量在 2020 年将减少 4.7%①，埃及可能是唯一能实现经济正增长的阿拉伯国家。虽然很难说埃及经济在横向比较中表现良好是完全因为"2030愿景"，但"2030 愿景"无疑发挥了积极作用。埃及政府和社会一致认为，"2030 愿景"的实施不会因疫情停滞，反而要更加积极地推进。一方面，埃及政府高度重视"2030 愿景"的价值，并强调"2030 愿景"要根据疫情造成的冲击做出相应调整。2020 年 6 月 1 日，埃及计划和经济发展部发布一份报告，指出埃及承诺实现"2030 愿景"中的可持续发展目标和履行国际义务；提出相关保障倡议，确保"2030 愿景"的顺利执行。埃及计划和经济发展部部长哈拉·赛义德（Hala El-Said）强调，"2030 愿景"已经成为埃及的国家基石，将根据疫情影响修改愿景中的相关议程。② 另一方面，埃及的社会力量也普遍认为，疫情更加彰显了"2030 愿景"的重要性。有学者指出，应对疫情不能脱离埃及的可持续发展战略，包括提高社会保障水平，建立强大的卫生保健系统，充分发挥埃及的人力资源优势，进行投资，恢复经济，实现全球范围的知识和科技共享等。③

2. 新冠肺炎疫情对中东地区社会发展的影响

新冠肺炎疫情不仅对中东国家的经济造成巨大冲击，也给中东国家的社会生活带来极大影响。由于新冠肺炎患者数量庞大，中东地区一些国家的政府实施了严格的管控措施，以遏制疫情的传播。而保持社交距离和自我隔离等举措在一定程度上影响着人们的生活方式。

第一，疫情下中东民众生活方式发生新的变化。疫情期间，人们的生活方式如睡眠时间、体育活动、看电视时间、使用社交媒体时间和饮食习惯都

---

① IMF, *Regional Economic Outlook Update*: *Middle East and Central Asia*, Washington D. C. : IMF, 2020, p. 1.

② Doaa A. Moneim, "Egypt to Update 2030 Vision Amid Coronavirus Crisis", Ahram Online, June 1, 2020, http://english. ahram. org. eg/NewsContent/3/12/370265/Business/Economy/Egypt - to - update - - Vision - amid - coronavirus - crisis. aspx.

③ Sarah El Battouty, "As Egypt Recovers, Sustainable Growth Must Remain at the Heart of Its Development Plans", in Mirette F. Mabrouk, ed. , *Rethinking Egypt's Economy*, Washington D. C. : MEI, 2020, p. 24.

受到显著影响。

人们减少了健身活动的次数，将更多的时间花在社交媒体和电视上。一项针对中东地区 17 个国家（埃及、约旦、阿联酋、科威特、巴林、沙特、阿曼、卡塔尔、也门、叙利亚、巴勒斯坦、阿尔及利亚、摩洛哥、利比亚、突尼斯、伊拉克和苏丹）5896 名民众关于新冠肺炎疫情对其生活方式的调查研究发现，疫情深刻改变了中东民众的生活方式。例如，睡眠时间有所增加，疫情前 49.6% 的受访者表示睡眠不足 7 个小时，疫情后 53.2% 的受访者睡眠时间增加到 7~10 个小时；健身活动显著减少，48% 的受访者在疫情期间没有健身活动，而在疫情前不健身的受访者比重为 44.6%。此外，疫情还影响了民众的运动方式，疫情发生前和疫情发生后选择散步的受访者比重分别是 29.2% 和 20.3%。另外，看电视和使用社交媒体的时间有所增加，24% 的受访者从以前每天不足 1 个小时增加到超过 2 个小时，而在疫情前仅有 10% 的受访者每天看电视时间超过 2 小时。与此类似，57.1% 的受访者每天花在社交媒体上的时间从以前不足 1 个小时增加到超过 2 个小时。①

由于政府要求自我隔离和保持社交距离，民众的运动时间减少，民众身体抵抗病毒感染的能力下降，免疫系统、呼吸系统、心血管系统、肌肉骨骼系统和大脑受损的风险增加。一些国家的政府着手制订公共卫生干预计划，以减轻疫情对民众身体健康的长期破坏性影响。

第二，中东地区的社会不平等状况加剧。② 首先，中东地区最脆弱人群感染病毒的风险加大。疫情导致中东地区的歧视和不平等情况加剧。难民、移民、少数民族等群体以及囚犯的处境比以往任何时候都更加危险。难民营和拘留中心（如利比亚的难民营和拘留中心）人满为患，许多难民、移民

---

① Mohamed Abouzid et al., "Influence of COVID - 19 on Lifestyle Behaviors in the Middle East and North Africa Region: A Survey of 5896 Individuals", *Journal of Translational Medicine*, Vol. 19, 2021, pp. 1 - 11.

② "MENA: COVID - 19 Amplified Inequalities and Was Used to Further Ramp up Repression", Amnesty International, April 7, 2021, https://www.amnesty.org/en/latest/news/2021/04/mena - covid - 19 - amplified - inequalities - and - was - used - to - further - ramp - up - repression/.

和国内流离失所者面临更高的感染新冠病毒的风险。以色列自 2020 年 12 月启动新冠疫苗接种工作，但没有向被占领的约旦河西岸和加沙地区的 500 多万名巴勒斯坦人提供疫苗。疫情加剧了中东地区移徙工人本已脆弱的处境，尽管一些海湾国家出台了免除逾期签证的处罚措施，但许多移民工人面临被解雇的风险，并且几个月都无法领到工资。约旦成千上万失去工作的移徙工人很少获得社会保护或其他就业机会。在利比亚，来自塔布斯和图阿雷格斯等历史上被忽视的地区少数民族因为无法进入敌对武装集团控制的医院而得不到足够的医疗救治。

其次，疫情进一步拉大了中东地区的贫富差距。长期以来，中东是全球贫富最不平等的地区之一，10% 的人掌握着 76% 的财富。以税收政策为例，中东国家近年来税收政策更偏向企业而非工人。例如，在突尼斯，2010 ~ 2018 年，企业纳税减少了 37%，同期家庭纳税则增加了 10%。这种有利于富人的政策加剧了整个社会的贫富不均问题。疫情导致中东地区最富有和最贫穷的人之间的差距进一步拉大。从新冠肺炎疫情突如其来到 2020 年 8 月，阿联酋、埃及等国 21 位中东最富有富豪的净资产增加了 100 亿美元，但疫情导致 4500 万名中东民众陷入贫困。①

再次，疫情进一步加剧了中东地区的性别不平等。中东地区性别不平等问题十分突出，在疫情下，中东地区的女性受到的冲击比男性更大。女性劳动力仅占该地区劳动力总数的 20%，而疫情进一步加剧了中东地区的女性失业问题。疫情下，中东地区的工作数字化进程加快，但是中东地区的女性上网率较低，在伊拉克和摩洛哥等国，只有大约一半的女性可以访问互联网。在疫情冲击下，2020 年 11 月，摩洛哥、突尼斯、埃及的总失业率分别为 30%、22%、9%，而其女性失业率分别为 52%、41%、16%。②

---

① Nabil Abdo and Shaddin Almasri, *For a Decade of Hope Not Austerity in the Middle East and North Africa: Towards a Fair and Inclusive Recovery to Fight Inequality*, Oxford: Oxfam, 2020, p. 3.

② Aseel Alayli, "COVID – 19 Magnifies Pre-Existing Gender Inequalities in MENA", Arab Barometer, December 1, 2020, https: //www. arabbarometer. org/2020/12/covid – 19 – magnifies – pre – existing – gender – inequalities – in – mena/.

（三）新冠肺炎疫情影响下中东国家治理的新变化

新冠肺炎疫情给中东国家的治理问题带来全面影响，包括国家的治理模式、治理手段等。

1. "强政府"治理模式较为普遍

在中东地区，为了控制疫情的传播，除采取隔离、检测和封锁等公共卫生措施外，许多国家的政府不仅将疫情定义为公共卫生问题，而且将其定义为"安全威胁"，通常将国家遏制病毒传播的努力描述为"一场战争"。其中，以色列是中东国家对疫情安全化治理的典型。以色列对疫情做出果断和迅速的反应，如开展新冠病毒检测、限制公众集会以及关闭学校和幼儿园等措施。以色列总理内塔尼亚胡将以色列遏制新冠病毒的努力描述为"与隐形敌人的战争"。国防部长纳特利·本内特表示，以色列"正处于战争之中。它的重要性不亚于前几次以色列战争，但大不相同"。国家安全委员会于2020年3月底发布的《以色列国家疫情计划》（A National Corona Plan for Israel）政策文件将新冠病毒"安全化"。乔拉·埃兰少将声称"以色列正在与新冠病毒进行全面战争"。[1] 以色列将疫情"安全化"不仅表现在语言行为上，也表现在行动中。内塔尼亚胡表示，为了遏制疫情，有必要采取非常措施，其中包括前所未有地利用以色列的各种安全和情报机构。例如，利用国内情报机构辛贝特（Shin Bet）监控技术追踪感染新冠病毒的公民，这是首次利用这一技术公开追踪以色列公民；利用以色列情报搜集特种部队767部队（Sayeret Matkal）追踪10名在政府卫生系统中丢失个人信息的患者；以色列国防军情报团的研究部门和精锐部队8200协助卫生部收集和分析与疫情有关的情报。军队、情报人员和情报技术通常用于打击恐怖主义和维护国家安全，以色列利用这些机构开展抗疫行动，也是它对疫情的安全化

---

[1] Adam Hoffman, "The Securitization of the Coronavirus Crisis in the Middle East", in Marc Lynch, ed., *The COVID - 19 Pandemic in the Middle East and North Africa*, Washington D. C.: POMEPS, pp. 10 - 14.

的反应。①

以色列对疫情的安全化反应表明，一个强大的国家能够在全球危机面前迅速调动其安全部队（就以色列而言，还有情报部门），实行封锁并维持国内稳定，但疫情暴露了以色列在卫生系统准备和危机应对方面的国家能力有限。

与此同时，巴林、科威特、阿曼、沙特和阿联酋等海湾国家加强了对社会的管控，严控在社交媒体上散布"虚假新闻"的行为。阿尔及利亚、摩洛哥等国宣布卫生紧急状态，并严惩对疫情恶意攻击的行为。埃及、伊朗、以色列等国也加强了对舆情的监控，确保社会团结和稳定。

2. "数字化"治理方式兴起

始于世纪之交的第四次工业革命正以前所未有的速度、深度、广度系统地改变着人类社会的方方面面。数字技术对有效治理和可持续发展进程产生重大影响。新冠肺炎疫情下，中东地区国家普遍采取隔离措施，加快了数字治理的步伐，加强了数字政府在传统数字服务和管理危机创新中的作用。数字解决方案对解决隔离问题、保持人们知情权和民众参与至关重要。电子政务能够远程提供服务，降低了向公众提供服务的相关经济、社会和环境成本。

新冠肺炎疫情进一步凸显了数字治理的重要性，中东国家政府更多地使用数字化治理方式加强政府服务、保障公民健康、提高公民福祉。中东政府的数字服务范围和种类迅速增加，从简单的疫情信息共享到启动病毒检测、行程追踪、政策指导和财政支持等，都能看到数字治理的运用。疫情期间，海湾君主国的数字治理走在地区前列。在这些国家，政府在提供社会服务和医疗保健方面发挥着特别重要的作用。所有海合会成员都在 2020 年推出了与疫情相关的追踪程序，包括科威特政府用于监控居家隔离者的"Shlonik"程序，阿联酋迪拜推出的提供全套与疫情相关服务的迪拜卫生局应用程序，

---

① Adam Hoffman, "The Securitization of the Coronavirus Crisis in the Middle East", in Marc Lynch, ed., *The COVID - 19 Pandemic in the Middle East and North Africa*, Washington D. C.: POMEPS, pp. 10 - 14.

沙特阿拉伯卫生部用于报告疫情实时信息的 "Tawakkalna" 程序。① 此外，迪拜定制了阿联酋通行证（UAE PASS），这是一种面向公民、移民和游客的数字身份账号，使他们能够享受全国 5000 项政府和私人服务；沙特教育部提供数字工具和电子材料支持学生在家学习。

尽管中东国家的数字治理取得了一些成就，但也面临一些挑战。一是体制难题。中东国家电子政务的特点是公共部门庞大、监管结构复杂。虽然利用信息和通信技术实现公共机构现代化的做法有所增加，但电子政务对中东国家可持续发展的积极影响不足。中东国家的电子政务仍然被视为技术支持活动，而不是发展的核心战略组成部分。二是资源限制。中东发展电子政务的障碍是缺乏基础设施和存在巨大的数字鸿沟。大多数国家严重缺乏电子政务项目，仍无法通过适当的经济改革来补充技术投资，从而以更快的增长、更好的公共服务和更优的环境管理来获得数字红利。三是不平等问题。与欧洲和亚洲的新兴地区相比，中东高速互联网普及率较低，除了海湾国家，其他许多阿拉伯国家只有不到 1/4 的家庭能够连接互联网。② 农村和城市之间的差距尤为明显。

3. 中东国家治理危机凸显

中东国家经济在生产和分配方面长期存在结构性问题，在新冠肺炎疫情冲击下，受到石油价格低迷和全球经济疲软等因素的影响，中东国家的经济问题进一步加剧，国家治理面临的深层次难题进一步恶化。2020 年，新冠肺炎疫情虽然短暂地抑制了大规模民众抗议，但疫情下加剧的国家治理困境的影响在 2021 年逐渐显露，一些国家的政治稳定压力加大。

一是长期稳定的君主国频现政治危机。疫情沉重打击了约旦经济，国家的支柱产业之一旅游业遭受重创，旅游业收入锐减 90%，影响到 2 万多个就业岗位。经济社会问题引发约旦政治动荡。2021 年 4 月初，约旦亲王哈

---

① Rami Riad Mourtada, Dr. Lars Littig, Miguel Carrasco, and Gianluca Generoso, *Digital Government in the GCC：Accelerating Citizen Trust*, Boston：BCG, 2021.

② Iyad Dhaoui, "E-Government for Sustainable Development：Evidence from MENA Countries", *Journal of the Knowledge Economy*, 2021.

姆扎领导的政变被挫败，随后20多名高官和相关王室成员被逮捕。疫情还加剧了阿曼的经济严峻形势，财政萎缩、赤字上升、失业增加。2021年5月底，阿曼多地爆发民众抗议活动，抗议青年失业和政府腐败问题。疫情也加大了科威特的财政压力，科威特国民议会一直不愿意通过立法来筹集资金，一些议员希望政府根除腐败、浪费和管理不善等问题，造成了议会和王室关系紧张。2021年1月中旬，科威特3名议员对总理发出违宪质询后，萨巴赫·哈立德领导的内阁被迫集体辞职。

二是多个共和制国家政治稳定面临更严峻的挑战，最突出的是黎巴嫩和突尼斯。在黎巴嫩，货币持续贬值，国内精英垄断国家资源及其分配，教派矛盾尖锐，腐败猖獗，国家深陷系统性危机并处于崩溃边缘，民众抗议此起彼伏。在突尼斯，新冠肺炎疫情进一步加剧了其经济和社会危机，国内生产总值在2020年缩水了9%，青年失业率高达36%；民众对政府施策不满，反抗浪潮再起，突尼斯这个被西方誉为"阿拉伯之春"的"典范"再度陷入动荡，并出现了严重的政治危机。

二 新冠肺炎疫情影响下中东局势的变化及其特征

在十年剧变和世纪疫情的叠加影响下，不仅中东国家的经济和社会遭受重创，而且中东地区局势发生了重大变化，其中大国对中东战略的调整以及地区国家间关系的重构是最突出的变量。

（一）新冠肺炎疫情影响下中东局势的新变化

新冠肺炎疫情与其他因素叠加，在一定程度上改变或影响着中东地区国家的实力对比、地区国家间关系的调整、地区热点问题的走向。

第一，疫情对不同国家的实力变化造成不同影响，冲击了中东地区国家的权力格局。疫情影响了中东地区国家的权力消长和相关国家的地区行为。一方面，一些强国，如伊朗、土耳其和沙特自"阿拉伯剧变"以来的崛起势头受到拖累。伊朗和土耳其是中东地区受疫情影响最为严重的两个国家，

疫情对两国的外交政策产生较大影响,两国在中东地区的扩张势头因疫情受到制约。此外,疫情叠加国际油价暴跌导致海湾阿拉伯国家面临经济社会危机,沙特不仅难以维持在也门的军事行动,也减少了对其他地区国家的经济援助。另一方面,埃及、阿联酋等开展抗疫合作,提高了地区权力和影响力。阿联酋不仅向中国、美国、英国、克罗地亚等国提供援助,而且向传统的对手伊朗提供40多吨的抗疫物资,协助世界卫生组织向伊朗转运医疗物资,并向敌对的叙利亚巴沙尔政府提供慰问和援助,增强了软实力和影响力。

第二,疫情影响下,中东地区的地缘政治矛盾有所缓和,烈度有所降低,但对抗仍然存在。起初,疫情带来一些新的地区合作,俄罗斯与土耳其达成伊德利卜停火协议、沙特单方面宣布在也门停战、以色列和巴勒斯坦联合抗疫等。然而,叙利亚和也门的战场局势依旧胶着,巴以关系也随以色列计划"吞并约旦河西岸地区"而再次降至冰点。

中东地区的两组地缘政治对抗仍然存在。一是土耳其与卡塔尔为一方,埃及、沙特、阿联酋等为另一方的亲穆兄会集团与反穆兄会集团之间的对抗。双方在利比亚、叙利亚、非洲之角争夺激烈,双方的博弈正向东地中海地区扩展。二是伊朗及其地区盟友为一方,美国、以色列和海湾君主国为另一方的激进力量与保守力量之间的对抗。双方在海湾地区、也门、伊拉克、叙利亚和黎巴嫩继续角力,即便阿联酋等国向伊朗和叙利亚提供抗疫援助,但双方的冲突并未出现根本改变。

然而,相对于前几年的地区紧张局势,2021年上半年的地区形势有所缓和。美国与伊朗恢复谈判,并带动沙特与伊朗重新接触,虽然以色列与伊朗的对抗仍然激烈,但中东亲美阵营与反美阵营的剑拔弩张状态已得到缓和。此外,亲穆兄会集团与反穆兄会集团的关系出现缓和迹象,沙特、阿联酋与卡塔尔于2021年1月恢复关系,土耳其积极寻求与埃及、沙特、以色列实现和解。①

---

① "Erdogan's Reset with Egypt and the Gulf Won't Be Smooth", Al-Monitor, May 8, 2021, https：//www. al－monitor. com/originals/2021/05/erdogans－reset－egypt－and－gulf－wont－be－smooth#ixzz736VuH17G.

第三，疫情影响下，中东地区的非传统安全威胁日益加剧。新冠肺炎疫情本身就是严重的公共卫生安全威胁，而中东地区原本存在的各种形式的非传统安全威胁也未减弱。一是恐怖主义问题加剧。"基地"组织和"伊斯兰国"等恐怖组织利用防疫带来的"时机"，积极宣扬激进思想、招募追随者、发动恐怖主义行动。据统计，"伊斯兰国"组织残余力量2019年在叙利亚发动了144次袭击，2020年前三个季度的袭击次数高达126次，在叙利亚拉卡南部和哈马东部的活动更为频繁。①

二是粮食安全问题突出。中东国家大多依赖粮食进口，疫情下一些粮食出口国为增加粮食储备而减少了粮食出口，加剧中东地区的粮食安全问题。2020年4月初，联合国经济及社会理事会指出，阿拉伯地区目前有约1亿贫困人口和5200万营养不良人口，而疫情将使阿拉伯地区新增830万贫困人口和200万营养不良人口。② 受战乱威胁，也门和阿富汗粮食安全问题尤为严峻。

三是环境问题仍被边缘化。疫情对中东造成了破坏性影响，中东国家政府和社会对环境问题的关注度进一步下降。世界经济论坛《2021年全球风险报告》将极端天气、气候行动失败和人类环境破坏等环境风险列为全球最大风险。报告指出，中东是全球环境安全问题的重灾区，面临缺水、严重污染、降雨减少、干旱和生物多样性丧失等问题。

第四，新冠肺炎疫情推动中东地区热点问题出现一些新动向。一是非传统安全威胁上升，推动部分阿拉伯国家与以色列改善关系。2020年9月，阿联酋同以色列达成关系正常化协议，这背后有多重原因，其中阿联酋试图加强与以色列的非传统安全合作是阿以关系正常化的重要动力。此后，巴林、苏丹、摩洛哥三个阿拉伯国家先后与以色列改善关系。

---

① Colin P. Clarke, "Trends in Terrorism: What's on the Horizon in 2021?", Foreign Policy Research Institute, January 5, 2021, https://www.fpri.org/article/2021/01/trends - in - terrorism - whats - on - the - horizon - in - 2021/.

② UNESCWA, *Mitigating the Impact of COVID - 19: Poverty and Food Insecurity in the Arab Region*, Beruit: UNESCWA, 2020.

二是战乱国家政治和解进程虽有所进展，但整体上仍步履维艰。2020年10月，利比亚开启新一轮政治和解进程，但利比亚问题利益攸关方的博弈依旧激烈。进入2021年，国际社会积极推动也门和平进程，但胡塞武装与哈迪政府军在也门中部马里卜的对峙仍然激烈。叙利亚问题日内瓦和平进程虽在运转，但进展十分有限。

三是东地中海局势成为地区新热点，域内外国家围绕油气和地缘政治利益的博弈日趋激烈。在东地中海，围绕油气资源划分和油气管道修建这两大议题，相关国家展开激烈博弈，并赋予了该问题更强烈的地缘政治争夺的色彩。除了地中海沿岸国家，域外国家也逐渐卷入该议题，使东地中海争端更加复杂。

（二）新冠肺炎疫情影响下大国对中东政策的变化

新冠肺炎疫情影响域外大国对中东政策的调整，美国继续推进中东收缩战略，俄罗斯在中东持续发力，域外大国在中东的地缘争夺明显。

第一，新冠肺炎疫情使美国从中东地区战略收缩加快。自奥巴马政府以来，美国开始将战略重心从中东转向亚太地区，对中东进行大规模军事介入的意愿下降，减少在中东的军事投入，但仍试图以低成本方式主导中东事务。疫情进一步推动了这一趋势，这在特朗普执政后期表现明显。一方面，美国对中东地区的抗疫援助十分有限。美国国内疫情严峻，2020年5月爆发的严重族群矛盾和频繁的抗议活动进一步消耗美国参与中东事务的精力。新冠肺炎疫情发生后，美国没有及时为中东提供相应的医疗卫生援助，特朗普政府宣布退出世界卫生组织更是对中东地区抗疫工作形成严重阻碍。此外，美国加快调整在中东的军事存在。2020年2月，美国政府与塔利班达成和平协议，将分阶段停火、释放囚犯和撤军。另一方面，美国仍然维持在中东地区的主导权和影响力。疫情期间，特朗普政府继续以偏袒一方、打压一方的政策来拉拢地区盟友。2020年1月，美国正式推出"世纪协议"的政治部分，并支持以色列"吞并约旦河西岸"的计划。此外，美国还积极支持自己的阿拉伯盟友阿联酋、巴林、苏丹和摩洛哥与以色列实现关系正常化。

与此同时，美国加紧对伊朗的"极限施压"，2020年1月更是在伊拉克巴格达对伊朗伊斯兰革命卫队"圣城旅"指挥官苏莱曼尼进行"定点清除"。

2021年1月，拜登上台后，继续奉行在中东的战略收缩政策。一方面，拜登政府调整特朗普时期的中东政策。一是谋求恢复奥巴马政府在中东的部分政治遗产，就重新履行伊核协议与伊朗展开谈判。拜登政府将重返伊核协议作为中东政策的核心内容，但是美伊在恢复伊核协议的前提条件上的分歧难以调和，谈判陷入僵局。二是继续支持以色列，同时缓和与巴勒斯坦的关系。拜登宣布重新设立资助近东工程救济处，并向巴勒斯坦提供1500万美元援助来应对疫情。三是停止支持沙特在也门的军事行动。拜登公开称也门战争是"人道主义和战略灾难"，要求沙特尽快结束也门战争。另一方面，拜登政府重申对地区盟友的安全承诺。特朗普政府要求地区盟友承担更多的安全责任。2019年，沙特国内石油设施多次遭受袭击，美国并未开展实质性的报复行动，但在沙特支付5亿美元的驻军费用后，美国向沙特增兵。2021年2月4日，拜登发表首次外交政策讲话，承诺不会冻结对沙特的军事援助，并将协助沙特加强国防安全。拜登就任后在中东地区的首次军事行动选择空袭叙利亚境内的什叶派民兵团体，向地区盟友与伊朗展示了其对袭击美国设施的行为将进行报复的意愿和能力。

与此同时，拜登政府奉行"价值观外交"，在人权问题上向地区盟友施压。特朗普政府在中东地区不强调意识形态，基本没有对地区盟友国内的人权问题进行指责和制裁，特别是特朗普在"卡舒吉事件"上公开支持沙特王储。而拜登则重拾"价值观外交"，延续民主党总统的一贯政策，要求中东地区盟友在"民主"和"人权"问题上进行改革。美国情报机构公开调查报告，认定沙特王储下令批准杀害卡舒吉。2021年4月，拜登还公开将奥斯曼帝国时期"亚美尼亚大屠杀"认定为"种族灭绝"事件，遭到土耳其政府的反对。

由此可见，拜登政府的中东政策有两个重要特征。一是继续奉行战略收缩政策。拜登的首要任务是控制国内疫情和恢复经济生产；在对外政策上侧重于重塑以跨大西洋伙伴关系为核心的全球盟友体系，并加快遏制中国。因

此，拜登对外政策的重心并没有放在中东地区，并且继续减少在中东的军事存在。拜登政府宣布，2021 年 9 月 11 日之前从阿富汗完全撤军，2021 年 12 月 31 日伊拉克境内将不存在承担作战任务的美军。同时，拜登政府希望重塑和调整美国在中东地区的盟友体系。与特朗普时期依赖盟友维持在中东地区的影响力，并未要求实行威权体制的地区盟友进行政治改革不同，拜登政府力图加强对盟友的限制，其在中东实行离岸平衡战略的色彩更加明显。二是美国在中东"撤而不离"。需要注意的是，美国"战略收缩"并不意味着它完全放弃其主导的中东地区秩序。一方面，美国通过在中东国家的军事基地和地区盟友确保在地区的军事存在；另一方面，美国则继续通过经济、政治和外交等多种手段施加影响力。① 美国在中东"撤而不离"，试图阻挠俄罗斯、中国与中东国家开展合作。

第二，俄罗斯以叙利亚问题为抓手，"以点带面"继续提高其在中东地区的影响力。受到疫情、国际油价暴跌和西方经济制裁的叠加效应冲击，俄罗斯国内经济状况持续恶化，但是俄罗斯并未减少对中东地区的投入。② 一方面，俄罗斯继续在叙利亚问题上保持军事和政治主导地位，多次空袭叙利亚境内的反政府武装和"伊斯兰国"组织。俄罗斯与土耳其、伊朗在叙利亚问题上相互协调，但又相互竞争。另一方面，俄罗斯介入地区其他冲突，提供武器装备支持哈夫塔尔领导的利比亚国民军；纳卡冲突爆发后，俄罗斯积极斡旋亚美尼亚、阿塞拜疆和土耳其停火。

与此同时，俄罗斯在中东地区的军事影响力持续提高。一方面，俄罗斯继续扩大在中东地区的军事存在。叙利亚政府向俄罗斯无偿提供拉塔基亚省的 8 公顷土地和水域，俄罗斯扩建赫梅米姆空军基地。2020 年 11 月，俄罗斯与苏丹政府签署协议，俄罗斯将在苏丹建立海军基地。另一方面，俄罗斯增加对中东国家军售。联合国对伊朗的武器禁运于 2020 年 10 月自动解除

---

① George Friedman, "US Withdrawal from the Middle East", *Geopolitical Futures*, May 8, 2021, https://geopoliticalfutures.com/withdrawal-from-the-middle-east/.

② 顾炜:《俄罗斯中东政策中的双重转移思路及其前景》,《当代世界与社会主义》2020 年第 6 期。

后，俄罗斯与伊朗签订军售意向，据称俄罗斯有意向伊朗出售 S-400 防空系统。①

俄罗斯加强与地区国家的能源合作。俄罗斯与沙特等海湾产油国都是国际能源领域的关键国家，原油出口也是这些国家的主要经济来源，双方拥有加强能源合作以稳定国际油价的强烈需要。受到国际原油供需关系变化和新冠肺炎疫情的影响，国际油价持续暴跌，甚至出现"负油价"，俄罗斯和沙特等产油国达成历史性的减产协议以提振国际油价。

俄罗斯加强与地区国家关系。2021 年 1 月，沙特外交大臣访问俄罗斯，两国达成共识，将加强在投资、能源等领域的合作。俄罗斯与沙特、伊朗等地区国家开展核能合作，为后者建造核电站反应堆或转移民用核技术。俄罗斯、土耳其、伊朗三国除了在叙利亚问题上相互协调，在也门问题、巴以问题等地区热点问题上也加强合作。2021 年 3 月 9~11 日，俄罗斯外长拉夫罗夫先后访问沙特、阿联酋和卡塔尔海湾三国。2021 年 4 月，拉夫罗夫访问埃及，并力图在巴以冲突中发挥更大的外交作用。

第三，欧盟斡旋中东地区热点问题的能力下降，但仍然努力寻求扩大影响力。② 一方面，特朗普政府在伊核问题上一意孤行，欧盟挽救伊核协议的努力频频失败。另一方面，欧盟国家受到新冠肺炎疫情严重冲击，欧盟内部未能统一有效抗击疫情，受疫情困扰，欧盟干预中东地区事务的意愿也明显下降。

疫情期间，欧盟实施取消国际航班、封锁边境等措施，减少了难民进入欧盟国家安置的途径。然而，新冠肺炎疫情和武装冲突叠加深化贫困问题，超过 10 万名来自中东地区的难民抵达并滞留在欧盟国家边境，并试图非法进入欧盟国家，给边境国家带来沉重的安全压力。2020 年 9 月，希腊的莫

---

① 《不惧美国威胁 俄考虑向伊朗出售 S-400 防空系统》，光明网，2020 年 10 月 8 日，https://m.gmw.cn/baijia/2020-10/08/1301643310.html。

② Asli Aydıntaşbaş, Julien Barnes-Dacey, Cinzia Bianco, Hugh Lovatt, Tarek Megerisi, "Cooling-off: How Europe Can Help Stabilise the Middle East", European Council on Foreign Relations, June 18, 2021, https://ecfr.eu/article/cooling-off-how-europe-can-help-stabilise-the-middle-east/.

里亚难民营发生大火，欧盟在难民问题上背负巨大舆论压力。难民危机再次加剧欧盟分裂，欧盟边境国家均要求其他成员国接收在本国滞留的难民，但是东欧和北欧国家接收难民的意愿不高。随着欧洲疫情形势好转，开放边境和恢复国际航班将给欧盟带来新一轮的难民涌入压力。

同时，欧盟内部对中东地区事务的分歧进一步加深。欧盟内部分化削弱了欧盟作为一个集体介入中东地区事务的能力。部分欧盟成员国的中东政策与欧盟对中东的集体政策偏离。欧盟干涉中东剧变的教训使其对地区国家示威抗议行动的反应更加保守，拒绝深度介入中东热点问题。然而，与此相反，法国在中东事务上表现特别活跃，意图在其以前（殖民统治时期）的势力范围西亚和北非地区恢复并加强影响力。例如，2020 年 8 月贝鲁特大爆炸发生后，法国旋即派出搜救团队并提供医疗物资，马克龙总统也迅速赶往黎巴嫩访问。

欧盟囿于自身利益、实力和理念，更多地利用援助、经济和外交手段施加影响，包括向中东地区提供人道主义援助（2021 年的援助预算约为 8.9 亿欧元）、加快在北非地区重组产业链和价值链、积极斡旋伊核问题和利比亚问题等。拜登上台后，欧盟斡旋中东地区热点问题的意愿有所恢复。一方面，伊核问题出现转机，欧盟斡旋美、伊双方就恢复伊核协议进行谈判，以保障欧盟在伊朗的利益。另一方面，与特朗普政府在中东地区事务上的一意孤行不同，拜登政府在应对中东地区问题时保有一定的回旋余地，这给欧盟在中东地区发挥作用留下了余地。与此同时，拜登政府积极重塑跨大西洋伙伴关系体系，相对于特朗普政府会更加重视欧洲盟友的利益需求。

此外，域外新兴经济体也积极参与中东地区抗疫合作。例如，2020 年 5 月，印度派出两批医疗团队前往阿联酋。印度作为劳务输出大国，侨汇是其重要经济来源之一，大量印度人在阿联酋等海湾国家务工。

（三）新冠肺炎疫情影响下中东局势的主要特征

域外大国在中东影响力消长出现变化。当前世界正处于"百年未有之大变局"，全球格局呈现"东升西降"的趋势，中东地区局势也受此传导效应的影响。中东地区国家纷纷调整政策，地区联盟体系和地区关系重组，这也导致地区安全形势不容乐观。

第一，域外大国加快调整中东政策，"东升西降"态势越发明显。新冠肺炎疫情影响下，中美竞争加剧，美国将精力和资源更多地投入欧洲及亚太地区。尽管美国在中东地区热点问题上依然占据绝对的主导地位，但是美国干预中东地区事务和调解地区冲突的意愿空前下降。与此同时，其他域外大国在中东地区的影响力和话语权也不断提高，域外大国在中东地区的竞争日趋复杂。

一方面，拜登政府的中东政策调整全面展开，其实质是保持美国在中东的影响力，加快在中东的战略收缩。包括重启伊核问题谈判与缓和美伊关系；克制军事手段运用，加快从阿富汗和伊拉克撤军；重塑盟友体系，在民主、人权等事务上向盟友施加更多压力。另一方面，俄罗斯在中东地区动作不断，其影响力不能低估。俄罗斯继续加强在中东的军事存在，除了巩固在叙利亚和利比亚的军事收益外，还在苏丹获得一个新的海军基地。同时，俄罗斯积极发展与地区主要国家的友好关系，除了巩固与伊朗友好关系外，也在密切与沙特、阿联酋、卡塔尔、以色列等美国传统盟友的关系。

美国、俄罗斯围绕伊核问题和叙利亚问题展开新一轮竞争。特朗普将对俄罗斯的制裁法令延期一年，此后又以俄罗斯干预美国总统大选为由再对俄罗斯施加制裁。拜登上台后，美国谋求与俄罗斯缓和关系，但是美俄在中东的竞争不降反升，在叙利亚问题上的对抗仍在持续。

第二，中国与中东国家的合作不断推进，但遭到美国的阻挠和破坏。随着美国与其欧洲、印太地区的盟友重新接近，中东地区在中国全球战略中的地位进一步上升。中国与中东国家的合作进一步深化。一是加强战略沟通。中国国务委员兼外交部部长王毅于 2021 年 3 月和 7 月两次出访中东①，共到访 9 国，就促进地区和平稳定与开展多边务实合作等领域达成诸多共识。二

---

① 《中国是中东国家长期可靠的战略伙伴——王毅国务委员兼外长在结束访问中东六国后接受媒体采访》，《人民日报》2021 年 3 月 31 日，第 4 版。

是推进疫苗合作。中国不仅积极赠予中东国家新冠疫苗，还帮助阿联酋、土耳其、埃及等国建立疫苗生产线，并积极推动与中东国家的疫苗三方合作。三是深化经济合作。除了继续推进传统的能源合作和基础设施建设合作，中国与中东国家还在数字经济、人工智能、航空航天等领域深化合作。

需要看到，美国基于"冷战思维"和"酸葡萄"心理，不断阻挠和破坏中国与中东国家的友好合作。疫情期间，中东国家多次向中国提供医疗物资援助，中国也在中东地区疫情形势恶化后迅速提供抗疫援助。然而，随着中美竞争加剧，美国频频向中东国家施压，要求它们减少与中国在疫苗、5G技术等领域的合作。美国要求以色列审查中国企业运营的海法新港项目，要求地区国家加入"清洁网络"计划，甚至要求地区国家在中美之间"选边站"，企图在病毒溯源、涉疆问题上鼓动对中国发起"舆论战"。实际上，中国和中东国家携手抗疫，维护国际正义，坚持多边主义，美国的这些图谋很难得逞。

第三，中东国家调整地区政策，代理人战争仍是主要的冲突方式。受疫情和国际油价暴跌的叠加影响，中东国家维持国内政治稳定与实现地区战略目标都需要域外大国提供安全保障和外交支持。拜登政府对中东政策的变化引发地区国家逐步调整自己的地区政策。沙特宣布将结束也门战争，并表示将与伊朗实现关系缓和；土耳其在地区的扩张姿态有所收敛，也释放出希望与以色列缓和关系的信号。此外，利比亚冲突双方达成永久停火协议，但是双方在政治权力分配上的分歧能否调和仍需观望。

代理人战争依然是阵营对抗的主要冲突形式。伊朗和反伊朗联盟在叙利亚及也门对抗，特别是在也门，沙特联军和胡塞武装的冲突持续。在北非地区，土耳其出兵利比亚支持民族团结政府，扭转了埃及和阿联酋支持的利比亚国民军此前所取得的军事优势。此外，非对称军事手段的应用进一步恶化地区安全形势。2020年6~7月，伊朗国内核设施和重要的基础设施连续发生爆炸事故，有消息称是网络攻击造成的。

第四，地区国家间紧张关系有所缓和，但地区安全形势不容乐观。尽管疫情发生初期地区国家之间相互提供抗疫援助，避免发生人道主义危机，展现了地区国家加强合作的前景。然而，随着中东地区疫情得到初步控制，地区国家经济生产和国家实力逐渐恢复，又重新争夺地区主导权。地区地缘政治激烈竞争的格局没有出现根本改变，亲伊朗及反伊朗两大联盟的对抗持续，支持穆兄会和反穆兄会两大联盟仍相互竞争。然而，受到自身实力限制和拜登政府中东政策变化的叠加影响，中东国家间敌对关系在2021年有所缓和。

非传统安全日益凸显，地区非传统安全形势进一步恶化。中东地区的恐怖主义威胁并没有减弱。中东地区在传染病防治上的合作相对欠缺，新冠肺炎疫情全球大流行给中东地区带来了严重的非传统安全威胁。疫情又加剧了中东地区的贫困、粮食安全、难民、毒品走私等其他非传统安全问题。特别是在仍处于冲突状态的国家，疫情使本就脆弱的经济雪上加霜，正常的经济生产活动基本停滞，毒品走私、武器贩运、暴力活动等非法活动日益猖獗。与此同时，地区国家既要抗击疫情，又要维持国内政治和社会稳定，难以投入足够的人力和物力资源来解决非传统安全问题。

三　未来中东局势变化面临的挑战和前景

从整体看，新冠肺炎疫情短期内难以结束，抗疫和恢复经济仍将是中东各国政府面对的首要难题。与此同时，中东地区局势瞬息万变，特别是拜登政府上任以来，美国的中东政策调整引起的连锁反应和新冠肺炎疫情持续的后续效应叠加，增加了中东地区局势的变数，推升了中东地区发展的不确定性。

（一）未来中东地区面临的主要挑战和风险

在新冠肺炎疫情持续、美国战略收缩步伐加快等多重因素作用下，经历了长达十年剧变的中东地区仍面临严峻的挑战和风险。

第一，地区冲突风险。热点问题此起彼伏成为中东地区的常态。叙利亚、也门、利比亚等国的冲突烈度虽然有所降低，但其复杂而尖锐的矛盾仍可能引起冲突升温。与此同时，伴随美国以及其他北约成员国从阿富汗

全面撤军，阿富汗塔利班以武力方式重新夺取政权，新的军事行动可能带来重大地缘政治风险。与此同时，围绕尼罗河水资源特别是埃塞俄比亚复兴大坝的蓄水问题，埃及、埃塞俄比亚、苏丹较量升级，已演变为新的国际争端。

第二，政治安全风险。政治安全问题一直是中东地区面临的最为严峻的挑战。新冠肺炎疫情不断消耗许多中东国家的有限财力，加之通货膨胀和失业率攀升，发生粮食危机，各种民生问题激化，黎巴嫩、约旦、突尼斯等多国爆发抗议运动，矛头直指执政当局，不仅考验当权者的治理能力，而且对政权稳定和政治安全构成威胁。

第三，外来干预的风险。美国虽然加快在中东地区的战略收缩步伐，但是拜登政府奉行"价值观外交"，以"人权"问题为借口干涉中东国家内政的强度并没有减弱，继续鼓动颜色革命，利用代理人战争甚至利用无人机等手段打击反美力量。因此，只要美国等西方大国在中东地区仍然存在霸权利益，其干预行动就不会停止，输出战争的可能性就仍然存在。

第四，恐怖主义肆虐的风险。"基地"组织、"伊斯兰国"等恐怖主义势力借助一些中东国家治理能力减弱之机，近期在叙利亚、伊拉克、阿富汗、利比亚、埃及西奈半岛等地频频活动，发动小规模恐怖袭击，仍是中东各国共同面临的现实威胁。

第五，军备竞赛和核不扩散风险。中东地区是世界军火的主要倾销地。多年来，地区大国之间的军备竞赛持续升级。沙特、阿联酋、卡塔尔等国斥巨资大规模采购军火，以增强国家安全；土耳其、伊朗、埃及、以色列等国积极发展国防工业，建造核电站。其中，伊朗为应对美国"极限施压"，重启浓缩铀活动，积极发展弹道导弹。中东地区仍面临大规模杀伤性武器扩散升级的严峻风险。

第六，航道安全问题。一方面，2021年突发"苏伊士运河堵塞事件"暴露了国际战略航道安全问题的严峻程度；另一方面，在波斯湾、红海等水域频繁发生袭击油船的事件，加之海盗袭击频发，引发人们对该地区航路安全、能源安全及运输安全的普遍担忧。

（二）中东局势演变的主要趋势和前景

从中东地区发展态势看，新冠肺炎疫情尚未得到有效控制，仍将深刻影响中东国家的稳定和发展，抗击新冠肺炎疫情和恢复经济常态化将是中东各国政府面对的首要目标。当前，由于西方国家内部在抗疫方面存在严重分歧，已经形成全球抗疫的"洼地"。受此波及和拖累，加之病毒变异的危害，中东地区新冠肺炎疫情仍将持续一段时间，抗击疫情已成为一场马拉松式的持久战，何时完全控制疫情、疫情何时结束取决于全球抗疫的实际情况。可以说，新冠肺炎疫情对中东社会经济造成的破坏性远大于疾病本身。为遏制新冠肺炎疫情蔓延、扩散和病毒变异等采取的社交限制措施已经严重影响了正常的社会经济活动。抗击新冠肺炎疫情和恢复正常经济活动之间的张力困扰着许多国家的施政部署，施策的重点究竟是抗疫优先，还是尽快恢复正常社会经济生活秩序，考验着政府的治理能力。同时，新冠肺炎疫情的反复和持续已变成以往施政失当的放大镜。一方面，疫情给医疗卫生健康系统带来了巨大的压力，对基础设施投入不足进一步加剧医疗卫生健康系统脆弱性；另一方面，疫情考验政府的应急能力和应对之策，一些国家政府甚至无法及时有效提供基本公共服务，这让一些政府威信扫地，引发社会动荡，催生政治危机。黎巴嫩、突尼斯等国爆发大规模民众示威游行，民众抗议政府在应对疫情、改善经济等方面表现不佳。由于疫情不断扩散和反复、经济发展的不确定性明显，油价下跌，产油国发展压力加大，改革进展有限。未来，新冠肺炎疫情防控状况还取决于新冠疫苗生产、分配和接种的具体进展。考虑到土耳其、埃及、阿联酋、伊朗已开始生产疫苗，在这些国家新冠肺炎疫情将逐渐得到控制，恢复经济正常秩序的前景可期。

从中东地区安全态势看，热点问题反弹升温，诸强争锋已成常态，并将决定中东地区局势走向。一是巴以问题、阿富汗问题快速升温。2020年5月，新一轮巴以冲突爆发是美国前总统特朗普在巴勒斯坦问题上的倒退以及偏袒以色列、强加"世纪交易"的必然结果。新一轮巴以冲突反映出巴以矛盾仍然是中东地区冲突的根源性问题，但是巴以争端的核心问题的解决仍

裹足不前，"两国方案"的前景仍不乐观。阿富汗问题出现新变数。随着美国以及北约从阿富汗全面撤军，阿富汗国内各种力量围绕国家政权和道路选择展开激烈博弈，阿富汗问题再度升温，阿富汗国家的未来走向将对地区和国际政治产生深远影响。与此同时，叙利亚、也门、利比亚等热点问题的复杂矛盾短期内难以改观，将仍处于僵持状态。二是新一轮地缘政治较量趋于激烈，这将成为决定中东地区局势走向的重要变量。地区大国土耳其、伊朗、沙特阿拉伯、以色列、埃及以及阿联酋、卡塔尔等围绕地区主导权的争夺日益升温。其中，以色列与伊朗持续紧张的关系存在巨大变数。以色列一直指责伊朗的核技术发展与核能开发，认为伊朗有发展核武器的野心，视其为国家安全的首要威胁，并因此激烈反对伊核问题全面协议。以色列和伊朗在中东地区明争暗斗，多次打击或威胁打击对方的目标，已经对中东地区安全和稳定构成巨大风险。然而，受美国等域外大国中东政策调整的影响，一些地区大国之间的紧张关系有所缓和。2020年底以来，伊朗与沙特阿拉伯、埃及与土耳其、土耳其与以色列之间的对立关系趋于缓和，沙特阿拉伯和埃及与卡塔尔之间关系恢复正常化，这反映出新的地缘政治较量和分化组合正在进行。三是非传统安全问题仍将威胁地区的稳定和发展。"基地"组织、"伊斯兰国"活跃，恐怖袭击频发，暴力冲突持续，粮食安全问题、气候变化和水资源争夺的态势正在加剧。

从中东地区与域外关系看，大国在中东地区的竞争有所减弱，但是美国仍维持其在地区事务上的主导地位。受全球新冠肺炎疫情的严峻挑战，美国等西方大国忙于应对国内疫情，在中东地区的战略投入受限。尤其是美国从阿富汗全面撤军行动宣告了美国发动阿富汗战争的彻底失败，成为美国对外干涉史上最大的挫败，更是其推动中东"民主改造"战略的彻底破产，沉重打击了美国的全球霸权。同时，随着美国全球战略——推动大国竞争战略的调整，中东地区在美国全球战略中的地位有所下降，美国在中东地区的战略收缩步伐加快。但是，美国仍拥有主导中东事务的能力，为维护其霸权利益，将在中东地区保持"撤而不离"的态势，并继续与俄罗斯、中国等大国在该地区展开竞争。

与此同时，在大国与中东国家的合作方面，中国发挥着越来越重要的建设性作用，以行动和事实显示了中国是中东国家长期可靠的战略伙伴。中国和中东国家携手抗疫，同舟共济，共克时艰，在联防联控、信息共享、经验交流、疫苗研发、医药卫生等领域开展合作，树立了合作抗疫和"南南合作"的全球典范，体现了通过共商、共建、共享实现共赢的理念，也诠释了中国与中东国家"命运共同体"的真意。中东国家普遍希望中国发挥更大的建设性作用，推进中东地区安全合作。2021年3月，中国国务委员兼外交部部长王毅在访问沙特阿拉伯时提出关于实现中东安全稳定的五点倡议，即倡导相互尊重、坚持公平正义、实现核不扩散、共建集体安全、加快发展合作。[1] 中国的"五点倡议"在中东国家引起积极反响，已成为中国与中东国家"共谋中东和平、共筑中东安全、共促中东发展"的共识和愿望，这将推动中国和中东国家关系迈上新的发展阶段。

由上观之，本文认为，十年剧变和世纪疫情叠加以及大国对中东战略的调整，深刻影响并改变着中东地区的发展进程。新冠肺炎疫情构成了该地区最大的挑战，它不仅在一定程度上改变了中东国家的政治行为、经济和社会生态，而且加剧了许多国家本已严重的经济和社会危机，放大了中东国家治理不善、发展不足的问题。短期内新冠肺炎疫情仍将持续，如何摆脱疫情危害还有赖于全球疫情防控的合作机制和疫苗开发及实际效能。与此同时，美国加快了在中东地区战略收缩步伐，大国与中东地区关系以及地区国家间关系将进入全面调整期，中东地缘政治关系趋于复杂。在此背景下，中东国家的危机感上升，纷纷重启对话渠道，修补关系，以维护自身的安全。于是，加强中东地区冲突和危机的管理，推动构建一种包容性区域安全对话架构或将提上日程，这将为缓和中东地区对立阵营之间的紧张氛围、实现对话、共促和平创造新的条件，给动荡而脆弱的中东地区迈向和平及稳定带来新的契机与新的希望。

---

[1] 《中国是中东国家长期可靠的战略伙伴——王毅国务委员兼外长在结束访问中东六国后接受媒体采访》，《人民日报》2021年3月31日，第4版。

分 报 告
Sub-Report

Y.2
2020～2021年中东安全形势与展望

唐志超*

摘　要：　2020年中东安全形势总体上依然较为动荡，地区冲突有增无减，传统与非传统安全危机相互交织，同时迸发，新冠肺炎疫情肆虐，地区面临严重的公共卫生安全危机。伊朗问题持续引发地区局势紧张，构成地区冲突的焦点。叙利亚、利比亚和也门三场战争的武装冲突烈度有所下降，但前景仍不容乐观。阿联酋等国与以色列建交，阿以冲突格局发生巨大改变。暴力恐怖势力依然对地区安全构成重要威胁，向区域外扩散外溢态势日益明显。东地中海油气和地缘政治竞争日益激烈。域内外大国竞争激烈，动摇中东战略稳定根基。

关键词：　中东　安全形势　伊朗核问题　恐怖主义

---

* 唐志超，中国社会科学院西亚非洲研究所政治研究室主任、研究员，主要研究方向为中东政治与国际关系。

一 2020年中东安全形势的主要特点

与2019年相比，2020年中东安全形势依然严峻，战争与冲突不断，新旧地区热点交替爆发，域内外大国竞争激烈，导致地区动荡不宁。

第一，中东依然保持常态化的动荡，地区冲突与热点有增无减。2020年，中东地区持续动荡，主要呈现出以下五个特点。一是新热点持续增多，地区动荡面持续扩大。陆上冲突向海域蔓延，继波斯湾之后，东地中海、红海成为冲突新爆发点。苏丹、黎巴嫩、伊拉克等国爆发新冲突。二是新冠肺炎疫情不仅造成严重公共卫生安全危机，还进一步加剧了地区动荡混乱，加重本已严峻的地区政治、经济和社会危机。三是地区的三场战争依然深陷僵局，巴以冲突因"亚伯拉罕协议"签署而升级。四是传统安全问题与非传统安全问题相互交织，新冠肺炎疫情、粮食安全、水安全、恐怖主义、无人机使用泛滥、核扩散、弹道导弹扩散、网络恐怖主义等非传统安全问题日益严峻。五是域内外大国竞争加剧地区冲突，尤其是土耳其激进的地区政策吸引全球关注。

第二，伊朗问题持续升温，构成地区不稳定的主要根源。所谓伊朗问题，不仅包括核问题这个中心问题，还涉及伊朗与美国、以色列以及沙特阿拉伯等海湾阿拉伯国家的关系问题，其涉及面远超出伊核问题。继2018年特朗普政府宣布退出伊核协议，2019年对伊朗实施"零石油出口""极限施压"政策之后，2020年美国对伊朗继续采取强硬的围堵打压政策，试图让伊朗屈服让步。美方的主要有三个手段，即制裁、打击伊朗的地区伙伴与盟友、建立反伊朗联盟。2020年，美国制裁了伊朗的17家金属和矿业企业、18家银行、石化、船运以及数十家涉及军工的企业，还对伊朗最高国家安全委员会秘书阿里·沙姆哈尼、武装部队副总参谋长阿什蒂亚尼、情报和安全部长阿拉维、伊朗驻伊拉克大使等数十名军队、情报、国防等高级官员实施制裁。①

---

① "Iran Sanctions", U. S. Department of State, https://2017 – 2021.state.gov/iran – sanctions/index.html, accessed April 30, 2021.

从 2020 年 1 月到 2021 年 1 月，特朗普政府对伊朗实施了 22 轮制裁。时任美国国务卿蓬佩奥声称，特朗普政府 4 年来对伊朗共实施了 77 轮制裁，制裁目标涉及 1700 多个个人和实体。2020 年 9 月，在特朗普政府推动下，以色列与阿联酋、巴林在华盛顿签署了"亚伯拉罕协议"，实现关系正常化。随后，苏丹和摩洛哥又先后于 2020 年 10 月、12 月与以色列实现关系正常化。阿拉伯国家与以色列的关系正常化行动，既是特朗普及其女婿库什纳推动的"世纪交易"的重要组成部分，也是美国构建地区反伊朗联盟的关键。此外，一年来，美国、以色列以及沙特针对伊朗的所谓"地区扩张行径"采取反制行动，联手在伊拉克、黎巴嫩、叙利亚、也门等地阻击伊朗，打击亲伊朗势力。其中，最重大的行动当属美军在伊拉克打死伊朗伊斯兰革命卫队高级将领苏莱曼尼。多名亲伊朗的伊拉克民兵组织高级领导人被美军打死，其中包括"人民动员部队"的副指挥官阿布·马赫迪·穆汉迪斯。以色列也多次对伊朗发动军事打击。2020 年 12 月，以色列国防军领导人公开披露，一年来以军对伊朗实施的包括网络攻击、秘密行动在内的多种进攻性行动达 500 多次，导致伊朗方面"活动减少"。在这些行动下，伊朗不仅大量武器库被摧毁，向叙利亚运输武器航班数量减少，而且伊朗驻叙利亚的基地也由大马士革周边迁往叙利亚北部和东部地区，驻叙人数大幅减少。2020 年 11 月 18 日，以军袭击叙利亚大马士革机场附近的伊朗指挥部，造成 10 多人死亡。11 月 27 日，以色列特工在德黑兰暗杀伊朗国防部副部长兼首席核科学家法赫里扎德。2021 年 4 月，以色列对伊朗纳坦兹核设施发动袭击，对核设施造成较为严重的破坏。美国进一步加大对叙利亚政府和黎巴嫩真主党的制裁力度，通过了《恺撒法案》，强化对叙制裁。伊朗则针锋相对采取各种反制措施，双方在叙利亚、也门、巴勒斯坦、黎巴嫩、巴林、卡塔尔、伊拉克以及波斯湾开展激烈较量，热战与冷战并行。对于美军杀害苏莱曼尼将军，伊朗将美军列为"恐怖分子"，针对特朗普等 36 名美国高官发布逮捕令，对美军驻伊拉克军事基地实施报复，向美军基地发射 10 多枚导弹。一年来，美军在伊拉克基地以及美国驻伊大使馆频繁遭袭击。2020 年 3 月，美军驻伊拉克军事基地遭 30 多枚火箭弹袭击，造成 2 名美军士兵和 1 名英军士兵死亡。

第三，新冠肺炎疫情大流行凸显了中东地区的公共卫生安全问题，同时加剧了地区政治、经济和社会危机，影响地区稳定。中东是受新冠肺炎疫情影响最严重的地区之一，地区国家普遍面临严重的公共卫生危机。根据世界卫生组织的统计，截至2020年12月28日，22个阿拉伯国家累计确诊新冠肺炎病例约3231936万例，死亡55776人。[①] 截至2021年5月10日，三个非阿拉伯国家中，伊朗累计确诊病例为2654811人，死亡74910人；土耳其累计确诊病例5031332例，死亡43029人；以色列累计确诊病例838894例，死亡6377人。[②] 在地区国家中，伊朗、土耳其、伊拉克、沙特、以色列等国的疫情较为严重，伊朗、叙利亚、也门、利比亚、埃及等国的实际感染人数远比官方公布的数据高。糟糕的是，新冠肺炎疫情流行还与地区内的战争、流血冲突、经济危机、油价下跌、难民危机等多重危机相互叠加，威胁了社会稳定。恐怖分子也利用新冠肺炎疫情加大了恐怖袭击力度。

第四，域内外大国竞争加剧，威胁地区安全与稳定。随着中东进入"后美国时代"，地区出现权力真空，地区分化加大，域内外大国纷纷填补权力真空，建立势力范围，扩大自身影响，导致竞争加剧，并成为引发地区不稳定的主要根源之一。一年来，地区内外国家或组织如美国、俄罗斯、欧盟、土耳其、沙特、伊朗、阿联酋、卡塔尔、以色列、埃及等，在叙利亚、伊拉克、黎巴嫩、利比亚、也门、巴勒斯坦、红海与非洲之角、东地中海等地形成多条线的激烈博弈。在利比亚，主要是土耳其与埃及、阿联酋、俄罗斯之间的博弈。在叙利亚，主要是土耳其与俄罗斯、伊朗与以色列的两组博弈。在东地中海，主要是土耳其与希腊、塞浦路斯、以色列、法国的博弈。在也门，主要是伊朗与沙特的博弈。在伊拉克，主要是伊朗与美国、以色列、沙特的博弈。在非洲之角，主要是土耳其、伊朗与海湾阿拉伯国家，俄

---

① 《阿拉伯国家新冠病毒疫情观察周报》（2020年第23期），"中阿改革发展研究中心"微信公众号，2020年12月28日，https://mp.weixin.qq.com/s/uEGN4tCHN0lL9d6owEErnA，最后访问日期：2021年5月10日。

② "Coronavirus Disease（COVID-19）"，WHO，https://www.who.int/emergencies/diseases/novel-coronavirus-2019，accessed May 10, 2021.

罗斯与美国的两组对抗。在巴勒斯坦,主要是土耳其、伊朗与阿联酋等温和国家的对抗。可以看出,地区性大国竞争主要有三条主线:一是海湾阿拉伯国家、以色列与土耳其的对抗,二是海湾阿拉伯国家、以色列、美国与伊朗的对抗;三是美欧与俄罗斯的矛盾。此外,土耳其与俄罗斯,中国与美国,卡塔尔与阿联酋、沙特、埃及三组之间也构成了地区的隐形冲突线。在此基础上,围绕不同问题形成了多个地区联盟组合,比如俄罗斯-伊朗-叙利亚、埃及-阿联酋-以色列-希腊-塞浦路斯、埃及-阿联酋-利比亚东部政权、土耳其-利比亚的黎波里政府、土耳其-卡塔尔-穆斯林兄弟会-哈马斯、沙特-以色列-美国-阿联酋等。2020年大国在地区竞争新的突出特点是美国日益将阻止中俄在中东填补权力真空作为中东非洲政策的重要目标之一,俄罗斯加大了对北非和非洲之角的战略投入。2020年11月,俄罗斯与苏丹就俄罗斯在苏丹设立海军后勤保障点签署协议,这是俄罗斯在红海和印度洋的第一个军事基地,给该地区安全格局带来重要影响。① 欧盟在东地中海问题、利比亚问题上加大介入力度,法国派遣军舰力挺塞浦路斯和希腊,与土耳其的矛盾进一步加深。

第五,东地中海油气与地缘政治竞争持续升温,成为新的地区热点。进入21世纪以来,东地中海发现大量天然气,由此引发了地区国家对天然气资源的争夺。东地中海问题首要是油气资源之争,也是地缘政治之争,与地区复杂而变动的地缘政治有着密切关系。实际上,东地中海问题主要是两个问题:一是天然气资源归属、海上边界划分问题,这主要是经济利益分配的矛盾;二是地区国家间的政治矛盾,涉及复杂的地缘政治关系和国家安全问题。就当前而言,东地中海问题的核心矛盾是土耳其希望从东地中海天然气开发中分一杯羹以及重新确立其在东地中海以及更大区域的主导地位,由此与周边国家产生了严重利益冲突。2020年,东地中海国家主要围绕塞浦路斯专属经济区勘探开发、利比亚内战两大问题展开激烈博弈。

---

① "Russia Set to Establish Naval Logistics Base in Sudan", TASS, November 11, 2020, https://tass.com/defense/1222673, accessed May 5, 2021.

2020 年 1 月，以色列、塞浦路斯、希腊三国签署"东地中海管道"建设协议，引起土耳其强烈反对。土耳其认为，此举严重损害了土耳其以及"北塞浦路斯土耳其共和国"的利益。土耳其为此采取针锋相对的行动，一方面加紧勘探开发步伐，派遣地质调查船进行勘探；另一方面派遣军队阻止希腊和塞浦路斯的开发行动，造成局势一度紧张，法国也派军舰声援塞浦路斯。欧盟谴责土耳其违反国际法并侵犯塞浦路斯主权，并对土耳其实施制裁。

第六，地区恐怖主义形势依然严峻，外溢扩散态势日益明显。2020 年，由"伊斯兰国"及其分支、"基地"组织及其分支在中东制造的恐怖袭击有所增加，显示出它们正卷土重来。美国领导的打击"伊斯兰国"国际联军依然在叙伊两地开展反恐行动。特朗普虽多次宣布从叙利亚撤军，但为防止"伊斯兰国"死灰复燃，美军继续在叙利亚保持小规模存在。不过，恐怖分子并未彻底离开伊拉克和叙利亚，依然有相当数量的极端分子潜藏在两国边界沙漠地带，并经常发动袭扰性恐怖袭击。联合国估计在伊拉克和叙利亚的"伊斯兰国"恐怖分子依然有 1 万人规模。[①] 新冠肺炎疫情的发生也未能阻止恐怖袭击，相反一些恐怖分子还利用新冠肺炎疫情制造恐怖活动。[②] 2020 年第一季度，"伊斯兰国"仅在伊拉克就发动 600 多次恐怖袭击。叙利亚也几乎每天都有恐怖袭击导致人员伤亡事件发生。叙利亚中部沙漠地区形势尤为严峻。狱中关押的上万名犯人以及"伊斯兰国"留下的 3 万名留守儿童也是两枚难以解除的"定时炸弹"。值得注意的是，虽然"伊斯兰国"在伊拉克和叙利亚受到一定遏制，但其在全球其他地区的活动有所增加，比如阿富汗、撒哈拉以南非洲等地的恐怖活动呈上升态势。

[①] Edith M. Lederer, "UN: Over 10000 Islamic State Fighters Active in Iraq, Syria", ABC News, August 25, 2020, https: //abcnews. go. com/US/wireStory/10000 – islamic – state – fighters – active – iraq – syria – 72579975, accessed May 5, 2021.

[②] "COVID Sparks Resurgence of ISIL Terrorists, Threatening International Peace and Security, Security Council Hears ", UN, February 10, 2021, https: //news. un. org/en/story/2021/02/ 1084362, accessed May 5, 2021.

二 拜登政府中东政策调整对中东安全形势的影响

特朗普任期四年对中东安全造成了重要影响，具体表现在三个方面。第一，不顾国际社会反对退出伊核协议，重启了伊朗核问题，促使伊朗核问题再度成为威胁全球核安全和中东稳定的重大地区安全问题，美伊关系由缓和重新走向对抗，严重威胁地区安全与稳定。第二，推动地区安全格局深入调整和地区安全新格局的形成。美国的战略收缩从两方面推动了地区安全新格局的形成：一方面，地区权力真空和安全真空的出现带来新的大国填补真空；另一方面，美国的战略收缩以及特朗普的"美国第一"政策促使地区国家尤其是安全上严重依赖美国的美国地区盟友和伙伴开始加强安全自主能力建设，减轻对美国依赖性，寻找新的盟友伙伴，推动地区新同盟体系的形成。第三，"美国第一"意味着美国在地区依据自身利益，有选择地参与地区事务，对地区冲突的解决持不负责任的态度，助推了地区矛盾与冲突的升级，导致地区陷入更加无序的状态。

与特朗普的政策相比，拜登的中东政策采取"去特朗普化"，回归奥巴马路线。拜登中东政策的核心思想仍然是从中东战略收缩，结束"无休止的中东战争"，希望聚焦大国战略竞争，在这一点上拜登与奥巴马、特朗普是一脉相承的。在具体政策上，拜登与特朗普还是有较大差异。第一，重返伊核协议，缓和与伊朗的矛盾。第二，反对特朗普的"私人化"外交，重视外交手段，强调与盟友协调，恢复美国的国际领导地位和国际声誉。第三，突出民主、人权在美国外交中的地位，向包括盟友在内的地区国家施压，要求执行符合"美国价值观"的外交。第四，希望尽快结束也门战争。拜登政府中东政策的基本目标是：纠正特朗普政府的中东政策，恢复美国在中东地区的领导地位和声誉；结束中东战争；确保核不扩散，重新与伊朗达成核协议；捍卫民主和人权；维护地区盟友的安全。①

---

① 唐志超：《拜登政府的中东政策发展趋向》，《当代世界》2021 年第 4 期。

目前来看，拜登的中东政策对中东安全的影响可能主要体现在五个方面。第一，伊核问题。如果美伊再度达成伊核协议，并解除对伊部分制裁，将对国际核不扩散以及地区稳定产生积极影响。拜登对伊朗政策的改变也会给以色列、沙特、阿联酋三国的伊朗政策带来巨大冲击。第二，也门战争。自2015年战争爆发以来，也门战争给也门带来了巨大的人道主义灾难。若美国能推动也门实现停火，结束也门战争，对也门和海湾的稳定、地区反恐都有积极意义。但是，美国能否满足胡塞武装的要求，能否压服沙特放弃对其"后院"安全的管理，还存在很大的不确定性。第三，停止无休止的战争意味着美国减少对地区的军事干预和加速从伊拉克撤军。同时，拜登政府正抓紧评估美国在中东地区的军事部署，美军减少在该地区的部署可能性较大。不过，美军撤离对地区的负面影响值得关注。"伊斯兰国"和"基地"组织等极端势力会不会乘机东山再起，伊拉克会不会再次陷入内战并导致分裂，值得密切关注。第四，有选择性地恢复对地区事务的参与，修复与地区盟友关系，确保美国的地区领导地位。比如，拜登政府积极参与利比亚事务，欧美在中东问题上再度携手，这些对地区安全以及地区问题的解决都将产生重要影响。第五，拜登过于强调民主、人权问题，不仅会损害美国与地区盟友和伙伴土耳其、沙特和埃及等国的关系，也会引发地区国家对美国的不满和激烈反弹，从而危及拜登希望修复美国在地区地位和声誉的政策目标。

三　中东安全形势展望

中东的动荡与混乱是长期的，可以预计2021年中东依然难以摆脱动荡不宁的局面。但地区安全也出现了一些积极的迹象。例如，伊核问题开始重新谈判，各方对美伊在年内达成协议较为乐观。联合国以及美国等推动的也门停火斡旋也在抓紧进行。在国际调停下，利比亚各派达成民族和解协议，并组建了新的民族团结政府。土耳其与埃及、沙特、阿联酋和以色列的关系出现转暖趋向。沙特王储穆罕默德多年来首次向伊朗示好，这对海湾稳定是

利好消息。① 东地中海问题出现了"降温"的迹象，土耳其与希腊恢复了外交接触和对话。不过，拜登政府的中东政策对地区安全与稳定的影响还需要观察，不能过于夸大。对其影响，需要时间检验，还要看其执行能否到位以及地区行为体的反应。

尽管地区出现了一些积极迹象，但中东地区安全问题的解决绝非一夕之功，不确定性很大。无论是三场战争（叙利亚、也门和利比亚）、伊核问题、巴以问题，还是地区国家间错综复杂的矛盾，都需要持续投入、时间和耐心来解决。2021 年，中东地区主要有六大安全风险。第一，围绕伊核谈判，为逼迫对方让步，美伊之间依然可能发生冲突。第二，以色列与伊朗的冲突风险将增大。以色列对拜登政府重返伊核协议极度担忧，为阻挠美国重返伊核协议，以色列高官多次公开威胁将不排除动用一切手段阻止这一进程，并宣称已制订军事打击伊朗的计划。以色列对伊朗首席核科学家的暗杀以及袭击纳坦兹核设施就是严重警告。第三，也门、叙利亚、利比亚三场战争取得突破性进展可能性不大，并可能爆发新的战争。第四，2021 年是"阿拉伯之春"爆发十周年，地区可能爆发新一波大规模抗议活动。第五，新冠肺炎疫情依然持续蔓延，并对地区国家政治、经济和社会稳定构成严重威胁。第六，随着美军撤离，"伊斯兰国"、"基地"组织可能积极谋划卷土重来，并对伊拉克和叙利亚再度构成严重安全威胁。

---

① "Saudi Prince Strikes Conciliatory Tone towards Rival Iran", Al Jazeera, April 28, 2021, https：//www. aljazeera. com/news/2021/4/28/mbs – us – and – riyadh – strategic – partners – with – few – differences, accessed May 10, 2021.

Y.3
2020~2021年中东政治形势及展望

朱泉钢*

摘　要： 2020年，新冠肺炎疫情成为影响人类发展进程的重大事件，也对中东国家的政治发展造成重要影响。疫情降低了民众抗议的频度和烈度，部分国家的政治动荡态势暂时缓解，疫情在整体上也没有影响到相关国家的选举政治。中东地区的战乱国家并未因疫情而停战谋和，这些国家的政治和解进程整体上仍步履维艰。同时，新冠肺炎疫情加剧了中东大多数国家的政治治理危机，并且民众不满积累，很可能给中东政治稳定带来新的冲击。在中短期时间内，中东国家仍处于动荡长波，中东国家政治发展的最重要任务仍是找到适合自身的政治发展道路。

关键词： 中东　政治稳定　政治治理　政治和解进程

2020年，新冠肺炎疫情给中东地区带来全方位影响。具体到政治领域，新冠肺炎疫情不仅对中东国家的政治治理提出新的挑战，而且对中东国家的政治发展造成新的冲击。中东国家政府纷纷采取措施，应对新冠肺炎疫情。一方面，中东国家的治理能力差异极大地影响了其应对疫情措施的效果。国家治理能力主要是财富能力和强制能力，这两种能力对于确定新冠病毒感染人数、实施可持续性封锁、获取检测试剂和医疗用品、保证民众在经济冻结

---

* 朱泉钢，中国社会科学院西亚非洲研究所助理研究员，主要研究方向为中东政治、中东国际关系。

期获得食品等意义重大。此外，国家治理能力还影响着政府与民众的有效沟通以及阻止谣言和虚假信息的传播。整体来讲，在中东地区，国家治理能力越强，政府对新冠肺炎疫情的回应越迅速、越有力、越有效。另一方面，中东国家普遍采取安全化的手段应对疫情。哥本哈根学派认为，任何一个议题都可以被非政治化、政治化、安全化，如果某项议题需要采取超过标准政治程序的紧急手段，该议题就被安全化了。① 鉴于新冠病毒的高传染性和高致死率，以及中东国家盛行的集体主义文化，中东国家政府普遍采取安全化措施应对新冠肺炎疫情，如颁布紧急状态法、实施宵禁、强制保持社交距离、暂停经济活动等，保护民众安全。

2020 年的中东政治形势，除了受到新冠肺炎疫情的影响，还受到中东国家既有结构性的政治体系和政治制度，以及实时性的政治过程和政治博弈的影响。整体来看，2020 年，中东政治动荡态势有所缓解，战乱国家和平进程步履维艰，政治治理的结构性问题未有好转。

一 疫情下中东政治动荡态势整体缓和

始于 2010 年底的阿拉伯剧变冲击了整个中东地区，2018 年底又出现"第二波"剧变，地区局势持续动荡。中东地区发生新冠肺炎疫情后，中东国家政府普遍采取紧急措施防控疫情，民众抗议的频度和烈度有所降低，一些国家举行了选举，部分国家的政治压力有所缓解。

（一）民众抗议频度和烈度降低

2018 年底到 2019 年，阿尔及利亚、苏丹、埃及、伊拉克、黎巴嫩和伊朗先后爆发大规模的反政府民众抗议，抗议呈现出常态化和长期化的特征。新冠肺炎疫情影响了中东民众抗议的走向。一是抗议者对政权不满的动机降低了。长期以来，中东民众发起抗议的主要动机是不满政府治理绩效，而新

---

① 〔英〕巴瑞·布赞等：《新安全论》，朱宁译，浙江人民出版社，2003，第 32～33 页。

冠肺炎疫情属于天灾,因此民众对政府的不满动机有所下降。二是新冠肺炎疫情给集体动员带来了新的障碍。在民众抗议中,集体动员的障碍及克服障碍是重要因素。民众担心感染新冠病毒,不愿冒着生命危险前往街头进行抗议。三是新冠肺炎疫情减少了政治抗议发生的机会。新冠肺炎疫情发生后,防控疫情、保护生命、维持秩序成为政府和社会的首要关注,也就是说社会与政府合力应对疫情危机成为压倒性优先事务。[1]

新冠肺炎疫情影响了中东民众抗议的动机、资源和机会,并最终影响了民众抗议的频度和烈度。一是在阿尔及利亚,新冠肺炎疫情中止了常态化的民众抗议。从2019年2月开始,阿尔及利亚出现了连续56周的民众抗议,起初他们抗议布特弗利卡试图谋求第五个总统任期,在布特弗利卡下台后又要求实现阿尔及利亚整个政治体系的变革。由于民众担心感染新冠病毒,2020年3月20日中止了大规模的抗议活动。二是在伊拉克和黎巴嫩,新冠肺炎疫情降低了民众抗议的频度。根据位于迪拜的风险评估公司因特里色(Intelyse)的研究,新冠肺炎疫情下伊拉克的民众抗议活动减少,2020年3月和4月伊拉克的民众抗议均不足25次,相较2020年2月的90余次下降明显,与2019年11月顶峰时期的240余次更是相去甚远。[2] 三是中东地区的大规模民众抗议整体减少。由于引起中东国家民众抗议的"经济 - 社会 - 政治复合型治理危机"没有得到根本解决,中东地区民众抗议不时爆发,但对比2019年中东地区发生的危及政治体系的大规模民众抗议数量,2020年发生的系统性民众抗议显著减少,新冠肺炎疫情的影响是重要原因。

值得注意的是,尽管新冠肺炎疫情下中东地区的民众抗议暂时减少了,但疫情也给该地区的抗议运动带来了新的机会。在阿尔及利亚,民众开展了在线抗议运动,提高人们对新冠病毒的认识,并鼓励人们留在家中。在伊拉克,抗议运动聚焦提高防控新冠病毒的认识以及确保普通民众的食品安全。

---

① 关于民众抗议的动机、资源和机会的讨论,参见 Nils B. Weidmann and Espen Geelmuyden Rød, *The Internet and Political Protest in Autocracies*, Oxford: Oxford University Press, 2019, pp. 14 – 16。

② Intelyse, *Iraq Protests: One Year On*, Dubai: Intelyse LLC. , 2020, p. 5.

显然，这些举措提高了抗议运动的合法性，为抗议运动提供了新机会，并扩大了抗议运动的群众基础。

（二）一些国家选举政治有序开展

2020年，中东一些国家的选举虽然受到疫情的影响，但选举政治整体上有序开展。

伊朗举行议会选举。伊朗伊斯兰议会设有290个席位，任期为4年。2020年2月，伊朗举行议会选举，因部分议席得票数未达到要求，需要进行第二轮投票。受疫情影响，原定于4月17日举行的第二轮投票延迟到9月11日。最终，保守派、改革派和独立人士分别获得230席、20席和40席。显然，因2018年美国特朗普政府退出伊核协议以及2020年初美国暗杀苏莱曼尼将军，伊朗民众在情感上更加偏向保守派。

埃及举行上院和下院选举。2020年8月11日，埃及举行议会上院选举。埃及上院有300个席位，其中100个席位由总统任命，200个席位由政党提名候选人和独立候选人选举产生。埃及上院有权提议修改宪法条款、起草社会经济发展总体规划、起草结盟和有关国家主权的条约等。其中，亲政府的国家未来党（Nation's Future Party）获得149席，其余政党的席位均不超过20席。2020年10~11月，埃及举行了议会下院选举。埃及下院共设596个席位，其中28个席位由总统任命，其余568个议席经选举产生。埃及下院的权限包括立法，审议和批准条约、预算，批准宣战和紧急状态等。与上届下院相比，此次下院选举的结果发生了明显变化。科普特人的席位从36个减少到27个，奉行萨拉菲主义的光明党议席从11个减少到7个，独立候选人席位从325个减少到92个，与之形成鲜明对照的是，国家未来党席位从52个猛增到316个。① 这意味着，塞西总统改变了之前对政党的消

---

① Haisam Hassanein, "Egypt's New Parliament: Reopening Political Life, But Only So Far", The Washington Institute for Near East Policy, January 26, 2021, https://www.washingtoninstitute. org/policy – analysis/egypts – new – parliament – reopening – political – life – only – so – far, accessed March 15, 2021.

极看法，试图在国家治理中重新激活主导性政党的作用。

科威特举行国民议会选举。2020年9月，科威特埃米尔萨巴赫去世，他的弟弟纳瓦夫成为新的埃米尔，科威特王位实现平稳过渡。2020年12月5日，科威特举行新的议会选举，选出50名议员，任期4年。此次选举有以下三个特点。一是投票率高。在疫情下，此次选举投票率高达65%，显示出选民的兴趣、动机和动员度高。二是新当选者多。此次选举中，有约2/3的议员是新面孔，显示出民众对变革的期待。三是传统权力格局得以维持。此次选举中，两大部落力量阿瓦齐穆（Awazem）部落和穆泰尔（Mutair）部落获得大多数席位，穆斯林兄弟会和萨拉菲主义者各获得3席，什叶派获得6席。[①]从长远来看，科威特新埃米尔和新议会需要解决的最重要问题是在低油价时代实现科威特的可持续发展。

（三）一些国家政府危机部分缓解

2020年，内塔尼亚胡在2020年5月成功组阁，结束了以色列一年多的政治僵局，伊拉克卡迪米政府于5月7日成功组阁，黎巴嫩哈里里于10月再次出任总理，阿尔及利亚政治转型有所推进。

伊拉克新政府组阁成功。在民众的持续抗议之下，2019年12月1日，伊拉克总理阿卜杜勒-迈赫迪辞职。2020年2月和3月，萨利赫总统先后授权阿拉维和祖尔菲组阁，但由于伊拉克各派系对两人提交的内阁名单存在严重分歧，组阁失败，伊拉克陷入严重的政府危机。2020年5月7日，议会投票通过了国家情报局前局长穆斯塔法·卡迪米提交的组阁名单，卡迪米成为新总理。卡迪米组阁成功主要有以下三个原因。一是卡迪米被伊拉克国内多股势力接受。他与纳杰夫的宗教领袖保持长期联系，并与伊拉克什叶派最大的伊斯兰主义党团关系良好，还得到两个库尔德政党的支持。二是卡迪米得到了美国和伊朗的认可。他早年作为记者和人权活动家就与美国保持联

系，2016年出任伊拉克国家情报局局长后，与美国围绕打击"伊斯兰国"建立了密切联系。同时，伊朗亟须伊拉克恢复稳定，以及降低伊拉克国内对伊朗的不满，因此选择支持卡迪米。① 三是民众认可卡迪米的施政方略。卡迪米致力于解决伊拉克面临的经济、安全和新冠肺炎疫情的挑战，强调国家团结和合作解决危机，并在内阁中广泛起用技术官僚，这些举措使他获得了伊拉克民众的广泛支持。

阿尔及利亚政治转型有所推进。2020年11月1日，阿尔及利亚就宪法修正案举行全民公投。该修正案主要包括提高公民自由和权利，改革既有机构权力分配，加强反腐和提高政府透明度等。最终，宪法修正案以66.8%的支持率通过。2021年6月，阿尔及利亚成功举行全国议会大选。这次选举投票率不高，仅为23%，前议会最大党民族解放阵线党获得105席，再次成为议会最大党，独立候选人夺得78席。此次选举顺利进行，标志着阿尔及利亚在通往稳定、和平和制度化民主的道路上迈出了重要一步。②

黎巴嫩政治危机暂时好转，但结构性问题依然没有解决。2019年10月29日，哈里里总理在强大的民众抗议压力下辞职。同年12月19日，迪亚布出任总理。2020年8月4日，贝鲁特港口发生大爆炸，造成200余人死亡、6000多人受伤、80多亿美元经济损失。③ 这引起了民众新一轮抗议，他们批评"根植于国家体系的系统腐败"，迪亚布被迫辞职。在议会中逊尼派的"未来阵线"、什叶派的"阿迈勒"运动、基督教马龙派的黎巴嫩力量党的支持下，哈里里第三次出任总理。他组建了一个技术官僚型内阁，试图解决国内深刻的经济危机，这符合民众的意愿，政治危机暂时缓解。从长远看，黎巴嫩需要开展以社会公正为核心的新经济模式改革，确保国家能够提

① Ali Mamouri, "Iraq's Parliament Approves Government of New PM Kadhimi", Al-Monitor, May 6, 2020, https://www.al-monitor.com/originals/2020/05/iraq-vote-parliament-kadhimi-government-economy.html#ixzz6uGA3QXkR, accessed March 10, 2021.

② 《阿尔及利亚公布议会选举结果》，中国新闻网，2021年6月16日，http://www.chinanews.com/gj/2021/06-16/9500989.shtml。

③ 《黎巴嫩看守总理就贝鲁特港口区爆炸案接受问询》，人民网，2020年9月4日，http://world.people.com.cn/n1/2020/0904/c1002-31849593.html。

供基本服务，解决贫困和不平等问题。同时，黎巴嫩需要开展持续的政治改革，摆脱教派主义对政治的牵绊。

二 战乱国家政治和解步履维艰

阿拉伯剧变以来，中东面临持续动荡，叙利亚、也门和利比亚深陷内战。截至2020年底，三国内战造成约63万人死亡，超过2000万人流离失所，约3500万人急需人道主义援助。[①] 新冠肺炎疫情并没有促使三国的冲突方止战求和，三国政治和解进程步履维艰。

（一）利比亚政治和解有所突破

2020年上半年，围绕利比亚问题的解决方案沿着两条轨道展开，一是多边外交轨道。2020年1月，在德国主导和联合国支持下，召开了关于利比亚问题的柏林峰会，参与方除了利比亚国内主要政治力量代表之外，还有阿尔及利亚、中国、埃及、法国、德国、意大利、俄罗斯、土耳其、刚果（布）、阿联酋、英国、美国、联合国、非盟、欧盟、阿盟代表，并形成了一份包含55点内容的文件，虽然内容主要是原则性的，但仍显示出可喜的进步。二是军事冲突轨道。2019年4月，哈夫塔尔将军领导的利比亚国民军在俄罗斯、埃及、阿联酋等力量的支持下，强势围攻首都的黎波里的利比亚民族团结政府。同年11月，土耳其向利比亚民族团结政府提供军事顾问、先进武器和叙利亚雇佣军支持，并最终在2020年6月进攻到利比亚中部城市苏尔特附近。这引起了埃及和俄罗斯的紧张，两国加强对哈夫塔尔将军的军事支持来威慑土耳其。最终，敌对双方大致沿苏尔特—朱夫拉—线对峙。

地面军事僵局使利比亚战争的利益攸关方逐渐意识到，与军事手段相比，政治方案或许是解决冲突的更优手段。哈夫塔尔迫于压力在2020年7月决定解除石油封锁，土耳其及其支持的民族团结政府同意进行政治谈判。

[①] Mick Mulroy et al. , *COVID－19 & Conflict in the Middle East*, Washington D. C. ：MEI, 2021.

2020 年 10 月 23 日，在联合国的斡旋下，利比亚冲突双方达成了为期 90 天的停火协议，并计划在 2021 年 12 月 24 日举行全国性的总统和议会选举。2020 年 11 月，来自利比亚各方的 75 名代表开展了旨在建立一个执行机构的政治对话。① 2021 年 2 月 5 日，政治对话论坛选举产生了利比亚过渡政府总理和总统委员会成员。人员的选择充分考虑了利比亚不同力量的利益，来自东部城市塔布鲁克的穆罕默德·尤尼斯·门菲任总统委员会主席，来自南部地区的穆萨·库尼和西部地区的阿卜杜拉·侯赛因·拉菲任总统委员会副主席，来自米苏拉塔的工程师、卡扎菲政权的官员阿卜杜勒·哈米德·德拜当选利比亚过渡政府总理。

虽然利比亚和平取得明显进展，但仍然十分脆弱。目前来看，有三个比较大的问题阻碍着和平进程的推进。一是利比亚问题的利益攸关方在诸多问题上存在分歧，主要包括国家治理模式、军事指挥安排、石油资源分配、宗教作用地位、外交伙伴关系等。二是 2020 年的停火协议执行有限，主要是交战方仍在积极修建防御工事，雇佣军、外国军队、外国军事训练人员等被要求撤出的力量仍然在利比亚大量存在。② 三是新冠肺炎疫情导致政治和解进程迟滞，截至 2021 年 3 月初，利比亚过渡政府称，利比亚感染新冠病毒人数为 12.6 万人，死亡 2000 余人。新冠肺炎疫情增加了利比亚政治谈判的成本。

（二）也门内战仍无结束迹象

长期内战使也门陷入日益恶化的人道主义危机，新冠肺炎疫情进一步加剧了这一困难形势。2020 年，也门内战依然胶着，主要表现在三个方面：一是胡塞武装与哈迪政府军在马里卜省展开多轮激战，双方都不愿让对方控制政府在也门北部的最后一个据点；二是胡塞武装与沙特深陷不平衡威慑，胡塞武装多次使用无人机和导弹袭击沙特的军用及民用目标，沙特则以猛烈

---

① 《古特雷斯赞扬利比亚政治对话论坛就临时领导层达成协议取得"突破进展"》，联合国中文网，2021 年 1 月 18 日，https：//news.un.org/zh/story/2021/01/1075922。

② Christopher M. Blanchard，*Libya and U. S. Policy*，Washington D. C.：CRS，2021，p. 2.

的空袭报复；三是南方过渡委员会在2020年4月宣布南方自治，与哈迪政府军爆发冲突，双方虽然在沙特的斡旋下于7月达成和解，但双方对彼此的不信任进一步加深。

针对也门战争问题，国际社会积极倡议冲突各方进行和谈，并促成了哈迪政府与胡塞武装之间的四轮和谈，包括2015年6~12月的两轮日内瓦和谈、2016年4~10月的科威特和谈、2018年12月的斯德哥尔摩和谈。然而，这些和谈要么无果而终，要么协议执行困难，整体作用十分有限。其中的原因比较复杂，既包括沙特、伊朗等庇护国未被纳入和谈进程，也包括谈判各方缺乏互信而不愿妥协，还包括协议内容比较模糊等问题。

拜登上台之后，美国政府谋求结束也门战争。拜登在其首次外交政策演讲中专门提及要加大外交努力来结束也门问题，强调美国支持联合国的倡议，支持国务卿任命蒂姆·伦德金担任美国的也门问题特使，并将胡塞武装移出恐怖组织名单。然而，鉴于也门战争经济的盛行、沙特追求体面退出也门、胡塞武装继续进攻马里卜、既有国际和谈框架存在缺陷等问题，也门和平进程注定是艰难坎坷的。一方面，在代理人战争的推动下，也门形成了六个相互联系但彼此独立的战区，不同力量矛盾尖锐并相互战斗，停战并不容易。一是在北部地区，胡塞武装在伊朗的支持下控制着广袤的地区，并不时面临反胡塞武装的进攻。二是在红海沿岸，沙特和阿联酋支持的塔里克·萨利赫武装实力强大，并在荷台达与胡塞武装对峙。三是在塔伊兹省，胡塞武装控制北部，伊斯兰改革集团党、政府军和阿布·阿巴斯集团等反胡塞联盟控制南部，但反胡塞集团内部也时常爆发冲突。四是在南部地区，南方过渡委员会在阿联酋的支持下实力不断提高，并不时与哈迪政府军激战。五是在马里卜省，伊斯兰改革集团党占据优势，但遭到胡塞武装的持续进攻。六是在东部的迈赫拉省，沙特和阿曼分别扶植不同的地方部落势力。①

---

① Gregory D. Johnsen, "The End of Yemen", Brookings, March 25, 2021, https: //www. brookings. edu/blog/order – from – chaos/2021/03/25/the – end – of – yemen/, accessed Mach 28, 2021.

另一方面，即使也门达成和平协议，基于之前的历史经验和武装力量众多的事实，协议的执行也很难令人乐观。在也门，众多的武装行为体，无论是哈迪政府军，还是胡塞武装，或是南方过渡委员会武装，他们都没有强大到击败其他力量，从而彻底控制整个国家。然而，他们又拥有大量的人员和弹药，可以轻易使用武力破坏和平进程。考虑到也门经济状况不断恶化的问题，国家的经济资源竞争愈加严峻，各行为体在和平协议没有关注到或保障自身利益的情况下，不可能轻易善罢甘休，很可能重新使用武力实现自身利益。

（三）叙利亚政治和谈推进艰难

2020 年以来，叙利亚政治和谈进展缓慢。受新冠肺炎疫情影响，2019年 11 月开始的叙利亚宪法委员会日内瓦会议直到 2020 年 8 月才举行第三轮会议，并先后于 2020 年 12 月和 2021 年 1 月举行第四轮和第五轮会议。虽然会谈就团结应对新冠肺炎疫情、妇女权利问题、宪法基本原则的重要性等问题形成了基本共识，但是在实质性问题即推进落实联合国安理会第 2254号决议规定的相关议题方面乏善可陈。以至于联合国叙利亚问题特使吉尔·彼得森称"鉴于谈判双方无法就相关问题达成共识，日内瓦会议将无限期暂停"，叙利亚政治和解进程仍然艰难。

叙利亚政治和解进程困难的原因主要来自三大方面。第一，叙利亚地面战场形势对巴沙尔政府有利，因此政府不愿轻易妥协。虽然巴沙尔政府对国家整体控制能力相对有限，西北部的伊德利卜、东北部的库尔德地区、南部的坦夫地区均不在政府控制之下，并且政府对边境地区的控制只有 15% 左右，但至少在形式上，政府军控制着叙利亚 2/3 的领土，包括全部主要城市（大马士革、阿勒颇、霍姆斯、哈马、拉塔基亚、塔尔图斯、德拉和代尔祖尔），以及 1200 万人口。在地面战场占据优势的情况下，巴沙尔政府很难向反对派妥协。第二，叙利亚问题不仅是叙利亚人民的问题，也与外部力量的干预联系紧密。在叙利亚，俄罗斯和伊朗投入武装力量支持巴沙尔政权，美国在代尔祖尔油田附近有 800 余人的驻军，土耳其在伊德利卜建有 12 个正式军用观察哨所，以及若干非正式观察哨所。① 这些外部力量还在叙利亚积极扶植代理人，外部大国之间的矛盾、冲突和博弈制约着叙利亚政治和解进程，政治和解进程的成功有赖于外部大国不进行阻挠。第三，叙利亚宪法委员会日内瓦会议的机制存在缺陷。一方面，该会议的召开是以联合国安理会第2254号决议为基础的，但该决议是在2015年达成的，经过近6年的时间，叙利亚内外形势已经发生了很大的变化，当时决议的一些规定与当前的现实并不匹配。另一方面，该会议的包容性存在问题，该会议由50名政府代表、50名反对派代表和50名民间代表组成，但迫于土耳其的压力，该会议并没有包含库尔德力量的代表，这显然是不充分的。

三　疫情对中东国家政治发展的影响及其前景

新冠肺炎疫情在中东地区迅速扩散，全面影响中东国家各领域。然而，其破坏性的影响尚不能完全被理解，因为人们还需要时间进行系统评估。中东国家普遍存在的结构性治理问题，包括社会经济高度不平等、严重的失业问题尤其是青年失业、国家治理体系和治理能力弱、社会政治排斥和种族宗教歧视等。这些问题不仅催生了"阿拉伯之春"，而且将中东国家置于"剧变长波"。② 在这种背景下，新冠肺炎疫情大流行可能引发更加严重的国内和地区治理问题。简而言之，新冠肺炎疫情进一步暴露了许多中东国家的政府治理赤字问题，加剧了本就严重的经济危机。虽然中东国家所受疫情冲击的影响程度有差别，但疫情将加剧中东国家结构性的治理难题，冲击国家的政治稳定。

（一）疫情加剧中东国家政治治理问题

中东地区各国的国情不同，国家政治治理受到新冠肺炎疫情的影响存在

---

① Carla E. Humud, Christopher M. Blanchard, *Armed Conflict in Syria: Overview and U. S. Response*, Washington D. C.: CRS, 2020, p. 17.

② 参见王林聪《2020：中东剧变十年的反思和展望》，载王林聪主编《中东发展报告 No. 22（2019～2020）》，社会科学文献出版社，2020。

差异。

第一，疫情进一步加大战乱国家的民众苦难与政治和解难度。在战乱国家利比亚、叙利亚和也门，内战已经使这些国家的医疗基础设施不堪重负，新冠肺炎疫情进一步加剧了这些国家医疗条件的窘境。在也门，新冠肺炎疫情发生时，全国只有51%的卫生中心能够正常运转，缺乏合格的医护人员和设备，新冠病毒得不到有效的防治，也门的人道主义危机持续恶化。[1] 此外，国家严重分裂和割据势力的存在，既不能统合国家资源开展抗疫活动，又不能有效防范病毒扩散，因此阻碍了中央政府和国际社会应对疫情能力的发挥。新冠肺炎疫情也没有改变这些国家精英对冲突的态度，这些国家的和平进程均步履艰难，精英与普通民众之间的认知和需求鸿沟进一步扩大。这表明这些战乱国家深陷"公地悲剧"。

第二，疫情加大了脆弱国家的民众不满和政权潜在风险。在脆弱国家伊拉克、黎巴嫩等，政府的政治压力虽然因新冠肺炎疫情有所缓和，但其结构性问题仍对政权构成威胁。在伊拉克和黎巴嫩，新冠肺炎疫情虽然降低了民众抗议的频度和烈度，两国也都完成了新总理更换事宜。然而，新冠肺炎疫情进一步暴露了两国政府治理体系的缺陷，表现在医疗卫生体系落后、政府效率效力低下、精英贪腐严重和庇护体系盛行等。在疫情尚未完全结束的当下，民众抗议活动已经开始呈现增加之势，这表明两国的政府精英很难漠视民众的变革诉求。疫情过去之后，政府或许会面临更大的民众抗议压力，两国政府将不得不进一步采取行动，或开展系统性的体系变革，或开展政治和社会的渐进改革。[2]

第三，疫情恶化了转型国家的经济状况，并增强了民众求变的诉求。在转型国家埃及、阿尔及利亚、苏丹等，新冠肺炎疫情似乎加强了政府的权力，但不应低估民众寻求变革的诉求。这些国家政府为了有效防控疫情，颁

---

①　Mick Mulroy et al.，*COVID – 19 & Conflict in the Middle East*，Washington D. C.：MEI，2021，p. 5.

②　Karim Mezran and Annalisa Perteghella，eds.，*The Politics of Pandemics：Evolving Regime-Opposition Dynamics in the MENA Region*，Milan：ISPI，2020，p. 11.

布紧急状态法令，严格执行防疫举措，这增强了国家对社会的控制。疫情下，这些国家民众的生活状况恶化。以埃及为例，埃及中央公共动员与统计局发布的数据显示，疫情对埃及61.9%的就业人口产生了负面影响，其中20%的人失去了工作机会。在那些受到疫情负面影响的人中，有41%的人无法负担基本生活成本。① 虽然疫情加大了民众组织抗议的难度，暂缓了政府的变革压力，但是民众对于变革的诉求不可能消失，再加上疫情导致经济普遍下滑，疫情过后，这些国家政府面临的民众压力可能更大。

第四，疫情严重冲击了非阿拉伯国家，并加剧这些国家国内的政治斗争。在伊朗和土耳其这两个相对稳定的非阿拉伯国家，新冠肺炎疫情造成的伤害十分严重，冲击了两国既有的政治格局。在伊朗，政府试图利用新冠肺炎疫情巩固政权，但民众对政府抗击疫情的低效的不满加剧，并附带对行政和司法机构的不满。同时，伊朗温和派与保守派围绕抗疫工作展开博弈，伊斯兰革命卫队在最高领袖的支持下绕过鲁哈尼政府，命令地方政府执行严格的抗疫措施，显示出伊朗国内激烈的权力斗争。在土耳其，新冠肺炎疫情加剧了执政党与反对党之间的敌对。如果民众愿意容忍政府的持续集权，并且依赖政府的经济援助，那么形势将有利于执政的正义与发展党，但目前的形势似乎呈现出相反的发展方向。与此同时，反对党共和人民党的伊斯坦布尔市市长伊马姆奥卢也在疫情中使用民粹主义的手段，但与执政党相比更加关注民主和可持续性。② 如果伊马姆奥卢能维持高声望，在2023年的总统选举中，他或许将成为埃尔多安的劲敌。

第五，疫情进一步动摇了海湾君主国的"传统社会契约"。海湾阿拉伯君主国依靠整体高质量的现代医学体系以及长期石油出口积累的巨额财富维持了国家的整体稳定，但其"传统社会契约"面临冲击。受新冠肺炎疫情和低油价的双重冲击，海湾君主国的经济状况严重恶化。以沙特为例，2020

---

① Samer Atallah, "COVID – 19 in Egypt: The Return of Harsh Realities", in Mirette F. Mabrouk, ed., *Rethinking Egypt's Economy*, Washington D. C.: MEI, 2020, p. 6.

② Seda Demiralp, "COVID – 19, Populism, and Political Change in Turkey", *Turkish Policy Quarterly*, Vol. 19, No. 4, 2020, p. 121.

年，沙特政府的财政赤字高达 794 亿美元，约占国内生产总值的 12%。沙特政府 2021 年预算为 2639 亿美元，比 2020 年缩减 7%。值得注意的是，在过去几年中，沙特政府已经采取了许多措施，通过削减支出和征收新税来增加政府的财政收入。传统上，海湾君主国的社会契约是"政府给予民众高福利，换取民众的政治沉默"。[①] 然而，随着这些国家政府不再能持续为民众提供高福利，民众是否还愿意像之前那样保持"政治沉默"就成为一个不确定的问题。

（二）中东国家政治发展前景展望

展望未来，中东国家政治发展可能呈现以下三个趋势。一是中东国家仍处于动荡长波。从内部原因看，中东国家的民族国家构建从 20 世纪 80 年代之后就处于持续的逆向化进程，仍在艰难地探索道路，多数国家没有找到适合自己的发展道路。从外部原因看，中东地区秩序仍处于重组阶段，美国主导下的中东地区秩序随着美国从中东战略收缩发生变化，美国影响下降，地区大国自主性增强，非国家武装力量崛起，引发了新一轮地区秩序重塑，目前这一进程尚未完成，中东地区秩序仍看不到清晰的图景。

二是新冠肺炎疫情虽然整体上暂缓了中东国家的动荡态势，但长远来看又加剧了中东国家的治理危机和政治动荡风险。中东国家的政治稳定受到各国政府能力和财政状况影响，中东各国潜在的政治风险并不一样。整体来看，财政状况较差的弱政府国家（也门、利比亚、叙利亚、苏丹、伊拉克、巴勒斯坦、黎巴嫩）在疫情后可能出现新一轮民众抗议潮；财政状况欠佳的强政府国家（阿尔及利亚、埃及、突尼斯、伊朗、土耳其、约旦、摩洛哥）在疫情后的政治压力很可能加大；财政状况尚可的强政府国家（海湾君主国）在疫情后应能维持整体稳定，但政治压力将逐渐加大。

三是战乱国家虽然看到了和平的曙光，但是和平进程不会一帆风顺。在

---

① Laura El-Katiri, "Vulnerability, Resilience, and Reform: The GCC and the Oil Price Crisis 2014 - 2016", Columbia University Center on Global Energy Policy, December 2016.

利比亚，和平进程进展相对较快，并计划在 2021 年底举行全国总统和议会大选，但其和平进程仍然脆弱，需要内外力量共同努力，推动其走向真正的和平。在也门，虽然拜登政府上台后致力于推动也门和平进程，但胡塞武装持续进攻马里卜省，和平进程进展十分缓慢。在叙利亚，宪法委员会虽然已经举行了五轮会谈，但整体上进展有限，尤其是在巴沙尔政府在地面战场具有主导性优势的背景下，或许需要考虑改变旧有的政治和谈模式。

由上可知，新冠肺炎疫情对中东国家政治发展造成了复杂影响。一方面，在新冠肺炎疫情的冲击下，民众的大规模抗议暂时中止，缓解了政府的政治压力。政府普遍采取紧急手段应对新冠肺炎疫情，采用安全化策略应对反对派，增强了国家能力，也为未来的强国家模式打下了基础。另一方面，新冠肺炎疫情没有改善战乱国各股势力的求和动机，并加剧了中东国家普遍存在的治理赤字问题。新冠肺炎疫情下，民众不满积累，促使反对派反思如何应对政府新的集权趋势。展望未来，在中短期时间内，中东国家的政治稳定状况不容乐观。中东国家的根本任务仍然是找到适合自己的国家发展道路，不断提高国家的治理能力和治理体系的现代化水平。

Y.4
2020~2021年中东经济形势及前景展望

姜英梅*

摘　要：　2020年初，新冠肺炎疫情大流行，全球经济陷入衰退。尽管2020年下半年全球经济开始缓慢复苏，国际原油市场价格回升，包括中东经济体在内的全球经济形势好于预期，但疫情和低油价仍对中东经济造成严重冲击，包括经济萎缩、通胀率高企、财政状况和经常账户状况恶化、失业率和贫困率上升。疫情对中东各个部门均造成影响，尤其是能源部门，旅游、航空等服务业，以及制造业。但是，疫情也推动了中东数字经济的发展。展望未来，中东经济将在全球复苏势头和油价相对高位的背景下实现温和复苏，但地区国家复苏前景各异，且在各种不确定因素影响下有着较大下行风险。

关键词：　中东经济　国际油价　全球经济

2020年新冠肺炎疫情全球蔓延，全球商业活动多次陷入几乎完全停滞的状态。国际货币基金组织2021年4月的《世界经济展望》指出，2020年全球经济活动同步急剧萎缩3.3%，这是自1929年大萧条以来和平时期最严重的经济下滑；大多数国家实施了大规模的政策支持，否则经济萎缩程度

---

* 姜英梅，法学博士，中国社会科学院西亚非洲研究所副研究员，主要研究方向为中东经济、金融等。

可能是当前的 3 倍。① 疫情冲击下，各国人均收入进一步分化，不平等现象进一步加剧。世界银行 2021 年 1 月《全球经济展望》报告估计，2020 年全球经济萎缩 4.3%，全球经济活动崩溃的严重程度略轻于此前的预测，主要原因是中国的经济复苏更为强劲，以及发达经济体的萎缩程度略低，而大多数新兴市场和发展中经济体的经济活动受到的影响比预期更为严重。② 疫情和低油价对中东经济造成严重冲击，世界银行 2021 年 4 月的报告估计，2020 年中东经济萎缩 3.8%，疫情造成的预期成本约为 2020 亿美元，2021 年中东经济将出现 2.2% 的温和反弹。③ 国际货币基金组织 2021 年 4 月的《区域经济展望：中东和中亚》预计，2020 年中东经济萎缩 3.4%，2021 年将反弹 4.0%。④ 无论是世界银行还是国际货币基金组织，均在 2021 年 4 月的报告中调高了 2020 年中东经济增长率和 2021 年预期增长率，原因在于全球经济复苏好于预期、国际油价回升以及中东各国政府实施的经济刺激政策。展望未来，疫情结束时间与疫情影响下的全球经济走势和国际油价存在极大不确定性，成为包括中东经济体在内的世界经济体面临的最大下行风险。

一 2020 年中东经济遭受疫情和低油价双重冲击

根据国际货币基金组织 2021 年 4 月的《世界经济展望》报告，估计 2020 年全球经济萎缩幅度比 2020 年 10 月的预测低 1.1 个百分点（见表1），这是因为 2020 年下半年经济增长快于预期，大多数地区放松了封锁措施并调整适应了新的工作方式，各个国家推出额外财政支持和货币支持，以及新冠疫苗推广对经济复苏起到推动作用。全球经济萎缩既反映了疫情对供给潜力造成的破坏，又体现了疫情发生前即已存在的一些因素，包括发达经济体

① IMF, *World Economic Outlook*, April 2021, p. 8.
② The World Bank, *Global Economic Prospects*, January 2021, p. 2.
③ The World Bank, *Living with Debt: How Institutions Can Chart a Path to Recovery in the Middle East and North Africa*, April 2021, p. 7.
④ IMF, *Regional Economic Outlook: Middle East and Central Asia*, April 2021, p. 23. 世界银行和国际货币基金组织的中东范围不包括土耳其和以色列两国。

和部分新兴市场经济体人口老龄化导致的劳动力增长减缓，以及低油价对石油出口国的影响。依赖旅游业和大宗商品出口的国家以及政策应对空间有限的国家遭受了巨大损失。在疫情发生前，很多国家的财政状况就已经十分堪忧，它们实施重大医疗卫生应对政策或支持民生的能力较低。经济的严重萎缩给某些群体的就业和收入带来非常不利的影响。年轻人、女性、受教育程度较低的劳动者以及非正式行业的工作者受到最为严重的冲击。由于疫情加快了数字化和自动化驱动的经济转型，许多工作岗位不太可能恢复，劳动力需要在部门之间重新配置，这一过程本身往往伴随着重大收入损失。疫情很可能导致收入不平等显著加剧，相比疫情之前的预测，新兴市场和发展中经济体（不包括中国）2020～2022年的累计人均收入损失相当于2019年人均GDP的20%，而发达经济体的损失相对较小，为11%。2020年全球收入降至极端贫困线以下的人口已增加近9500万人，营养不良人口将增加8000万人。①

疫情发生前，中东国家陷入高失业、高赤字、高通胀和低增长的"三高一低"的经济困境。青年和妇女的活力给中东地区带来希望，2/3的人口年龄在35岁以下。然而，青年失业率接近25%，其中近一半（40%）是女性。疫情发生前，中东地区近一半的人口（42%）每天的收入低于5.50美元。与世界上所有其他地区相比，中东地区的生活满意度在疫情发生之前就已经下降。在有数据的14个中东国家中，有11个国家2019年的生活满意度低于2010年。② 低生活满意度可以说是缺乏经济机会、高失业率（尤其是青年和女性失业率）和普遍的经济不安全感导致的。2020年是"阿拉伯之春"爆发十周年，中东经济发展困境的结构性因素依然存在，尚未有国家成功实现转型。2020年中东在疫情和低油价的双重冲击下，经济雪上加霜，极端贫困率大幅上升。

---

① IMF, *World Economic Outlook*, April 2021, p. 70.
② "Middle East and North Africa", The World Bank, https：//www. worldbank. org/en/region/mena/overview, accessed April 28, 2021.

表 1 世界各地区经济增长率

单位：%

国家或地区	2020 年	2021 年	2022 年	比 2020 年 10 月预测值差异（百分点）		
				2020 年	2021 年	2022 年
世界	－3.3	6.0	4.4	1.1	0.8	0.2
欧元区	－6.6	4.4	3.8	1.7	－0.8	0.7
撒哈拉以南非洲	－1.9	3.4	4.0	1.1	0.3	0.0
亚太	－1	8.6	6.0	0.7	0.6	－0.3
拉美	－7	4.6	3.1	1.1	1.0	0.4
中东	－3.4	4.0	3.7	1.6	0.8	－0.2
美国	－3.5	6.4	3.5	0.8	3.3	0.6
中国	2.3	8.4	5.6	0.4	0.2	－0.2
印度	－8.0	12.5	6.9	2.3	3.7	－1.1

资料来源：IMF, *World Economic Outlook*, April 2021, p. 8。

（一）2020年中东经济大幅萎缩

疫情几乎影响了中东经济的所有方面，国际货币基金组织和世界银行 2021 年 4 月的报告分别认为中东经济萎缩 3.4% 和 3.8%，均比 2020 年 10 月的预测有所上调（国际货币基金组织 2020 年 10 月的报告预测中东经济将萎缩 5.0%）（见表 1）。经济预期上调的主要原因在于伊朗、土耳其国内生产总值增长率的变化以及地区内许多国家经济复苏好于预期。[①] 但是，疫情仍造成中东经济损失 2020 亿美元，据估计，2020 年中东人均实际 GDP 将下降 5.3%。[②]

石油出口国受低油价冲击，经济大幅萎缩 4.5%。除了沙特、伊朗和卡塔尔，其他石油出口国经济萎缩幅度均高于石油出口国平均值，尤其是处于战乱和冲突的利比亚，经济萎缩 59.7%；伊拉克战后重建困难重重，经济

[①] IMF, *World Economic Outlook*, April 2021, p. 9.

[②] The World Bank, *Living with Debt: How Institutions Can Chart a Path to Recovery in the Middle East and North Africa*, April 2021, p. 9.

萎缩10.9%。石油出口国中,伊朗实现经济增长,经济增长率为1.5%(国际货币基金组织2020年10月的报告估计萎缩5.0%)(见表2)。伊朗经济实现增长主要有两方面原因。首先,经历2019年石油产量和出口量低谷,2020年伊朗石油产量、出口量均有所恢复。欧佩克2021年3月的报告显示,截至2021年3月21日,伊朗原油日产量达到230.4万桶,为特朗普政府2019年5月对伊朗石油实施禁运以来的最高水平,石油日产量排名升至全球第10名。其次,包括农业和制造业在内的主要经济部门以创纪录的速度增长,伊朗目前从非石油出口中获得了更高的收益,这也意味着钢铁和铜、农产品及石化类等产品将有助于伊朗获得新的硬通货资源,非石油出口已经成为伊朗赚取外储的主要来源。

石油进口国在低油价的利好因素下,经济萎缩0.8%。黎巴嫩受到经济、社会和政治危机的打击,经济大幅萎缩25%。黎巴嫩几个月来一直在努力组建新政府,2020年与国际货币基金组织就财政支持问题进行了谈判,但由于黎巴嫩与国际货币基金组织在改革问题上缺乏政治共识,谈判很快陷入困境。黎巴嫩经济危机暴露出其严重的治理危机。埃及和土耳其是石油进口国中经济正增长的两个国家。尤其是埃及2020年经济增长率达到3.6%(见表2),国际货币基金组织和世界银行在2020年10月的预测中就指出,埃及是中东地区唯一实现经济正增长的国家。埃及4年前开始的经济改革夯实了经济基础,增强了经济弹性,并为采取适当措施提供了财政空间,经济改革还促进经济结构的进一步多样化,使其对冲击的敏感性降低,尤其是来自旅游业衰退的冲击。由于埃及国内营商环境改善和受经济发展前景吸引,埃及仍是非洲最大的外资流入国。国际货币基金组织2021年4月的报告指出,中国和土耳其是所有G20成员中仅有的在2020年实现经济正增长的国家(2020年10月的报告估计土耳其经济将萎缩5.0%)。自2020年下半年以来,土耳其GDP增长率大幅飙升,一是因为土耳其的国有银行为抵御新冠肺炎疫情冲击,将贷款总额增加了近1倍,土耳其里拉也经历反弹;二是因为土耳其制造业恢复迅速,出口大幅增加。2021年3月1日,土耳其统计局公布的数据显示,土耳其2020年国内生产总值增长了1.8%①，其中，金融和保险业、信息和通信行业对经济增长的贡献较大。国际货币基金组织预测2021年土耳其经济将实现6.0%的反弹（见表2）。然而，土耳其复苏呈现不平衡性，最终加剧外部脆弱性，比如里拉贬值创纪录、通货膨胀率被推高、就业形势惨淡、外汇储备大幅下降等。2021年，土耳其将优先考虑稳定物价和里拉汇率，并适当收紧货币政策，提高利率，削减信贷。

表2 中东经济指数（2019～2021年）

单位：%

国家或地区	实际GDP增长率			通货膨胀率(年平均)			经常账户余额占GDP比重		
	2019年	2020年	2021年	2019年	2020年	2021年	2019年	2020年	2021年
中东地区	0.8	-3.4	4.0	6.9	10.5	12.8	1.2	-3.2	0.7
石油出口国	-0.3	-4.5	4.8	5.7	8.6	11.0	3.1	-2.7	2.3
沙特	0.3	-4.1	2.9	-1.2	3.4	2.7	6.3	-2.1	2.8
伊朗	-7.6	1.5	2.5	41.1	36.5	39.0	-0.1	-0.7	1.2
阿联酋	1.3	-5.9	3.1	-1.9	-2.1	2.9	7.4	3.1	7.1
伊拉克	3.9	-10.9	1.1	-0.2	0.6	9.4	-1.2	-14.8	0.0
阿尔及利亚	0.7	-6.0	2.9	2.0	2.4	4.9	-9.6	-10.5	-7.7
卡塔尔	0.1	-2.6	2.9	-0.6	-2.7	2.7	2.4	-3.4	7.1
科威特	0.7	-8.1	0.7	1.1	2.1	2.3	8.9	0.8	8.6
阿曼	0.5	-6.4	1.8	0.1	-0.9	3.8	-5.2	-10.0	-6.4
巴林	1.8	-5.4	3.3	1.0	-2.3	1.5	-2.9	-9.6	-4.0
利比亚	9.9	-59.7	131	4.6	22.3	18.2	-0.3	-11.4	3.9
也门	2.1	-5.0	0.5	10.0	26.2	30.6	-7.4	-2.4	-8.5
石油进口国	3.3	-0.8	2.3	9.9	15.4	17.2	-6.7	-4.9	-5.6
埃及	5.6	3.6	2.5	13.9	5.7	4.8	-3.6	-3.1	-4.0
摩洛哥	2.2	-7.0	4.5	0.0	0.6	0.8	-4.1	-2.2	-3.8
苏丹	-2.5	-3.6	0.4	51.0	163.3	197.1	-14.9	-17.5	-11.2
突尼斯	1.0	-8.8	3.8	6.7	5.7	5.8	-8.8	-6.8	-9.5
约旦	2.0	-2.0	2.0	0.3	0.4	2.3	-2.8	-8.1	-8.3
黎巴嫩	-6.5	-25.0	—	2.9	88.2	—	-20.6	-14.3	—
以色列	3.5	-2.4	5.0	0.8	-0.6	0.3	3.5	4.9	4.1
土耳其	0.9	1.8	6.0	15.2	12.3	13.6	1.1	-5.1	-3.4

资料来源：IMF，*World Economic Outlook*，April 2021，p. 38；IMF，*Regional Economic Outlook*：*Middle East and Central Asia*，April 2021，p. 23。

---

① 《不止中国，G20还有一个国家去年实现正增长》，澎湃网，2021年3月3日，https：//www.thepaper.cn/newsDetail_ forward_ 11533612，最后访问日期：2021年3月3日。

（二）中东通货膨胀率大幅攀升

经济萎缩、收入下降、汇率贬值、粮食等消费物品进口成本增加，导致中东通货膨胀率从 2019 年的 6.9% 上升至 10.5%。其中，石油出口国通胀率从 5.7% 上升至 8.6%，主要是因为伊朗、也门和利比亚通胀率飙升的拉动，例如伊朗通胀率高达 36.5%（见表 2）。2021 年 2 月 20 日，伊朗《金融论坛报》报道，伊朗国家统计中心最新数据显示，截至本财年第 11 个月月底（2021 年 2 月 18 日），伊朗月平均货物服务消费者物价指数（CPI）同比上涨 34.2%，食品与饮料 CPI 同比上涨 34.7%；烟草 CPI 同比上涨 33%；服装鞋履 CPI 同比上涨 36.8%；住房、水电气和燃料 CPI 同比上涨 24.7%。①

石油进口国通胀率从 2019 年的 9.9% 上升至 15.4%，主要是受苏丹和黎巴嫩通胀率高企的拖累，土耳其通胀率也达到 12.3%（见表 2）。土耳其虽然实现了经济正增长，但食品价格持续上涨也让百姓叫苦不迭。粮食生产供需不平衡，疫情下经济萎靡不振以及近期世界粮价普遍上涨等多种原因导致土耳其食品价格上涨，这也加剧了通货膨胀风险。由于全球供应链中断，食品价格面临压力。世界银行报告分析了中东地区自 2020 年 2 月（疫情前）以来五类食品（碳水化合物、乳制品、水果、肉类和蔬菜）的价格变化，评估中东的食品价格通胀情况。整个地区的食品价格都在上涨。在一些国家，食品价格上涨幅度不大（5% 或更低），但在埃及、伊朗、科威特、黎巴嫩、摩洛哥、卡塔尔、沙特阿拉伯、叙利亚、突尼斯、也门，主食价格自 2020 年 2 月 14 日以来上涨了 20% 以上。② 黎巴嫩、叙利亚和伊朗受到的打击尤为严重，食品价格全面上涨。相对于富裕家庭，贫困家庭的食品支出往往占更大的消费比重，受食品价格上涨的影响更大。在也门和黎巴嫩等粮食价格通胀率较高的国家，影响更为严重。

---

① 《伊朗最新通胀率为 34.2%》，中华人民共和国商务部网站，2021 年 3 月 1 日，http://www.mofcom. gov. cn/article/i/jyjl/j/202103/20210303041698. shtml，最后访问日期：2021 年 3 月 8 日。

② The World Bank, *NENA Crisis Tracker*, March 30, 2021, p. 20.

（三）中东经常账户严重恶化

疫情以及各国为应对疫情实施的管控措施导致全球供应链和产业链中断，世界贸易额（包括商品和服务贸易额）在2020年萎缩8.5%，其中商品贸易额萎缩5.1%。受疫情、低油价以及全球贸易下滑影响，中东国家贸易条件更加恶化，总体出口急剧下降，2020年第二季度同比下降44%，第三季度和第四季度同比分别下降17%和10%。① 中东经常账户状况令人担忧，从2019年的408亿美元盈余恶化至2020年的973亿美元赤字。经常账户余额占GDP比重从2019年的1.2%下滑至-3.2%。石油出口收入是中东许多产油国的主要收入来源，预计到2020年，石油出口收入将萎缩38%。② 受石油出口收入减少以及服务贸易额减少影响，石油出口国经常账户余额占GDP比重从2019年的3.1%下滑至2020年的-2.7%；石油进口国经常账户长期赤字，2020年赤字率受低油价影响从2019年的-6.7%缩小至-4.9%（见表2）。石油出口国中的伊拉克、阿尔及利亚、阿曼、巴林、利比亚以及石油进口国中的苏丹、黎巴嫩和约旦经常账户赤字率较高。

（四）中东财政收入下降、债务增加

近年来，中东大多数国家财政吃紧、债务增加，2019年已有1/3以上国家的政府债务率超过GDP的70%，其中5个国家的资金需求总量超过GDP的15%。③ 面对突如其来的疫情，中东国家快速应对以减轻疫情的影响，这导致政府债务率和资金需求创新高。根据国际货币基金组织2021年1月的《世界财政报告》，近年来，中东地区财政捉襟见肘，2020年石油出口国财政赤字占GDP比重高达10.8%，其中海合会国家财政赤字率为9.2%，石油进口国财政赤字率为7.4%。与此同时，中东地区政府总债务

① UNCTAD, *Global Trade Update*, February 2021, p. 2.
② IMF, *World Economic Outlook*, April 2021, p. 145.
③ IMF, *Regional Economic Outlook：Middle East and Central Asia*, April 2021, p. 6.

占 GDP 比重不断上升，从 2018 年的 39.9% 上升至 2020 年的 53.1%。① 根据世界银行报告，2020 年，中东地区经通胀调整后的政府收入下降 24%。与此同时，为保护弱势家庭和刺激经济，各国政府在基本的卫生和社会保护措施上的资金支出增加，在此情况下财政赤字估计占 GDP 的 9.4%，大大增加了政府债务。中东国家的平均公共债务预计上升 8 个百分点，从 2019 年占国内生产总值的约 46% 上升至 2020 年的 54%。其中伊拉克、利比亚等发展中石油出口国公共债务占 GDP 比重超过 65%；埃及、突尼斯等发展中石油进口国公共债务占 GDP 比重超过 85%，尤以黎巴嫩和约旦公共债务占 GDP 比重最高，分别达到 186.7% 和 109%（见表 3）。海合会成员国巴林和阿曼属于高收入国家，也有大量公共债务。由于财政调整空间有限，2021 年石油进口国的平均债务预计占国内生产总值的 93%。② 近期来看，中东地区支出和借贷需求将仍保持强劲。为应对财政赤字，许多国家实施财政整顿政策，包括削减不必要的支出、增加税收等。

表3 中东国家公共债务和财政余额占 GDP 比重

单位：%

国家	公共债务/GDP		财政余额/GDP	
	2019 年	2020 年	2019 年	2020 年
卡塔尔	57	64.1	1	−3.6
阿联酋	20.1	25	−1	−8
科威特	20.3	22.5	−9.8	−26.2
巴林	102.3	132.4	−9.3	−17.5
沙特	23.1	32.8	−4.2	−11.3
阿曼	60.1	81.2	−9	−17.4
利比亚	48.8	137.1	1.7	−64.4
伊拉克	48.2	69.3	1.4	−4.4
伊朗	47.9	50.3	−3.7	−6.3
阿尔及利亚	45.6	51.4	−9.6	−16.4

① IMF, *Fiscal Monitor Update*, January 2021, p. 2.
② The World Bank, *Living with Debt: How Institutions Can Chart a Path to Recovery in the Middle East and North Africa*, April 2021, p. 53.

国家	公共债务/GDP		财政余额/GDP	
	2019 年	2020 年	2019 年	2020 年
也门	52.7	—	—	—
黎巴嫩	171	186.7	−10.5	−4.9
约旦	97.4	109	−4.6	−6.7
吉布提	66.9	70.2	−1.5	−1.7
巴勒斯坦	16.3	24.2	−4.5	−7.6
摩洛哥	64.9	77.8	−3.6	−7.7
突尼斯	71.8	87.2	−3.1	−10
埃及	90.2	87.5	−8.1	−8

资料来源：The World Bank，*Living with Debt：How Institutions Can Chart a Path to Recovery in the Middle East and North Africa*，April 2021，pp. 55 − 56。

（五）中东外国直接投资和侨汇流入下降

疫情严重冲击全球外国直接投资（FDI）活动。根据联合国贸易和发展会议（UNCTAD）2021 年 1 月的投资预测，全球外国直接投资从 2019 年的 1.5 万亿美元骤降至 2020 年的 8590 亿美元，降幅达 42%，比 2008～2009 年全球金融危机后的投资低谷下降了 30% 以上，如此低的水平上一次出现是在 20 世纪 90 年代。[①] 中东石油和天然气、旅游、航空和金融服务等主要接收外国直接投资的行业受到严重影响。许多跨国公司经营的行业受到严重影响，中东地区主要跨国公司的预期收益大幅下调。2020 年流入西亚地区的外国直接投资下降 24% 至 210 亿美元。在大多数石油出口国，能源价格下跌对经济的影响超过疫情的影响。流向土耳其的外国直接投资下降 19% 至 68 亿美元，但是土耳其信息咨询和数字行业（包括电子商务平台、数据处理服务和数字支付）的交易量创纪录。流入沙特的外国直接投资保持稳定，流入量增加了 4%，估计为 47 亿美元，在 "2030 愿

---

① UNCTAD，*Investment Trends Monitor*，January 2021，p. 2.

景"框架下，促进投资和多样化的政策干预正在发挥作用。除英国之外，以埃及和印度为基地的跨国公司是沙特阿拉伯最活跃的投资者。2020年流入北非地区的外国直接投资从2019年的140亿美元下降32%至94亿美元。摩洛哥是北非地区唯一外国直接投资流入稳定的国家，约为16亿美元，主要是因为摩洛哥外国直接投资相对多样化，在汽车、航空航天和纺织等制造业已有几家主要跨国公司。埃及外国直接投资流入大幅下滑39%至55亿美元，但埃及仍是北非地区乃至非洲外国直接投资最大的流入国。[①] 2021年中东外国直接投资有可能恢复增长。第一，本次危机前的投资水平已经处于近10年来最低水平。第二，中东地区的主要经济体已经公布了大规模的刺激计划，这可能会缓解危机对经济的损害，并为外国直接投资的流入提供一些缓冲。第三，尽管发生了多方面的危机，但最近公布的一些西亚主要投资项目表明，投资者信心持续增强。第四，一些国家投资环境的改善也可以在中期内减轻投资受到的下行影响，例如沙特、阿联酋和埃及等国。

根据世界银行《移民与发展简报第33期》的预测，由于新冠肺炎疫情和经济危机持续蔓延，国际移民在2020年出现近几十年来首次下降，2020年流入中低收入国家的汇款额也大幅下降。汇款下降的主要因素包括移民输入国经济增长和就业低迷、原油价格疲软和汇款输出国货币对美元贬值。与此同时，受海合会国家和欧洲经济衰退以及大规模外来劳工失业影响，中东地区侨汇收入也从2019年的669亿美元下降至611亿美元，同比下降8.7%（见表4）。中东地区最大的汇款接收国埃及的侨汇收入下降24亿美元至243亿美元，占其GDP比重为6.7%。由于原油价格下跌和海湾国家经济增长放慢，主要汇款接收国的汇款可能会减少，预计2021年中东地区侨汇收入仍将继续下降8%。[②]

---

① UNCTAD, *Investment Trends Monitor*, January 2021, p. 2.

② The World Bank, KNOMAD, "Migration and Development Brief 33", KNOMAD, October 2020, p. 22, https://www.knomad.org/publication/migration – and – development – brief – 33.

表4　中东国家侨汇和外国直接投资流入额

分类	2019年	2020年	增长率(%)
侨汇流入额(亿美元)	669	611	-8.7
FDI流入额(亿美元)	416	304	-2.7

资料来源：UNCTAD, *Investment Trends Monitor*, January 2021, p. 2; The World Bank, KNOMAD, "Migration and Development Brief 33", KNOMAD, October 2020, p. 22, https://www.knomad.org/publication/migration - and - development - brief - 33。

（六）失业和贫困人口大幅增加

疫情导致中东失业人口增加。直接原因是员工感染新冠病毒，间接原因是旅行限制、检疫措施、员工留在家中照顾孩子或生病的家庭成员，以及社会安全网的覆盖范围非常有限。疫情不仅破坏了地区经济活动，而且对西亚与北非地区的贫困和收入分配产生了深远影响。在整个区域，有可能陷入贫困的人是自营职业者、缺乏社会保护的非正规部门工人以及在直接受到疫情冲击的部门工作的个人。海合会国家的外国劳工被排除在公民可使用的安全网之外。此外，危机对某些行业的影响更大，这意味着个人的经济风险取决于其就业部门。例如，受重创的行业包括旅游业、零售业、纺织业和服装业，这些行业对黎巴嫩、突尼斯、摩洛哥和埃及的影响尤为突出，生计与这些部门挂钩的个人可能更容易陷入贫困。中东失业人口增加，尤其是年轻人失业率高企。2020年第四季度，摩洛哥青年失业率达到32%，突尼斯青年失业率为36.5%，约旦青年失业率为55%。中东劳动力情况依然充满不确定性，很难准确估计收入损失和增加的贫困人口数量。世界银行估计，疫情使中东地区增加800万名赤贫人口，另外1800万人每天生活费不足5.5美元，2021年这个数字可能会上升到2300万以上。[①] 中东国家贫困率（按每天3.2美元标准）从疫情前的18.4%上升至疫情后的22.3%（见表5）。此

---

① The World Bank, *Living with Debt: How Institutions Can Chart a Path to Recovery in the Middle East and North Africa*, April 2021, p. 12.

外，疫情对贫困人口和易受伤害者造成了不成比例的影响，这在很大程度上是因为社会安全网的覆盖范围历来有限，甚至在疫情之前社会安全网的情况也在恶化。公司层面的数据表明，中东地区接触密集型行业（尤其是零售业）吸收了55%以上的私营部门就业，该行业工资水平在2020年第二季度大幅下降，尚未恢复；但非接触密集型行业（例如消费品和制造业）受到轻微影响，第三季度工资水平恢复正增长。相比之下，国有企业的工资在2020年前三个季度有所增长，这可能反映出政府对国有企业和公共就业的支持。危机主要源于油价下跌、体制脆弱以及一些国家的冲突，尤其是也门、叙利亚、利比亚和伊拉克。国内流离失所者与难民因为疾病和在非正规部门失去工作机会而进一步陷入极端脆弱的境地。

表5　疫情前后中东贫困率变化

单位：%

国家	疫情前	疫情后（按每天3.2美元标准）
阿尔及利亚	2.2	3.3
吉布提	31.8	35.9
埃及	24.1	30.5
伊朗	4	4.9
伊拉克	11.8	17.3
约旦	2.5	3.3
黎巴嫩	0.1	0.3
摩洛哥	4.9	6.2
突尼斯	2.4	4.2
巴勒斯坦	5	6.8
总计	18.4	22.3

资料来源：The World Bank, *Trading Together*: *Reviving Middle East and North Africa Regional Integration in the Post – COVID Era*，October 2020，p. 21。

二　疫情对中东主要行业的影响

疫情对中东地区供需两端均造成严重影响，所有部门都受到冲击。世界各地的经济困难与全球价值链中断减少了对中东地区商品和服务的需求，其中最主要的是石油和旅游业。由于区域商业活动突然减少和对感染的担忧，全球旅行需求下降，区域旅游需求也有所下降。此外，病毒传播和总需求水平的不确定性阻碍了中东地区的投资和消费。2020年油价暴跌进一步抑制了中东地区的需求，而石油和天然气是中东石油出口国最重要的部门。此外，摩洛哥、突尼斯和伊朗的汽车业，约旦和埃及的纺织品等行业都受到了疫情和全球贸易疲软的严重打击，一些中东国家的采购经理人指数（PMI）在2020年第一季度下降至荣枯线以下。[1]

（一）疫情对能源行业的影响

2021年4月20日，国际能源署发布《2021年全球能源回顾》报告，受新冠肺炎疫情影响，2020年全球能源需求下降4%，能源投资下降18%；全球石油需求下降870万桶/日，为第二次世界大战以来的最大降幅。[2] 由于欧佩克及G20组成减产同盟并实施大规模减产，全球原油产量和供应量也大幅减少。国际平均油价从2019年底的61.39美元/桶下降至2020年的41.29美元/桶（见图1）。受新冠肺炎疫情影响，油价下跌，石油需求锐减，国际石油企业无不受到重创，国际石油巨头普遍出现巨额亏损。国际石油巨头沙特阿美2020年财报指出，受疫情影响，全球原油需求萎缩，沙特阿美原油产量为920万桶/日（沙特是全球原油产量第三大国），同比下降30%。再加上原油价格低迷、销量下降（石油出口总量同比下降7.5%，为2009年以来最低水平），炼油和化工利润持续走低，2020年沙特阿美营收2048亿美元（同比下降30.5%），净利润为490亿美元（同比下降44.4%），公司资本支出同比下降18%至269亿美元。但沙特阿美仍是国际石油巨头中少数几个实现盈利的企业之一，沙特仍保持全球最大石油出口国

---

[1] 采购经理人指数高于50的荣枯线表示制造业扩张，采购经理人指数低于50表示制造业收缩。

[2] IEA, *Global Energy Review 2021*, April 2021, p. 1.

地位（日均出口660万桶）。① 虽然疫情带来冲击，但也加快了石油企业转型升级的步伐，业务多元化是石油公司未来发展方向。气候变化和能源转型正给中东石油国家带来新的挑战。在这方面，重建金融缓冲、寻求经济和财政多元化，同时减轻家庭分配受到的负面影响，是关键的政策优先事项，在这几个方面沙特和阿联酋两个国家走在中东地区前列。

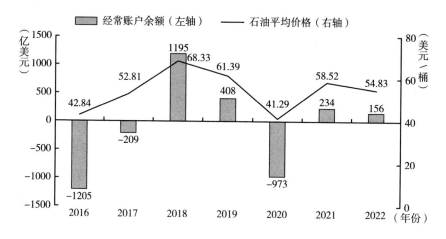

图1 国际平均油价与中东国家经常账户余额

资料来源：IMF，*World Economic Outlook*，April 2021，p. 143。

（二）疫情对制造业的影响

疫情冲击全球供应链和价值链，加剧全球贸易保护主义，加快全球制造业供应链调整。由于疫情、原油市场冲击以及全球贸易下滑，中东地区制造业亦受到严重影响，制造业采购经理人指数在2020年第一季度大幅下滑，到下半年才逐渐回升。土耳其为中东地区制造业大国，采购经理人指数从2020年1月的51.3大幅下降至4月的33.4，2020年6月才回升至荣枯线以上。截至2021年3月，土耳其的采购经理人指数上升至52.6，成为工业复

---

① 《2020全球主要石油企业成绩单出炉》，澎湃网，2021年4月15日，https：//www. thepaper. cn/newsDetail_ forward_ 12215701，最后访问日期：2021年4月19日。

苏最快的国家之一，制造业订单、投资、生产和出口都在恢复（见图2）。自2020年7月以来，阿联酋和埃及的采购经理人指数一直在50上下徘徊，表明这两个经济体尚未从2020年4月的低谷中反弹。2021年2月，卡塔尔和沙特阿拉伯的采购经理人指数高于50，表明其制造业略有反弹。截至2021年2月，黎巴嫩采购经理人指数低于45，表明其经济持续萎缩。①

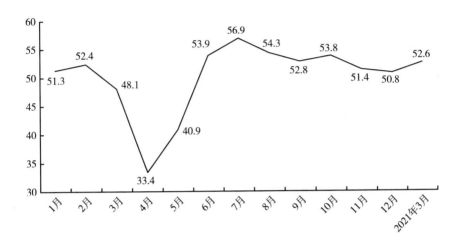

图2 土耳其采购经理人指数变化

资料来源：The World Bank，*Living with Debt：How Institutions Can Chart a Path to Recovery in the Middle East and North Africa*，April 2021，p. 10。

新冠肺炎疫情暴露出埃及汽车市场过于依赖进口的弊端。2021年2月，埃及汽车制造商协会指出，为避免疫情对进口造成的负面影响，唯一的方法是将埃及汽车制造行业本地化。中东地区企业正在思考重塑价值链和供应链，希望通过将一些关键性的制造业移回本土，缩短供应线并实现多样化，同时保护与重要的国际供应商和客户的联系来增强供应链弹性。同时，中东地区企业也在尝试增强其作为国际贸易枢纽的地位，并继续在促进贸易的基础设施建设和数字化转型方面进行大量投资。2020年，埃及进口额大幅下

---

① The World Bank，*Trading Together：Reviving Middle East and North Africa Regional Integration in the Post - COVID Era*，October 2020，p. 10。

降，出口额略有下降，这是因为产品投入了当地市场，满足本地需求而非选择出口，这是政府为实现深化国家工业和建立产业链的国家方案。沙特发起了"沙特制造"计划，通过鼓励本地消费者购买更多本地制造的产品、优先出口这些公司的产品来支持本地企业的发展。2021年3月阿联酋启动了"3000亿计划"的产业战略，提高工业部门的能力，使其成为国民经济可持续发展的驱动力，到2031年实现工业部门对GDP的贡献从目前的1330亿阿联酋迪拉姆增加到3000亿阿联酋迪拉姆。虽然新的工业发展可能有助于供应链的近岸发展，但融资困难、技能短缺和供应链不足问题仍将是主要制约因素。

（三）疫情对旅游业和航空业的影响

全球疫情与疫情防控对中东旅游和航空业造成致命打击。世界旅游业理事会（WTTC）2020年10月底发布的数据显示，至2020年底，新冠肺炎疫情带来的全球旅行限制影响预计将使中东和北非地区失去470万个工作岗位，旅游业对该地区GDP贡献将减少1750亿美元。[①] 阿联酋旅游业对国家经济的贡献率达到11.5%。在此次疫情中，阿联酋的航空业和旅游业受损严重。由于突如其来的新冠肺炎疫情，2020年3月25日，全球最大的航空公司阿联酋航空停飞所有航线，公司必须采取停招、减薪等方式进行自救，迪拜政府也宣布将采取相关干预和支持措施，以免情况进一步恶化。在疫情快速蔓延的2020年3～4月，迪拜酒店的入住率仅为10%。此外，原本预计于2020年10月召开的迪拜世博会也推迟至2021年10月，这一博览会按原定计划将为迪拜招揽2500万名国际游客和带来90亿美元的旅游收入。旅游人数的暴跌对土耳其这样一个旅游业占经济总量12%的国家影响巨大，土耳其旅游业和其他服务行业下降4.3%。由于疫情影响，沙特在2020年损失了120多亿美元的朝觐收入（约占其旅游收入的一半）。2020年疫情期间，埃及旅游业收入为40亿美元，比上一年的130.3亿美元下降69%。

---

① MEED, *Experts Look to 2021 for Potential Recovery*, January 2021, p. 106.

2020 年，突尼斯旅游业收入可能下降 80%。[1] 中东地区于 2020 年 7 月重新开放旅游后，外国游客数量缓慢恢复。为了让外来游客放心，中东各国还出台了严格的防疫措施，但行业整体复苏尚需时日。2021 年 2 月的旅游业和空中交通量仍比 2020 年 2 月减少了 60% ~ 80%。[2] 旅游业复苏的前提是疫情得到控制，因此落实防疫举措、维护防疫成果至关重要。当前，全球疫情尚未结束，公众旅游消费信心不足，这是阻碍当前国际和地区旅游业复苏的重要因素。未来一段时间，中东旅游业复苏仍将持续受到疫情反复的考验。一些业内人士指出，鉴于中东地区旅游资源较为丰富及民众旅游需求释放等因素，后疫情时期中东多国旅游业有望呈现阶段性加速恢复态势。

新冠肺炎疫情对全球航空业造成了严重打击。国际航空运输协会（IATA）发布的最新报告显示，疫情给人员流动带来的巨大影响使 2020 年全球航空活动比去年减少了 56%，航空业全年亏损预计达 1185 亿美元。截至 2020 年 10 月，全球已有 46 家航空公司宣布破产，其中不乏知名公司。对于航空业和旅游业在国民经济中占据重要位置的一些中东地区国家来说，这种打击更为严重。根据阿拉伯旅游组织、阿拉伯民航组织和阿拉伯航空运输组织的联合报告，中东航空业在 2020 年第一季度的损失大约为 250 亿美元；到 2020 年 8 月，中东航空业的损失上升到 850 亿美元，受到影响的就业岗位数量多达 150 万个，占中东地区 240 万名航空业从业人数的一半以上；到 2020 年 10 月，情况进一步恶化，地区航空业 GDP 损失已高达 1050 亿美元，受到直接影响的工作岗位达 170 万个。[3] 海合会国家航空业受影响最为明显，尤其是阿联酋和沙特阿拉伯。

（四）疫情对建筑业的影响

由于油价下跌，依赖油气出口的国家面临资金困难。与此同时，中东国

---

[1] MEED, *Experts Look to 2021 for Potential Recovery*, January 2021, p. 107.

[2] The World Bank, *Living with Debt: How Institutions Can Chart a Path to Recovery in the Middle East and North Africa*, April 2021, p. 12.

[3] 曹笑笑：《疫情让中东航空也滑入至暗时刻》，中青在线，2020 年 12 月 8 日，http://m. cyol. com/app/2020 - 12/08/content_ 18878286. htm，最后访问日期：2020 年 12 月 8 日。

家政府支出增加，进而对大型项目投资带来负面影响。尽管"OPEC+"达成减产协议，但全球原油需求严重下滑将导致油价在低位徘徊；尽管沙特仍在推进可再生能源计划，阿美石油公司也继续推进海上项目招标，但海合会国家已经在调整投资和建设计划，重新调整支出优先级，迪拜财政部门已要求减少50%支出并暂时冻结新的公共建设项目。伊拉克政府宣布新冠肺炎疫情对所有项目构成的不可抗力给建筑市场带来不确定性。疫情也给埃及商用建筑项目带来重大打击。考虑到石油产量下降、油价低迷和非石油行业萎缩三重打击，中东国家政府不得不大量削减支出，并重新考虑基建项目。作为土耳其增长引擎的建筑部门萎缩3.5%。英国数据分析公司全球数据（Global Data）不断下调中东和北非地区2020年建筑业增长率，从2019年底预计的4.6%下调至2020年8月的-2.4%，10月进一步下调至-4.5%。① 这表明，疫情封锁和其他限制措施对建筑活动的影响比此前预期更为严重。2020年中东国家项目市场无论是计划项目还是在建项目都出现两位数的下滑，沙特项目市场发标额从2019年的484.7亿美元下降至157.4亿美元，阿联酋项目市场发标额从305.1亿美元下降至157.3亿美元，埃及项目市场发标额从179.4亿美元下降至94.7亿美元（见图3）。2021年中东建筑业将面临逆风，复苏缓慢，且各国的复苏步伐不一致。长期来看，中东地区经济复苏大趋势没有改变，大多数正在进行的关键基础设施计划不会因疫情影响停止，但疫情造成的短期冲击导致的财务不确定性势必影响非必要的项目支出，致使2021年乃至2022年的承包市场都将面临较大压力。

（五）疫情对金融业的影响

为应对疫情对实体经济冲击，中东大多数国家中央银行下调了政策利率和存款准备金率，鼓励暂停还贷，提供流动性，允许银行使用其资本节约缓冲，并降低流动性要求。截至2020年第二季度，中东银行业整体保持弹性，但银行与主权国家的联系有所增加。疫情前，中东银行业资产负债表相对强

---

① MEED, *Experts Look to 2021 for Potential Recovery*, January 2021, pp. 118 – 129.

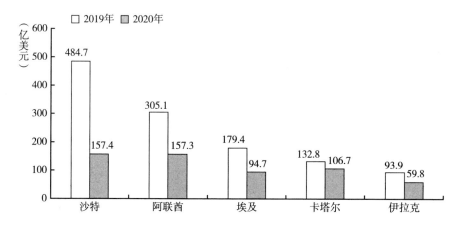

图3 中东主要国家项目市场发标额

资料来源：MEED, *Experts Look to 2021 for Potential Recovery*, January 2021, pp. 118 – 129。

劲，资本状况保持在令人满意的水平。但因持续的政策支持和监管宽容措施，疫情对银行业的全面影响尚待观察。此外，由于公共融资需求总额的很大一部分在2020年由国内银行提供资金，本已过多的银行对公共部门的债权增加，风险敞口进一步扩大。近期来看，许多国家预计将继续依赖国内银行承担大部分预算融资义务（约占总预算融资需求的80%），这可能导致私人信贷进一步被挤出。[①] 此外，低利率政策在刺激经济的同时，也导致银行盈利减少，许多银行将面临资产质量恶化和盈利能力下降的持续压力。

全球金融市场剧烈波动导致全球流动性紧缩，从而限制融资渠道。标普等权威评级机构下调多个产油国的主权信用评级，导致中东国家的国际融资成本上升，大量资金流出。2020年3～5月，一些国家大量资金外流，外国投资者纷纷撤出本国政府证券投资，直到2020年下半年才有所逆转。疫情期间，中东信用违约掉期价格大幅上涨，表明中东国家的信用状况恶化。在海合会国家中，阿曼和巴林的信用违约风险上升最为显著，与两国的巨额债务水平保持一致。在中东中等收入国家中，埃及、突尼斯和伊拉克的信用违约掉期价格增幅较大，高于海合会国家的信用违约掉期价格增幅。截至

---

① IMF, *Regional Economic Outlook：Middle East and Central Asia*, April 2021, p. 5.

2021 年 3 月初，中东国家信用违约掉期价格水平已恢复到疫情前的水平，但有一些例外（黎巴嫩、伊拉克、阿曼和突尼斯）。[①]

汇率弹性在某些情况下抵御了部分冲击。一些实行灵活汇率的国家（摩洛哥、突尼斯）在疫情初期出现汇率贬值，但在第二季度开始出现部分逆转。为减少汇率过度波动，少数国家（埃及）进行了外汇干预。但是，一些国家（叙利亚、也门）内乱与疫情叠加，汇率大幅贬值，例如叙利亚镑自 2018 年以来已经贬值了 100%。[②] 一些国家（伊朗、土耳其和黎巴嫩）在疫情、美国制裁以及内部经济困境的冲击下，汇率屡创新低。黎巴嫩正在经历一场深刻而系统性的金融危机。2020 年 3 月，黎巴嫩债务危机加剧，并首次出现主权债务违约；银行体系、中央银行和外汇储备都已崩溃。2021 年 3 月 22~23 日，土耳其金融市场遭遇"股债汇"三杀，除股市熔断以外（一天内 3 次熔断），10 年期国债收益率创下历史最大涨幅，里拉一度大跌 17%，创下自 2018 年 8 月以来的最大跌幅。[③]

受恐慌情绪和美元流动性紧张影响，中东股市市值和综合指数大幅下跌。2019 年 12 月，沙特阿美石油公司在本国股票市场上市，阿拉伯国家股市市值飙升至 3.16 万亿美元（2019 年第三季度末为 1.24 万亿美元）。2020 年，受疫情和低油价以及经济萎缩影响，阿拉伯国家股市不断跳水，科威特等国家还出现熔断。截至 2020 年 3 月底，阿拉伯国家股市市值下降至 2.62 万亿美元，综合指数下降 19.33%。综合指数下降幅度超过 15% 的证券市场包括迪拜、阿布扎比、卡塔尔、贝鲁特、沙特阿拉伯、突尼斯、埃及和巴林。[④] 进入 2020 年第二季度后，随着各国政府的经济刺激举措，"OPEC +"达成减产协议，国际油价止跌回升，阿拉伯国家股市也逐渐上扬。截至

---

① The World Bank, *Living with Debt: How Institutions Can Chart a Path to Recovery in the Middle East and North Africa*, April 2021, p. 18.

② IMF, *Regional Economic Outlook: Middle East and Central Asia*, April 2021, p. 8.

③ 范子萌、汤翠玲:《"股债汇"三杀，土耳其金融市场为何休克》，东方财富网，2021 年 3 月 23 日，http://finance.eastmoney.com/a/202103231854463245.html，最后访问日期：2021 年 5 月 2 日。

④ Arab Monetary Fund, *Arab Capital Markets*, 3th Quarter Bulletin 2020, pp. 82 – 86.

2021年第一季度末，阿拉伯国家股市市值和综合指数分别上升至3.24万亿美元和444.77（见图4）。

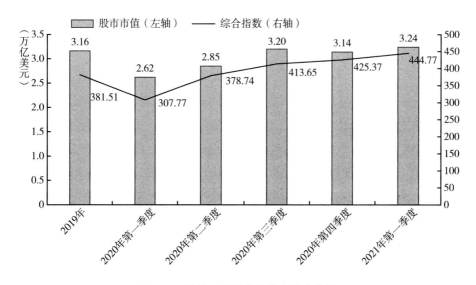

图4　阿拉伯国家股市市值和综合指数

资料来源：Arab Monetary Fund，Arab Capital Markets，3th Quarter Bulletin 2020，pp. 82 – 86。

（六）疫情催生数字经济

近年来，中东地区许多国家正在推进国家人工智能计划和战略，旨在将其转变为经济发展的重要驱动力。疫情防控期间，地区多国加大政策支持力度，扩大互联网基础设施建设，努力为数字经济产业创造良好的营商环境，助推数字化转型进程。网上购物、在线教育、远程医疗等形式多样的数字经济蓬勃发展，成为中东地区经济发展的一大亮点。阿联酋和沙特等海合会国家、土耳其、埃及等国走在前列。近年来土耳其迈入数字化建设加速阶段，尤其是随着疫情形势的变化，土耳其当地对医疗、教育等行业的数字化转型升级提出了更高、更迫切的需求。埃及政府在2020~2021财年拨款127亿埃镑用于推动数字化转型，同时启动"数字埃及"计划。沙特内阁批准数字经济发展规划，该规划在完善互联网基础设施、建立数字平台、推动创

新、培养人才、开放市场等方面提出具体目标。2020 年 11 月底,在沙特的倡议下,沙特、巴林、约旦、科威特和巴基斯坦 5 国召开通信和信息技术部长视频会议,并宣布成立"数字合作组织"。阿联酋数字经济的最终目标是建设"未来之城",使阿联酋在 2030 年成为人工智能领域的全球领导者。沙特阿拉伯和阿联酋在 BIRD 技术(区块链或分布式分类账技术、物联网、机器人流程自动化和数据科学)方面紧追潮流,这些技术与 5G 网络一起为中东地区提供了巨大潜力。

疫情促进中东地区数字经济发展和电子商务市场规模扩大。根据 Wamda 和麻省理工学院的一份报告,到 2020 年底,中东电子商务市场价值 220 亿美元,这得益于沙特阿拉伯、埃及和阿联酋活跃的网购消费者,这 3 个国家的电子商务占整个中东地区电子商务市场的 80%。这 3 个国家的电子商务市场增长,除了因为它们是地区人口大国外,也归因于它们近年来基础设施大规模改善、投资增加以及国家越来越多地支持规范电子商务。预计 2021 年中东电商市场总价值将达到 300 亿美元,增长 1/3 以上。[①] 中东地区也在谋求商务数字化和供应链的数字化转型,旨在提高数据准确性和透明度,帮助企业预测风险并避免损失,并提高供应链效率。鉴于数字经济对中东的重要性、疫情对关键供需的巨大冲击,以及地区国家年轻消费群体庞大和互联网基础设施的日益普及,中东地区数字经济发展前景广阔,将成为经济多元化重要一环。

三 中东经济展望:温和反弹、前景各异

全球新冠肺炎疫情防控取得进展,世界经济复苏显现积极迹象。然而,供应链脆弱、安全风险、发展失衡和贸易保护主义等仍将对世界经济可持续复苏形成制约。为应对疫情冲击,复苏经济,中东国家采取了前所未有的政

---

① 《沙特、阿联酋和埃及引领阿拉伯世界网购热潮》,搜狐网,2021 年 3 月 19 日,https://www.sohu.com/a/456386324_ 115514,最后访问日期:2021 年 4 月 8 日。

策应对措施，以帮助企业和家庭。社会转移可以说是这场危机中最重要的手段之一。国际货币基金组织统计的中东19个国家中的大多数扩大了以现金为基础的转移支付，作为应对疫情的一部分。① 这些现金转移主要用于支持低收入家庭、老年人和非正规部门员工。作为社会援助方案的另一部分，大多数中东国家向最弱势群体提供了一篮子食品和卫生用品补贴；一些政府为私营和公共部门的员工提供带薪休假，并为新冠肺炎确诊病人提供免费医疗服务，作为其社会保险计划的一部分。在为劳动力市场提供的进一步支持中，大约半数的中东国家启动了补贴私营雇主的员工工资计划，以减轻一部分雇主支出负担。中东大多数国家还采取降低利率、延缓贷款偿还期限等货币和金融措施，支持实体经济。为应对低油价时代，中东石油出口国加快经济多元化改革，石油进口国则加快经济改革进程，同时加快数字经济发展，迎接第四次工业革命浪潮。展望未来两年，中东国家将在全球缓慢复苏和油价回升的利好因素下，实现经济反弹，但地区国家复苏前景各异且面临较大下行风险。

（一）全球经济复苏前景有所改善

2020年下半年以来，多数国家和地区逐渐放松封锁措施，得益于空前宽松的财政政策和货币政策，各国经济复苏逐渐快于预期。新冠肺炎疫情已经持续了一年多，新冠疫苗的持续推广提振了市场情绪。2021年4月，国际货币基金组织估计2021年全球经济将增长6%，高于2021年1月估计的5.5%，这将是40年来全球经济的最快增速；国际货币基金组织预计2022年全球经济增长率为4.4%，高于此前预计的4.2%。国际货币基金组织预计2021年全球贸易增长8.4%，高于2021年1月预计的8.1%。② 全球经济前景改善，尤其是与中东经贸关系密切的欧洲、中国、美国等地区和国家的经济复苏，成为中东国家经济展望的利好因素。国际金融市场相对稳定和融

---

① IMF, *Regional Economic Outlook: Middle East and Central Asia*, April 2021, p. 8.
② IMF, *World Economic Outlook*, April 2021, p. 8.

资环境相对宽松也为那些融资匮乏的中东国家带来利好预期。

然而，疫情可能长期抑制经济活动和收入增长，尤其是那些新冠疫苗接种速度较慢、政策支持更为有限和更依赖旅游业的经济体，不同国家之间和各国内部的复苏出现分化。2021年3月以来，全球新一轮疫情暴发，确诊和病亡人数持续增加，全球经济面临巨大的不确定性。如果美元利率上升，发达经济体收紧货币政策，可能对包括中东在内的新兴经济体和发展中经济体特别是那些债务负担重、融资需求大的经济体产生不利影响，从而进一步拉大这些经济体与发达经济体的差距。抗击疫情仍是重中之重，也是确保全球经济复苏的关键。从国际上看，最重要的是各国通过合作确保疫苗普及。未来的经济前景不仅取决于疫情控制情况和疫苗接种情况，还取决于在高度不确定性下实施的经济政策的有效性。

（二）中东国家经济复苏前景各异

中东经济体从疫情中恢复的速度比预期要快，这在很大程度上是因为大规模疫苗接种加速和石油价格上涨。2021年4月，国际货币基金组织预测，受全球经济复苏和国际油价回升利好因素影响，2021年中东经济将反弹4%，高于国际货币基金组织2020年10月的预测值3.2%，但仍低于疫情发生前的水平。[①] 疫情加剧了中东地区潜在的结构性问题，经常账户、财政平衡前景仍面临严峻挑战，公共债务大幅上升。中东地区的经济复苏之路将是漫长而有差异的，具体取决于疫情路径、疫苗推广、潜在的脆弱性对旅游业和其他服务业的影响，以及政策空间和效果。中东经济增长将主要由石油出口国带动，因为石油出口国将从疫苗接种的加速和油价的相对强势中受益，并促进非石油部门增长。国际货币基金组织将海合会成员国和摩洛哥列为"快速接种疫苗者"，应该能够在2021年底之前为大部分人口接种疫苗，海合会国家2021年和2022年经济将分别反弹2.7%和3.8%。其他国家，如埃及、伊朗、伊拉克和黎巴嫩被列为"慢速接种者"，到2022年中期可能

---

① IMF, *World Economic Outlook*, April 2021, p. 8.

会为其大部分居民接种疫苗，最后一组疫苗接种者预计最早要到2023年才能完全接种。预计早期推动疫苗接种的国家的GDP将在2022年达到2019年的水平，但两个较慢类别的国家将在2022~2023年恢复到疫情发生前水平。短期内石油进口国复苏缓慢，2021年增长率预计为2.3%，比2020年10月下调0.4个百分点，2022年将实现4.5%的中速增长。国际货币基金组织下调对高度依赖旅游业的约旦、摩洛哥和突尼斯的增长预测；埃及经济仍将保持弹性；土耳其经济继续强劲增长，预计2021年和2022年增长率分别为6%和4.5%。① 中东绝大多数国家将在2021年和2022年实现经济反弹，黎巴嫩除外。由于深刻的经济危机和治理危机，黎巴嫩经济活动将进一步萎缩。世界银行报告指出，2021年中东预期反弹不太可能使该地区恢复到2019年的经济活动水平，当然也不会达到世界银行在疫情前预期的水平。② 由于经济增长仍然温和，预计2021年石油进口国仍将维持较高财政赤字；相比之下，受益于石油收入增加，石油出口国的财政平衡将显著改善。由于食品在消费篮子中占很大份额的国家的食品价格上涨，石油进口国的能源价格上涨，一些国家（伊拉克、黎巴嫩、也门）的贬值转嫁，以及其他国家（黎巴嫩、也门）的货币融资，预计2021年中东地区的通货膨胀率将上升至12.8%。由于国内宏观经济不稳定，脆弱和受冲突影响的国家（伊朗、黎巴嫩、利比亚、苏丹和也门）的通胀率预计将保持在两位数。油价上涨将明显改善石油出口国的对外地位，经常账户余额预计将增加1280亿美元。③ 相比之下，由于油价上涨和国内需求上升，石油进口国的经常账户赤字预计略有扩大。然而，从更广泛的角度来看，旅游业预计在短期内仍将拖累许多经济体。

进入2021年4月以来，随着政府放松防控管制，民众对防疫措施有所松懈，中东地区多国疫情反弹严重，截至4月18日，中东确诊病例总数超

① IMF, *Regional Economic Outlook*: *Middle East and Central Asia*, April 2021, p. 23.
② The World Bank, *Living with Debt*: *How Institutions Can Chart a Path to Recovery in the Middle East and North Africa*, April 2021, p. 38.
③ IMF, *Regional Economic Outlook*: *Middle East and Central Asia*, April 2021, p. 8.

过 1200 万例，土耳其、伊朗等国最为严重（确诊病例分别达到 415 万人和 219 万人），许多人面临疫苗短缺等严重问题。① 据报道，新一轮疫情高峰再次席卷了中东多国，土耳其单日新增确诊病例突破 4 万人，伊拉克、利比亚、黎巴嫩、巴勒斯坦等国也遭受了第 4 波疫情冲击。值得注意的是，相对于沙特、以色列等与欧美交好的国家，战乱冲突国家和遭到美国制裁的国家的公共卫生体系薄弱，财政困难，甚至面临有钱也买不到疫苗的问题，其他中低收入国家疫苗供应亟须国际合作，在全球疫苗紧缺情况下，中东距离实现"全民免疫"的道路更加漫长。

（三）国际原油价格高位震荡

国际能源署 2021 年 4 月 20 日发布《2021 年全球能源回顾》报告，预计 2021 年疫情仍对能源需求产生影响，但随着各国解除防疫限制措施并迎来经济复苏，2021 年全球能源需求将增长 4.6%。② 受到经济复苏希望和欧佩克供应限制的推动，油价在 2021 年 4 月中旬一度回升至 70 美元/桶以上的疫情前水平。然而，国际能源市场仍面临一些风险，2021 年下半年国际原油价格仍将在高位震荡。国际货币基金组织预计，2021 年国际平均油价将反弹 41.7%，回升至 58.52 美元/桶，但在 2022 年将小幅下降至 54.83 美元/桶。③

油价上升推动中东石油出口国经济反弹，例如阿拉伯联合酋长国和沙特阿拉伯，这些国家也已经开始广泛开展新冠疫苗接种。更高的油价、全球经济复苏和疫苗接种将降低中东主要石油出口国（伊朗除外）的财政平衡油价，增加财政收入，并改善经常账户状况。与此同时，油价上升也通过侨汇、投资和援助等方式对石油进口国产生溢出效应。

（四）经济增长与债务积累相关的艰难权衡

疫情严重打击了中东地区经济，财政状况陷入困境，债务不断累积。据

---

① "Situation by Country, Territory & Area", WHO, https://covid19.who.int/table, accessed April 18, 2021.

② IEA, *Global Energy Review 2021*, April 2021, p. 1.

③ IMF, *World Economic Outlook*, April 2021, p. 143.

世界银行预测，2021年，中东地区人均实际GDP将增长0.6%，比2019年的水平低4.7%。所有中东国家都出现了严重的GDP损失。2021年埃及、约旦等石油进口国的GDP水平将比未发生疫情前的GDP水平低9.3%，海合会国家的GDP跌幅为7.7%，伊拉克、阿尔及利亚等石油出口国的GDP跌幅为4.4%。① 疫情以及石油收入减少、贸易和旅游业崩溃，使中东经济前景堪忧。国际货币基金组织预计2021~2022年中东大多数新兴市场的公共融资总需求将保持较高水平，超过GDP的15%。其中，巴林和埃及的公共融资总需求将达到每年占GDP的40%以上，科威特的公共融资总需求将达到每年占GDP的30%以上，伊拉克、阿曼、黎巴嫩和约旦的公共融资总需求每年占GDP的比重均超过20%。2021~2022年，中东地区公共融资需求约为9190亿美元，其中大部分融资需求（约7350亿美元）依赖国内筹资（以银行融资为主），约1850亿美元依赖国外融资。② 这将进一步加剧银行对主权国家的风险敞口，严重降低银行向私营部门提供贷款的能力，并削弱可持续和强劲复苏的前景。如果全球金融环境趋紧或财政整合因复苏弱于预期而推迟，经济则存在下行风险。2021年将是继续拯救生命和生计、促进复苏的政策之年，同时平衡债务可持续和财政复原力。与此同时，政策制定者绝不能忽视转型挑战，以更好地向前发展，加快创建更具包容性、更具弹性、可持续和绿色经济。区域和国际合作将是强有力的国内政策的关键补充。

总之，疫情对中东经济的影响仍在持续。中东地区几乎每个国家都受到疫情反弹的影响，公共卫生系统薄弱，经济大幅萎缩，宏观经济持续失衡，治理面临挑战。伴随经济衰退，数百万人失业，更多人陷入贫困。在长期低增长、高债务和治理不善的情况下，中东经济雪上加霜，正面临与经济增长和债务积累相关的艰难权衡。预计2021年，伴随全球经济复苏，疫情得到控制，全球石油需求上升，政府继续提供政策支持，中东地区经济将出现温

① The World Bank, *Living with Debt: How Institutions Can Chart a Path to Recovery in the Middle East and North Africa*, April 2021, p. 46.

② IMF, *Regional Economic Outlook: Middle East and Central Asia*, April 2021, p. 15.

和反弹。经济改革、透明度、区域经济合作有助于经济复苏。然而,疫情的持久影响有可能抑制潜在增长,短期内中东经济还很难恢复到疫情发生前的水平。疫情反复、地缘政治局势紧张、政治不稳定、油价再次面临下行压力以及国际收支压力加大,构成经济主要下行风险。创新有助于加快恢复速度,包括改善营商环境、发展数字经济、吸引投资、加强区域合作,以及应对疫情所采取的举措。

Y.5

疫情背景下的中东国家对外关系及展望

余国庆　陈瑶*

摘　要： 新冠肺炎疫情全球大流行背景下，美国、俄罗斯和欧盟进一步调整中东战略，深刻影响中东国家对外政策。美国在中东地区持续"战略收缩"，俄罗斯借叙利亚问题进一步巩固在中东地区的影响力，欧盟国家也谋求在中东地区发挥更大作用，大国在中东地区的竞争复杂化。受到外部大国中东战略调整的影响，中东国家的对外关系呈现新的特点。土耳其、沙特、以色列、伊朗等地区关键国家以"非洲之角"地区为重点积极开拓周边外交，并在抗击疫情期间加强多边国际合作，对外交往合作多元化。中东地区国家间关系也出现新变化，沙特等四国与卡塔尔恢复关系，部分阿拉伯国家与以色列实现关系正常化，后疫情时代土耳其冒进的地区政策面临调整。中东国家对外关系仍在进一步调整和重塑。

关键词： 中东国家　中东外交　域外国家　阿以关系

当今世界正处于百年未有之大变局，2020 年突如其来的新冠肺炎疫情进一步加快了国际关系格局变化，中东地区亦然。中东剧变以来，中东地区秩序进入重塑阶段，随着外部大国不断调整中东战略，地区国家的对外政策

---

* 余国庆，中国社会科学院西亚非洲研究所研究员，主要研究方向为大国与中东关系、阿以关系；陈瑶，中国社会科学院西亚非洲研究所硕士研究生。

也发生变化，呈现出多元、自主、合作、竞争的新特点。受到新冠肺炎疫情和国际油价暴跌的叠加影响，中东地区国家加快调整其对外政策，中东地区国际关系形势出现新变化。

一 中东国家对外关系面临更复杂的大国竞争局面

中东地区长期受到外部大国的干涉，中东国家对外政策也受到外部大国中东战略的深刻影响。中东剧变以来，美国、俄罗斯和欧盟根据自身利益与整体对外战略不断调整其中东政策。

（一）美国"战略收缩"的同时进一步巩固盟友体系

自奥巴马政府提出"亚太再平衡"战略以来，美国持续在中东地区进行"战略收缩"。特别是在美国开采页岩油成为世界第一大产油国，实现能源自足后，中东地区在美国外交布局的重要性不断下降。

特朗普政府在中东问题上坚持"美国优先"原则，其中东政策的核心是巩固和串联美国在中东地区的盟友体系。美国将伊朗作为共同敌人，煽动地区盟友的不安全感，并支持以沙特为首的逊尼派阿拉伯国家与伊朗领导的什叶派阵营对抗。这使美国在减少对中东地区军事投入的情况下，依然能够维持由美国建立和主导的地区秩序，在地区关键问题上继续发挥主导作用，并在次要问题上通过盟友适度参与。

在伊朗问题上，特朗普政府对伊朗"极限施压"并拉拢地区盟友抗衡伊朗。特朗普政府于2018年5月宣布退出伊核协议，并重新对伊朗施加制裁。特朗普试图将海湾六国、约旦和埃及等地区盟友打造成"中东版北约"，与伊朗对抗。2020年1月，美国在伊拉克巴格达击杀伊朗伊斯兰革命卫队"圣城旅"指挥官苏莱曼尼，引发伊朗袭击驻伊拉克美军基地作为报复，美伊关系滑向危险边缘。在巴以问题上，特朗普政府完全偏向以色列一方。美国于2020年1月正式公布的被称作"世纪协议"的"新中东和平计划"，一方面，试图以"援助换和平"取代"土地换和平"永久解决巴以问题；另一方面，又推动部分阿拉伯国家与以色列实现关系正常化。

拜登执政后对特朗普政府的中东政策做了一定程度的纠偏。相较于特朗普政府完全偏向以色列、沙特等盟友一方，拜登政府中东政策的核心是在维系与盟友关系的基础上与伊朗改善关系。拜登在竞选期间就承诺将重返伊核协议，在巴以问题上继续支持"两国方案"，并将公布"卡舒吉事件"调查结果。拜登上台后，与伊朗就恢复履行伊核协议进行了谈判。需要注意的是，美国从中东"战略收缩"的趋势没有发生根本变化，拜登政府只是将保障美国在中东利益和维持影响力的方式从依赖盟友转变为离岸平衡。然而，拜登政府就任后的首要任务是对内控制疫情和恢复正常生产生活秩序，外交重点则是重塑跨大西洋盟友体系并在亚太地区遏制中国。因此，拜登政府在中东政策上出现重大突破的可能性较小。

（二）俄罗斯在中东地区精准发力

俄罗斯借叙利亚危机介入中东地区事务，在叙利亚问题和伊朗核问题上精准发力，迅速提高其在中东地区的影响力，并加快与地区国家发展关系。

俄罗斯于2015年9月军事介入叙利亚问题成为其中东政策的分界点。此后，俄罗斯在中东地区的政治和军事影响力迅速上升。随着打击"伊斯兰国"军事行动结束，俄罗斯、土耳其、伊朗主导阿斯塔纳进程，推动叙利亚问题的政治解决。受新冠肺炎疫情以及以色列持续空袭影响，伊朗重新部署了在叙利亚的军事力量，俄罗斯则通过亲巴沙尔政府的叙利亚民兵组织进一步提高在叙利亚东部地区的影响力。[①]

在伊朗核问题上，俄罗斯坚持维护伊核协议。在特朗普政府宣布退出伊核协议后，俄罗斯仍通过"石油换谷物"等方式规避美国制裁，与伊朗加强经贸联系，俄伊关系不断深化。2020年8月，联合国解除对伊朗武器禁

---

① Nick Grinstead, "As Iran Redeploys Amid COVID – 19, Russia Is Filling the Vacuum in Eastern Syria", Middle East Institute, June 5, 2020, https：//www.mei.edu/publications/iran – redeploys – amid – covid – 19 – russia – filling – vacuum – eastern – syria, accessed April 10, 2021.

运后，俄伊双方加强军事合作，俄罗斯有意向伊朗出售 S - 400 防空导弹系统、苏 - 30 战斗机等先进军事装备。

近期，俄罗斯开始在利比亚问题上寻求发挥更大的作用。俄罗斯参与斡旋利比亚问题。2020 年 1 月，俄罗斯协调利比亚民族团结政府和利比亚国民军代表团在莫斯科举行闭门会谈，但双方未能达成停火协议。在调解利比亚各方关系受挫后，俄罗斯加大对利比亚问题的介入力度。土耳其媒体报道称，俄罗斯在 2020 年 5 月从叙利亚向利比亚派出 300 名雇佣兵后，于 9 月再次派出 1000 名雇佣兵，估计俄罗斯已经从叙利亚派出近 5000 名雇佣兵前往利比亚，以支持哈夫塔尔领导的利比亚国民军。① 俄罗斯还向利比亚国民军提供了包括米格 - 29 和苏 - 24 战机在内的武器装备。然而，受到国内经济问题的制约，俄罗斯直接军事介入利比亚问题的可能性较小。

出于对国家利益和整体实力的考虑，俄罗斯并未全面介入中东地区事务，也不谋求取代美国在中东地区的主导地位。除了叙利亚问题和伊朗核问题外，俄罗斯在地区其他热点问题上主要将联合国安理会作为多边外交平台，保持一定的影响力和话语权，但是投入力度相对较小。俄罗斯有限度地介入中东地区事务，在保障和扩大在中东利益的同时，又避免在中东地区陷入过深，保留了一定的灵活性。

自 2015 年以来，俄罗斯的中东政策成效显著。第一，俄罗斯实现了介入叙利亚问题的基本目标，成功捍卫巴沙尔政权并保留塔尔图斯海军基地。第二，俄罗斯加强了在中东地区的军事存在，特别是在位于叙利亚的拉塔基亚新建了赫梅米姆空军基地。第三，俄罗斯加强与地区国家关系，不仅维系与叙利亚等传统盟友之间的关系，还与沙特、土耳其、以色列等美国在中东地区的盟友加强军事和经贸合作。第四，俄罗斯在叙利亚乃至中东地区的政治和军事影响力都大幅提高。

---

① Mohamad Misto, "Russia to Send 1,000 Mercenaries from Syria to Libya", Anadolu Agency, September 8, 2020, https：//www. aa. com. tr/en/africa/russia - to - send - 1 - 000 - mercenaries - from - syria - to - libya/1966717, accessed April 20, 2021.

俄罗斯的中东政策也面临进退两难的压力。随着美国在中东"战略收缩",中东热点问题撬动美俄关系的作用减少。俄罗斯与美国在中东的博弈不但没有减轻俄罗斯在乌克兰问题上面临的压力,反而加快了俄罗斯与西方国家关系的恶化。此外,受到西方经济制裁、疫情和国际油价暴跌叠加作用的影响,俄罗斯国内经济问题突出,如何将在中东地区的军事胜利和政治影响力转化为经济利益也是俄罗斯接下来需要解决的问题。

(三)欧盟谋求在中东地区发挥更大作用

欧盟在中东地区拥有重要的能源和经贸利益,维持中东地区和平与稳定是欧盟中东政策的首要目标。长期以来,欧盟作为中东地区热点问题的关键参与方,在中东和平进程、叙利亚问题、利比亚问题、也门问题、伊朗核问题上都充当重要的调解者和斡旋者角色。

控制难民问题和打击恐怖主义是近年来欧盟对中东政策的重点。中东剧变以来,大量来自西亚和北非地区的难民涌入欧盟国家,给后者带来严重的社会危机。欧盟在难民安置和遣返问题上与土耳其存在严重分歧,尽管双方在2016年达成难民互换协议,但难民问题依然是欧盟与土耳其关系中的不稳定因素。为了向欧盟施压支持其在叙利亚北部的军事行动,2020年2月29日,土耳其开放边境让叙利亚难民进入欧盟国家。

欧盟与美国在伊朗核问题上存在严重分歧。美国与欧盟在中东地区的政策长期保持较高的一致性。2015年伊核协议达成后,欧盟迅速与伊朗发展经贸关系,仅2016年双方贸易总额就达到135亿欧元。[①] 但是特朗普政府在2018年5月宣布退出伊核协议并重新对伊朗施加制裁,这严重损害了欧盟的利益。一方面,欧盟积极挽救伊核协议;另一方面,欧盟推出"贸易往来支持工具"(INSTEX),规避美国制裁与伊朗继续开展贸易活动。

欧盟内部对介入中东地区事务存在分歧。法国在中东地区有着深厚的利

---

① "European Union, Trade in Goods with Iran", European Commission, p. 3, https://webgate. ec. europa. eu/isdb_ results/factsheets/country/details _ iran _ en. pdf, accessed June 20, 2021.

益基础，希望在其前殖民地与北非地区发挥更大的影响力。2020年8月，在黎巴嫩贝鲁特大爆炸发生仅48小时后，法国总统马克龙就前往贝鲁特视察。在利比亚问题上，法国支持哈夫塔尔领导的利比亚国民军，在土耳其宣布出兵支持利比亚民族团结政府后，法国与土耳其互相指责对方干涉利比亚内政。德国及其他欧盟国家对于介入中东地区局势的态度仍以调解和斡旋为主，特别是中东剧变引发的难民危机使欧盟在应对中东地区热点问题时采取更为审慎的态度。

尽管外部大国依然是解决中东地区热点问题的重要参与方，但是当前地区冲突久拖不决反映出大国调解地区热点问题的能力下降。大国在中东能力下降的原因有三：第一，地区冲突的根源复杂，涉及宗教、民族、宗派、部落等多重因素；第二，地区内部反对外部大国干涉的情绪不断上升；第三，域外大国在调解地区问题时从自身利益出发，与其他大国或地区国家进行利益竞争和利益置换，罔顾中东国家民众的利益和诉求，使地区冲突更加复杂。此外，日本、印度、南非等新兴大国也开始积极参与中东地区事务。大国在中东地区的竞争将日趋复杂。

二 中东国家对外关系呈现出区域竞争复杂和多边外交活跃特点

大国在中东地区的竞争日趋复杂，大国的中东战略调整使地区国家也根据自身利益调整对外政策，随着美国在中东持续"战略收缩"，地区国家也开始朝着更加多元和自主的方向调整其对外政策。新冠肺炎疫情大流行，美国和欧盟在协助地区国家抗击疫情上的缺位使地区国家寻求国际多边抗疫合作外交，对外政策自主性进一步加强。在继续与美国、俄罗斯、欧盟发展关系的同时，中东国家对外交往呈现出多元化趋势。

（一）中东国家以非洲之角为重点开拓周边外交

埃塞俄比亚、厄立特里亚、索马里和吉布提等国所在的非洲之角地区成为中东国家开展周边外交的重点。提高地区影响力、寻找军事战略支点、维护红海航行安全和挖掘商业市场是中东国家在非洲之角外交的四大目标。①中东国家过去主要依托经济援助和伊斯兰教两大支柱与非洲之角国家发展关系，现在开始转变为寻求提高政治和军事影响力。

以沙特为首的海湾阿拉伯国家积极参与斡旋非洲之角地区冲突。卡塔尔和沙特先后参与调解吉布提与厄立特里亚的边界争端。沙特在 2018 年 9 月促成埃塞俄比亚和厄立特里亚两国达成和平协议。此外，沙特也有意调解埃及与埃塞俄比亚在复兴大坝蓄水问题上的争端。

近年来，中东国家在非洲之角地区加强军事存在。2015 年 3 月，沙特联军介入也门问题后，沙特和阿联酋开始将军事力量投放到非洲之角地区。阿联酋在厄立特里亚境内红海沿岸阿萨布以及"索马里兰"均建有军事基地。沙特在 2017 年与吉布提达成建设军事基地的协议。土耳其于 2017 年在索马里摩加迪沙建设军事基地，该基地成为土耳其规模最大的海外军事基地。

中东国家围绕红海和亚丁湾海域安全问题与非洲之角国家开展合作。也门问题导致红海周边和非洲之角日益成为中东国家争夺影响力的重点地区。受到地区局势的影响，红海海域在 2019 年发生了多起油轮和商船遇袭事件，红海航行安全问题日益突出。沙特、埃及、也门、约旦、吉布提、苏丹、索马里等红海和亚丁湾沿岸八国构建"红海联盟"以协调有关海域的安全问题。2020 年 1 月，八国又成立了红海与亚丁湾沿岸国家理事会。

中东国家在非洲之角的竞争日益激烈。沙特、阿联酋等海湾阿拉伯国家竭力遏制伊朗在非洲之角扩张影响力。伊朗在非洲之角具有深厚的利益基础，据称，伊朗通过武装组织索马里"青年党"向也门胡塞武装提供资金和武器支持，并利用后者袭击美国及其他国家在当地的军事目标，还向肯尼

---

① 张梦颖、李新烽：《中东国家对非洲之角的介入及影响》，《国际问题研究》2019 年第 4 期，第 102 ~ 104 页。

亚、莫桑比克等非洲国家走私武器。① 海湾阿拉伯国家通过提供经济援助和能源合作拉拢非洲之角国家，并取得成效。2016 年 1 月沙特与伊朗断交后，苏丹、吉布提和索马里也先后宣布与伊朗断交。

（二）中东国家抗疫外交寻求多边国际合作

2020 年 2 月，伊朗报告了新冠肺炎确诊病例，随后疫情在中东地区蔓延，地区所有国家都报告了新冠肺炎病例。世界卫生组织的数据显示，截至 2021 年 5 月 1 日，东地中海区域新冠肺炎确诊病例已经超过 900 万例，土耳其确诊病例超过 480 万例，以色列确诊病例超过 83 万例。②

美国和欧盟协助中东国家抗击疫情的措施有限。美国国内疫情控制不佳，特朗普政府又于 2020 年 4 月停止向世界卫生组织提供资金，并于 7 月宣布退出世界卫生组织，严重削弱了世界卫生组织领导和协调各国合作抗击疫情的努力。与此同时，美国在中东地区的抗疫援助缺位，仅向中东地区提供 2.05 亿美元的抗疫援助③，援助对象主要是也门、叙利亚、利比亚等仍受冲突影响的国家，对其他中东国家的抗疫支持相对不足。欧盟国家也受困于自身疫情，对于协助中东地区抗击疫情心有余而力不足。

地区国家与域外国家加强双边合作共同应对新冠肺炎疫情带来的重大公共卫生危机。中国发生新冠肺炎疫情后，中东国家积极向中国提供口罩、呼吸机等医疗物资。疫情在中东地区蔓延后，中国向伊朗、伊拉克、埃及、叙利亚等国提供检测试剂等医疗防疫物资，并应沙特、科威特等中东国家的要求派遣多个医疗专家组前往中东分享抗疫经验，中国企业还协助科威特建设

---

① Muhammad Fraser-Rahim, "In Somalia, Iran Is Replicating Russia's Afghan Strategy", Foreign Policy, July 17, 2020, https://foreignpolicy.com/2020/07/17/iran-aiding-al-shabab-somalia-united-states/, accessed April 23, 2021.

② "Situation by Region, Country, Territory & Area", WHO, https://covid19.who.int/table, accessed May 2, 2021. 东地中海区域包括 16 个阿拉伯国家以及伊朗、阿富汗、巴基斯坦、苏丹、吉布提、索马里，共 22 个国家。

③ "USAID Helps Fight COVID-19 in the Middle East", VOA, August 7, 2020, https://editorials.voa.gov/a/usaid-helps-fight-covid-19-in-the-middle-east/5535574.html, accessed April 22, 2021.

了首个方舱医院。印度也派遣了 15 人的医疗专家组前往科威特，并向阿联酋、约旦等国提供药物羟氯喹。① 俄罗斯应叙利亚政府的要求提供抗疫援助，并与沙特合作兴建疫苗生产中心。

中东国家通过联合国和世界卫生组织等国际组织开展抗疫多边国际合作。沙特通过抗疫外交提高自身国际影响力。沙特作为二十国集团（G20）轮值主席国，于 2020 年 3 月召开应对新冠肺炎特别峰会视频会议，与 G20 各成员国国家元首或政府首脑商讨抗疫合作事宜。在美国暂停资助世界卫生组织后，沙特向世界卫生组织捐款 5 亿美元，卡塔尔也捐款 1000 万美元，以增强世界卫生组织在全球范围内应对新冠肺炎疫情的能力。此外，阿联酋还协助世界卫生组织向伊朗运送医疗防疫物资。与此同时，地区国家加入"新冠肺炎疫苗实施计划"（COVAX），积极参与研发和获取新冠疫苗的国际合作项目。在 2020 年 6 月举办的全球疫苗峰会视频会议上，沙特和卡塔尔分别承诺将为全球疫苗免疫联盟（GAVI）捐赠 1.5 亿美元和 2000 万美元。在美、俄、欧相对缺位的情况下，中东国家的多边抗疫合作进一步加强了其外交多元性。

三 中东地区国际关系发展的新趋势和未来展望

随着新冠肺炎疫情下中东国家内外政策呈现出不同特点，中东国家的对外政策将加快重塑。地区国家根据大国中东战略的调整，特别是拜登政府上台后美国中东政策的变化，调整各自的对外政策，并呈现出日益明显的自主性趋势。目前来看，中东地区国家间关系出现了一定程度的缓和。

（一）沙特与卡塔尔断交危机初步平息，双边关系的恢复性改善愈加明显

近年来，沙特阿拉伯一直试图维持对海合会其他国家以及地区局势的主

---

① Alvite Ningthoujam, "India's COVID – 19 Cooperation with the Middle East", The Diplomat, April 20, 2020, https://thediplomat.com/2020/04/indias – covid – 19 – cooperation – with – the – middle – east/, accessed April 24, 2021.

导作用，但2017年7月沙特阿拉伯与卡塔尔断交事件对地区局势的冲击不断显露。在僵持了3年多后，卡塔尔断交危机在2020年后明显出现了转机。

自2017年7月以来，美国、法国、科威特等各方曾多次对沙特与卡塔尔斡旋和调解，但是双方拒绝妥协。沙特与卡塔尔关系在近期出现松动。2021年1月，卡塔尔埃米尔塔米姆前往沙特城市欧拉（Al-Ula）参加第41届海合会首脑峰会。与会的海合会六国和埃及领导人签订了《欧拉宣言》，标志着沙特、阿联酋、巴林、埃及与卡塔尔全面恢复外交关系。随后，沙特与卡塔尔重新开放边境，并宣布将在近期重新开放沙特驻卡塔尔大使馆。2021年4月，沙特国王萨勒曼邀请卡塔尔埃米尔正式访问沙特。

应对疫情以及后疫情时代经济社会恢复的需要使海合会成员国重新加强合作。新冠肺炎疫情是对国家治理能力的一场严峻考验，加之国际油价暴跌的叠加效应导致海湾阿拉伯国家面临严重的经济和政治压力。国际货币基金组织预计海合会国家2020年GDP将萎缩6%，财政赤字总额占GDP比重将达到9.2%，远高于2019年的2%。^① 当前海湾各国经济和社会转型进入关键时期，新冠肺炎疫情又暴露了政府治理能力的不足，海湾君主国存在政治动荡风险。海合会作为中东地区最为重要的政治、经济和安全联盟，在中东剧变期间曾经在维护成员国政治和社会稳定方面发挥了重要作用。为了应对可能出现的政治动荡问题，海合会成员国需要加强团结合作。

拜登当选总统也是促使沙特解决卡塔尔断交风波的重要原因。沙特将解决卡塔尔断交危机作为与拜登政府改善关系的措施之一。拜登在竞选期间就也门问题和人权问题批评沙特，并承诺不再向沙特出售武器。特朗普在任内曾多次派国务卿蓬佩奥前往中东斡旋卡塔尔断交风波，但均无功而返。而沙特与卡塔尔在拜登政府就任前达成妥协，无疑是沙特方面在向拜登政府示好。

---

① "Economic Prospects and Policy Challenges for the GCC Countries", IMF, December 10, 2020, pp. 12 – 14, https：//www. imf. org/en/Publications/Policy – Papers/Issues/2020/12/08/Economic – Prospects – and – Policy – Challenges – for – the – GCC – Countries – 49942, accessed April 18, 2021.

尽管卡塔尔断交风波初步平息，但是海合会内部矛盾没有得到根本解决，未来海合会仍然存在分裂的可能性。沙特、巴林和阿联酋三国对卡塔尔的封锁非但未能使后者妥协，反而促使卡塔尔加强与伊朗和土耳其的关系。沙特长期以来在海合会确立的主导地位与权威受到严重挑战和削弱，卡塔尔的地区政策自主性愈加明显。虽然卡塔尔与沙特、埃及等国恢复关系，但也将继续与伊朗和土耳其保持紧密联系。伊朗方面认为卡塔尔能够调解伊朗与美国以及沙特等地区国家之间的紧张关系。[①] 海合会国家对海湾地区主导权和地区影响力的竞争将变得更加激烈。除了卡塔尔外，阿联酋近年来在地区扩张影响力的趋势也引起沙特的重视，尽管阿联酋与沙特在海合会内部基本行动一致，但是阿联酋与沙特在也门问题和利比亚问题上存在较大分歧。

（二）以色列与部分阿拉伯国家关系获得趋势性突破

2020 年 8 月 13 日，阿联酋宣布将与以色列实现关系全面正常化。2020年 9 月，阿联酋、巴林和以色列三国代表在美国白宫签署"亚伯拉罕协议"，正式实现关系正常化。之后，苏丹、摩洛哥也宣布与以色列建立全面外交关系。受以上 4 个阿拉伯国家对以色列态度的影响，人口以穆斯林为主体的欧洲巴尔干半岛国家科索沃宣布与以色列建交，并将在耶路撒冷设立驻以大使馆，显示出伊斯兰国家对以色列的态度正在逐步改善。

4 个阿拉伯国家与以色列实现关系正常化由美国一手促成，呈现出明显的利益交换色彩。特朗普政府意图通过推动阿以关系正常化为其竞选连任服务，并提高内塔尼亚胡政府在以色列国内的支持率。在阿联酋与以色列实现关系正常化后，以色列将不再反对美国向阿联酋出售包括 F - 35 战斗机在内的先进武器装备。就在苏丹宣布与以色列实现关系正常化当天，美国宣布在苏丹向恐怖主义受害者赔付 3. 35 亿美元后会将其从"支持恐怖主义国家"名单中移除。摩洛哥与以色列关系正常化后，美国承认摩洛哥对西撒哈拉地

① Brett Sudetic, and Giorgio Cafiero, "Iranian-Qatari Relations After Al-Ula", Carnegie Endowment for International Peace, February 1, 2021, https://carnegieendowment.org/sada/83771, accessed April 25, 2021.

区的"主权",并计划在西撒哈拉城市达赫拉设立领事馆。

事实上,阿联酋、苏丹等阿拉伯国家与以色列关系走近早已有迹可循。2020年2月,以色列总理内塔尼亚胡与苏丹联合主权委员会主席布尔汉在乌干达会面,双方同意开启关系正常化进程。中东地区发生新冠肺炎疫情后,阿联酋与以色列加强抗疫合作,阿联酋航空的货运航班降落在以色列的本-古里安机场。阿拉伯国家与以色列之间既有共同抗衡伊朗的需要,也有开展经贸投资、科技合作的空间。阿以关系正常化为双方加强合作移除了道义障碍。

然而,阿拉伯国家与以色列实现关系正常化后仍面临许多问题,阿以交往出现"官方热、民间冷"的现象。阿拉伯国家民众出于对巴勒斯坦事业的同情,对与以色列实现关系正常化持强烈的反对态度。华盛顿近东政策研究所(Washington Institute for Near East Policy)于2020年10~11月开展的民调显示,仅有45%的阿联酋受访者和47%的巴林受访者支持与以色列实现关系正常化,也只有41%的沙特受访民众和40%的卡塔尔受访民众支持阿联酋、巴林与以色列实现关系正常化。①

在巴以问题日益边缘化的背景下,阿拉伯国家与以色列关系正常化的趋势已经难以逆转。此次4个阿拉伯国家与以色列实现关系正常化并未引起阿拉伯世界的强烈反应,在一定程度上鼓励了其他阿拉伯国家跟进与以色列改善关系。拜登在竞选期间也表态支持阿拉伯国家与以色列改善关系,在任期内可能将继续推动更多阿拉伯国家与以色列建立全面外交关系。

以色列与阿拉伯国家实现关系正常化在一定程度上有利于中东和平,但是巴以问题依然是阿拉伯国家与以色列改善关系时难以绕开的问题。沙特国王萨勒曼向特朗普表示,在巴以双方达成国际认可的和平协议前不会与以色列实现关系正常化。在阿联酋等国与以色列关系正常化后,巴以关系

---

① David Pollock, and Catherine Cleveland, "UAE Public Shifts toward Peace with Israel—and with Qatar", The Washington Institute for Near East Policy, December 10, 2020, https://www.washingtoninstitute.org/policy-analysis/uae-public-shifts-toward-peace-israel-and-qatar, accessed April 27, 2021.

出现缓和转机，巴勒斯坦当局宣称已经准备好与以色列恢复和谈。一方面，以色列根据"亚伯拉罕协议"内容暂停实施吞并约旦河西岸土地的计划，巴以双方具备恢复和谈的前提条件；另一方面，阿拉伯国家对于巴勒斯坦问题的态度日益消极，通过减少援助的方式对巴勒斯坦与以色列恢复谈判施压。

（三）土耳其对外政策正在不断调整，对地区国际关系的影响日益复杂

中东剧变以来，阿拉伯国家力量相对下降，土耳其在地区奉行"新奥斯曼主义"，意图恢复"奥斯曼帝国的荣光"。土耳其的外交战略自主性日益明显，在继续与欧盟保持密切关系的同时，更多地参与中东地区事务；在强调美土同盟的同时，又与俄罗斯不断走近；从"零问题外交"向更加冒进的外交政策转变。

土耳其与美、俄、欧等域外大国关系出现重大变化。土耳其与俄罗斯在叙利亚问题上相互协调，土俄关系走近。土耳其因购买 S－400 防空导弹系统而受到美国的制裁，美国拒绝向土耳其交付 F－35 战斗机，美国众议院更是在 2020 年 12 月通过法案，制裁土耳其国防工业局。受到新冠肺炎疫情和美土关系恶化的影响，土耳其里拉持续贬值，2020 年 11 月 3 日甚至跌至 8.52 里拉兑 1 美元的历史低位。① 此外，土耳其与欧盟关系因难民遣返和安置问题以及东地中海油气资源争端也出现"降温"的趋势。

土耳其在中东奉行冒进但灵活的地区政策，加强在地区的军事存在，提高地区影响力。土耳其先后发动了"幼发拉底之盾""橄榄枝""和平之泉"三次针对叙利亚北部库尔德武装组织的军事行动，在叙利亚北部设立了"安全区"。土耳其打击库尔德武装的军事行动延伸至伊拉克北部，并建

---

① "Turkish Lira Hits Another Record Low, Down Over 30 Pct Against Dollar This Year", Duvar English, November 3, 2020, https：//www. duvarenglish. com/economy/2020/11/03/turkish－lira－hits－another－record－low－down－over－30－pct－against－dollar－this－year, accessed May 1, 2021.

立了 11 个临时军事基地。在利比亚问题上，土耳其支持民族团结政府，土耳其大国民议会于 2020 年 1 月通过出兵利比亚的议案。2020 年 9 月，土耳其又高调介入亚美尼亚与阿塞拜疆的军事冲突，支持阿塞拜疆一方，为其提供包括 TB - 2 无人机在内的武器装备。有观点认为土耳其目前在中东地区"四处出击"是透支国力的行为，但需要注意的是，土耳其在地区的扩张活动在一定程度上得到美俄等外部大国的默许，特别是土耳其在叙利亚北部打击库尔德武装的军事行动是在与美、俄协调下进行的。此外，土耳其在地区的扩张活动较为灵活，主要通过代理人、武装无人机等非对称手段介入地区冲突，一旦遭遇挫折也可以迅速回撤。

后疫情时代，土耳其在地区活动扩张的总体趋势不会出现大的变化，但是其对外政策可能会进行一定程度的调整。一方面，受到新冠肺炎疫情的影响，土耳其经济状况持续恶化，需要和美国修复关系，以实现国内经济和金融稳定；另一方面，拜登上台后美国的中东政策向离岸平衡转变，地区国家间关系出现新变化，土耳其需要根据这些新变化调整其地区政策。

拜登上台后，美土关系在短期内将继续恶化。拜登在竞选期间就曾称土耳其总统埃尔多安为"独裁者"。拜登在就任 3 个月后才与土耳其总统通电话，并于 2021 年 4 月宣布认定 1915～1917 年发生的亚美尼亚大屠杀为"种族灭绝"事件。尽管土耳其与美国关系在近期恶化，但是美土盟友关系的根基依然稳固，特别是土耳其作为北约成员国具有重要的战略地位。出于后疫情时期恢复经济的需要，土耳其可能会做出一定程度的妥协，以缓和与美国关系。

土耳其可能适度调整与地区国家的关系。土耳其冒进的地区政策使其在中东地区日益陷入孤立，需要与沙特、以色列改善关系。土耳其与沙特在地区主导权和发展模式上相互竞争，卡塔尔断交风波和"卡舒吉事件"导致土沙关系迅速恶化，甚至出现沙特商会呼吁抵制土耳其产品的情况。随着断交风波平息，卡塔尔重新加强与海合会国家关系，与土耳其关系难免出现一定程度的回落。此外，以色列和沙特都是美国在中东地区的重要盟友，与以色列、沙特改善关系有利于土耳其缓和与美国之间的紧张关系。

结　语

作为一种突发的全球公共卫生事件，新冠肺炎疫情对世界各国内政和外交的冲击是显而易见的，中东地区也受到新冠肺炎疫情的多种冲击。一方面，中东地区国家的对外关系在原有格局范围内受到固有的大国关系体系的制约；另一方面，中东地区国家对于地区国际关系主导权的争夺也日益激烈。美国中东战略的变化，特别是拜登政府就任后追求离岸平衡的中东政策，使地区国家也开始调整其对外政策。然而，由于拜登政府就任时间尚短，其中东战略未见全貌，地区国家仍在观望美国与伊朗的谈判进展以及美国接下来有关政策的动向。不过，可以看出，中东国家对外政策的自主性趋势愈加明显。

总之，中东地区国际关系在后疫情时代正展现出新的变化特点。从短期效应看，新冠肺炎疫情对地区国家的内政和治理能力的考验是主要的。但是，从长期效应看，中东国家寻求多边合作与改善国际环境的需求将更为迫切。受到国际油价剧烈变动和疫情的叠加影响，以海湾阿拉伯国家为代表的产油国经济出现负增长，对外援助也相应减少，过去以经济援助为主要手段的外交方式已经难以为继。地区其他国家也深受疫情困扰，中东国家对外政策都会出现一定程度的调整。在美国与伊朗就恢复履行伊核协议进行谈判后，沙特等国也试图与伊朗缓和关系，但是彼此的结构性地缘政治矛盾难以调和，仍将对地区国际关系产生影响。

国 别 报 告

National Report

Y.6

伊朗：在美国制裁下艰难抗疫
及政治、经济形势变化

陆　瑾*

摘　要：　伊朗是中东地区最早发生新冠肺炎疫情的国家。疫情下，美
国制裁不减反增，导致伊朗在进口医疗用品和新冠疫苗方面
遇到严重困难，这成为伊朗疫情未能得到有效控制的重要因
素之一。疫情与美国制裁叠加对伊朗政治、经济、社会造成
全方位、深层次的影响。随着美国新总统拜登上台执政和逐
渐放松对伊朗制裁，伊朗经济衰退和疫情蔓延态势有望
好转。

关键词：　伊朗　美国制裁　政府治理　伊斯兰革命卫队　伊核协议

---

* 陆瑾，文学博士，中国社会科学院西亚非洲研究所政治研究室副研究员、中国海湾研究中心
副秘书长，主要研究方向为伊朗政治、经济、社会和外交问题以及中伊关系。

2020 年，新冠肺炎疫情对世界各国产生重大影响。2020 年 2 月，伊朗出现新冠肺炎病例，随后疫情快速蔓延。然而，在美国制裁、经济衰退和社会分裂的背景下，伊朗政府与社会未能迅速形成团结抗疫的局面。鲁哈尼政府为避免因"封城"经济变得更为萧条，采取"社交疏远政策"来应对疫情，以兼顾"保民生"与"抗疫情"。美国制裁使伊朗在进口医疗用品和新冠疫苗方面遇到了严重困难。新冠肺炎疫情与美国制裁叠加对伊朗政治、经济、社会产生了全方位、深层次的冲击，给经济带来的影响最严重。2021 年，美国拜登政府逐渐放松对伊朗制裁，伊朗经济衰退和疫情蔓延态势有望好转，但伊朗经济短时间内仍将继续承受新冠肺炎疫情带来的沉重负担。

一 伊朗疫情发展特征及成因

伊朗是中东地区最早发生新冠肺炎疫情的国家，疫情形势严峻。从 2020 年 2 月中旬至 2021 年 3 月末，伊朗新冠肺炎确诊人数达 188.6 万人，累计死亡人数为 62665 人。① 这一时期伊朗的疫情呈现出三个特征。一是传播速度快且范围广。2020 年 2 月 19 日，伊朗官方公布发现首例新冠肺炎确诊病例。2020 年 3 月初，疫情已蔓延至伊朗全国几乎所有省份。二是确诊病例数与死亡病例数双高。伊朗新冠肺炎死亡率高于世界平均水平，尤其是在疫情发生后的第一个月里，单日新增确诊病例和死亡人数直线上升。2020 年 3 月 19 日，伊朗境内累计确诊新冠肺炎 17361 例，累计死亡 1135 人。疫情早期，伊朗感染或死于新冠肺炎的政要较多，议会 290 名议员中有 23 人感染，副总统贾汉吉里、前副总统玛苏梅·埃卜特卡尔、最高领袖外事顾问韦拉亚提等多名高官也先后感染新冠肺炎；确定国家利益委员会成员穆罕默迪、前驻梵蒂冈及埃及大使霍思鲁沙伊、前外交部长助理谢赫伊斯兰、德黑

---

① 《伊朗新冠肺炎疫情有关信息》，中国驻伊朗大使馆微信公众号，2021 年 3 月 30 日发布，最后访问日期：2021 年 5 月 1 日。

兰省议员法蒂玛以及革命卫队前政治部副部长等死于新冠肺炎。[①] 三是疫情高峰反复出现。2020 年，伊朗经历了三波疫情高峰。第一波疫情高峰出现在 2~3 月，4 月初结束；6 月和 10 月先后出现第二波、第三波疫情高峰。

伊朗疫情难以得到有效控制主要有以下一些原因。第一，政府治理能力不足和政策执行乏力。伊朗拥有独特的政治体制和国家治理体系。最高宗教领袖是伊朗国家最高领导人，也是武装力量总司令。总统是国家第二领导人，总统领导下的政府是治理国家事务和社会公共事务最重要的主体。伊朗国家治理体系的独特性在于，国家权力机构中有代表"宗教"与"宪政"属性的两类管理部门，它们职能或相近或重叠，经常相互掣肘、竞争甚至对立。政府在"多中心"治理体系中的公共危机处理能力不足是沉疴积弊。在疫情发生初期，鲁哈尼政府成立了由卫生部长领导的国家疫情防控指挥部，但各权力机关各自为政，步调不一致，又缺乏统一的应急协调机制，导致疫情防控出现混乱局面。例如，伊斯兰革命卫队宣布对德黑兰实施封城措施，但鲁哈尼政府从经济角度出发不同意封城，民众无所适从。2020 年 3 月 3 日，领袖哈梅内伊发表电视讲话，要求各级政府部门及武装力量与卫生部团结合作、抗击疫情。此后，防控混乱情况才出现好转。

鲁哈尼政府政策缺乏连贯性，防疫措施时松时紧，尝试在"保民生"和"抗疫情"之间寻求平衡。2020 年 3 月上旬是伊朗新年前采购和消费旺季，政府防疫宣传力度不够，没有严格限制民众外出购物和人群聚集，很多民众低估了疫情的严重性，从而出现第一波疫情高峰。由于实施和落实"社交疏远政策"和低风险行业逐步复工复产，学校新年后不安排学生返校、学生在家上网课，取消斋月期间（4 月 25 日至 5 月 23 日）大规模集会或开斋活动等一系列限制性措施，伊朗疫情在 4~5 月得到较好的控制，一度成为中东地区抗疫"优等生"。但出于对经济形势和就业压力的考量，鲁哈尼政府急于全面推进复工复产，2020 年 6 月伊朗出现第二波疫情高峰。

---

① 《哪些政要感染了新冠肺炎》，Mashreghnews，2020 年 4 月 5 日，https：//www. mashreghnews. ir/news/1057754/.

在政府采取封锁和其他强制性措施后，疫情形势好转。随着学校重新开放、庆祝阿舒拉节和秋游返乡，2020 年 10 月，伊朗疫情再次暴发，全国大部分省份转为红色风险状态。

伊朗政府的政策执行乏力，一些政策因不尽合理而遭到质疑。例如，在德黑兰，政府强制要求民众在公共场所戴口罩，但仅在地铁、公交车和电影院等密闭的公共场所严格执行这一措施；再如，2020 年 3 月，政府下令关闭公园，防止人群聚集和疫情传播，但实际上，伊朗很多公园既没有门，也没有围墙，该政令形同虚设。

第二，美国制裁严重削弱了伊朗的抗疫能力。特朗普任内恢复根据伊核协议条款解除的对伊制裁并新增超过 1500 项制裁。疫情下，美国制裁未减反增。美国单边制裁不仅限制了伊朗获得自己在境外银行的资产，而且阻碍世界银行向伊朗提供帮助。鲁哈尼政府为筹措抗疫资金向国际货币基金组织申请 50 亿美元的抗疫特别贷款，但受到美国阻挠。美国针对伊朗银行与金融系统的制裁严重阻碍了伊朗在国际市场采购医疗设备和药品。尽管美国声称没有将药品列入制裁范围，但因直接交易结算困难，伊朗被迫通过各种各样的间接途径采购药品。美国冻结伊朗海外资金、威胁疫苗供货方，阻碍伊朗进口新冠疫苗。2020 年，伊朗称曾 3 次尝试按照世界卫生组织的新冠肺炎疫苗实施计划（COVAX）付款购买疫苗，但均因美国的制裁和美国财政部海外资产控制办公室（OFAC）的限制而无法付款。伊朗尝试使用滞留在韩国的美元购买疫苗，但韩方不能保证伊朗央行的资金在转移过程中不会被美国央行没收。国际货币基金组织迫于美国的威慑没有在董事会上为伊朗的人道主义援助筹集贷款。这些因素导致伊朗启动大规模疫苗接种明显晚于土耳其、阿联酋、沙特等周边国家，而且同期接种人数和接种比重要低很多。2021 年 2 月，伊朗从俄罗斯、中国、印度和韩国购买了一定数量的新冠疫苗，按照职业和年龄加快疫苗接种进程。

第三，抗疫政策没能得到民众的广泛配合。疫情初期，鲁哈尼政府大力宣传新冠病毒"可防可控"，这导致伊朗民众对新冠病毒疏于防范，继续按照传统礼节见面贴脸、拥抱、亲吻和握手，议会大选前的宣传活动和议会内

部的例行会议照常进行。接近半数的德黑兰民众不相信国家疫情防控指挥部发布的数据,政府的各项政策难以获得民众足够的理解和配合。离首都德黑兰仅100多公里的什叶派宗教圣城库姆是中东疫情最早的"风暴眼",每天都有来自境内外的大量什叶派信徒聚集祈祷,人流密集。为阻止新冠病毒蔓延,伊朗政府下令取消周五聚礼、关闭库姆的法蒂玛圣陵,引发了宗教强硬派人士与虔诚教民的抗争和抵制。在领袖哈梅内伊表态前,伊朗政府的倡导或命令被宗教部门搁置一边,按照常规对新冠肺炎病殁者进行传统的宗教清洗和下葬仪式。此外,在公共场所,总有一些人不戴口罩,还有人不遵守防护措施照常去公园游玩;大学生和年轻人利用假期和学校停课之机,外出旅行和参加聚会。

二 疫情叠加美国制裁对伊朗的
全方位深刻影响

伊朗在美国制裁下艰难应对新冠肺炎疫情,制裁和疫情叠加对伊朗政治、经济和社会产生全方位的深刻影响,伊朗面临以下严峻挑战:疫情高峰反复出现和长期实施"社交疏远政策"导致复工复产迟滞,经济衰退,通货膨胀率和失业率上升,汇率剧烈震荡,消费需求减少,市场萧条;消费者的态度、价值观、生活方式和购物重点发生改变,因生活成本增加、远程办公等,企业员工心理健康状况恶化、工作积极性和从属关系降低,高风险行业人力资源不足;总统大选前,行政和立法机关之间对抗加剧等。

(一)民众与执政者之间的裂痕扩大

疫情未能得到有效控制加剧了民众对执政者的不信任和不满。特朗普退出伊核协议和重启对伊经济制裁后,伊朗民众的生活压力与日俱增,连续举行大规模抗议活动,发泄对政府政策乃至政权体制的不满情绪。2017年末至2018年初,鸡蛋价格上涨导致上百个城市爆发民众抗议。2019年11月,政府提高汽油价格再次引发全国性的抗议活动,并演变为骚乱,最终由国家武装力量平息了骚乱。事发后，西方媒体夸大死亡人数，伊朗官方对公共舆论要求公布真实数据拒绝回应，导致民众更加排斥政府。2020年1月，美国在伊拉克袭杀伊朗伊斯兰革命卫队苏莱曼尼将军，该事件一度激发了伊朗社会的向心力和凝聚力。但在本国武装部队隐瞒误击乌克兰客机曝光后，在德黑兰和伊斯法罕爆发了以大学生为主体的反政府抗议活动。伊朗政权在已有新冠肺炎病例报告的情况下，坚持举行伊斯兰革命胜利周年纪念和新一届议会选举竞选活动，被认为是出于对国家政治安全的考量。然而，疫情扩散和政府措施乏力导致民众陷入焦虑和恐惧，冷漠对待2020年2月的议会选举，与政府的对抗情绪加重。伊朗劳工和社会福利部就业和政策制定司司长称，新冠肺炎疫情发生后，约有100万人被辞退，当前失业人口中有40%是大学毕业生。

（二）伊斯兰革命卫队的政治、经济影响力提高

军队和伊斯兰革命卫队在抗击新冠肺炎疫情中发挥了重要作用。疫情发生后，伊朗军事力量遵照领袖哈梅内伊的指示配合政府的抗疫工作，军队医院对救治新冠肺炎患者开放、搭建沙漠医院和方舱医院，并协助政府在全国各地建立了数量众多的固定医疗点或流动医疗点。武装部队总参谋长承诺军队将配合国家疫情防控指挥部保障医疗物资的生产供应。国防企业成功研发新冠病毒检测试剂盒，并实现了完全国产化和批量生产。国防企业还大量生产口罩、消毒液、防护服、护目镜以及体温检测摄像机等防疫物资。

军队和伊斯兰革命卫队为人民提供了更多的安全感。美国总统特朗普谋求连任失败后，意欲袭击伊朗的核设施，以使继任者拜登难以改变对伊政策。虽然特朗普的计划遭到五角大楼的强烈反对，但不能完全排除意外险情。在特朗普离任前两周（2021年1月5～19日），伊朗武装力量在波斯湾、阿曼湾、莫克兰海岸、北印度洋以及伊朗中部沙漠举行了5次军事演习，对外展现了伊朗武装部队的防御和反击能力，包括导弹防御体系，可用于攻击、侦察和电子战的舰载无人机，地下导弹基地和数百艘各式舰艇等，起到了震慑和"止战"作用。

伊斯兰革命卫队的影响力进一步扩大。在疫情期间，伊斯兰革命卫队强化了其基本服务提供者的形象，而且展现出比鲁哈尼政府更强的控制危局能力。伊斯兰革命卫队下属的"巴斯基"民兵积极参与和大力协助政府部门救治患者，执行对街道、商场和公路等公共设施的管制措施，扩大了伊斯兰革命卫队的社会影响力。伊斯兰革命卫队填补了私营企业破产的真空，加强了对市场经济的控制。

（三）家庭亲疏关系变化，社会不公平加剧

新冠肺炎疫情对社会各阶层的影响不尽相同。由于对生活的希望变得更加负面，社会上同情心和互助减少，甚至出现哄抢食品、口罩和抬高物价等现象。伊朗人有亲友之间"勤聚会、好走动"的社会习俗，但"社交疏远政策"在一定程度改变了家庭成员之间的亲疏关系，或更加孤独或更加密切。居家工作模式促使伊朗传统的家庭价值观回归。家庭成员之间比过去有更多的时间在一起交谈，增进相互了解。同时，一些妇女承担了比以往更多的家庭责任，如做家务、照顾在家上网课的孩子。那些职业妇女压力变大，与家庭成员争吵和发生冲突自然增多。在居家政策执行的第一个月里，德黑兰有16%的家庭冲突增加，58%的家庭夫妻之间发生争吵，46%的家庭父母与子女之间发生矛盾，社会福利组织的专业疏导人员接到很多涉及家庭暴力的求助。

在强制性卫生防疫措施下，伊朗社会中上阶层的生活方式改变比底层民众更多，但他们很快适应了这种生活状态的变化，无论是开展户外活动，还是在家庭内部卫生方面都更自觉且更有条件遵守防疫规则。一旦感染新冠病毒，中上阶层即使住不进一床难求的医院，也有钱雇用家庭护士，并有能力购买所需的药物。显然，疫情对贫困人口的身心伤害更大。那些在贫困中挣扎的家庭和个人负担不起口罩费用，手套、消毒剂等价格昂贵的卫生用品及其他个人和家庭防护用品更是消费不起。社会底层人民不仅容易感染新冠病毒，而且面临贫困和失业。清洁工人不得不在受到新冠病毒污染的环境里回收垃圾。远郊和城市里的弱势群体的周边卫生状况

较差。他们必须外出工作，又没有私家车，一旦感染新冠病毒，基本上只能任由其发展。

学校关闭后，通过网络或电视开展教学活动，但凸显了教育不公平问题。伊朗有1400万名中小学生和400万名大学生。一些贫困学生的家里没有电视、平板电脑或智能手机。边远地区的网络基础设施落后，存在网速慢、网络覆盖不足等问题，有些地区甚至无法联网。那些游牧民学生的父辈即使有手机，手机也不具备上网功能或所在地区缺少网络基础设施。

（四）中产阶级规模变小，社会贫困面扩大

特朗普政府的制裁严重损害了伊朗民众的福祉，疫情进一步加速了伊朗中产阶级的流失。2019年伊朗全国范围内的贫困率从2017年的8.1%上升至12.1%，意味着320万人在两年内转贫[1]，而且城市贫困人口增长速度是农村的2.6倍（4.1%比1.6%）[2]。新冠肺炎疫情影响的行业比制裁更广泛，消费需求下降、边界关闭和与邻国的贸易往来减少让规避制裁难度加大，结果是经济衰退变得更加严重，中产阶级对民生改善的希望变得更加渺茫。所有最重要的消费指数，包括住房、交通、健康、教育、互联网、食品和家庭用品的消费指数都明显上涨。60%的大城市居民租房生活，大部分收入甚至全部收入用于支付房租，还要购买生活用品和食物，买房的希望和前景十分渺茫。根据伊朗中央银行发布的一份报告，从2020年3月至2021年2月，11个月里德黑兰每平方米房屋交易均价比上一年度同期增长97.2%。城市公共交通支出也占家庭消费支出的很大一部分。在经济危机和健康危机的冲击下，中等收入群体滑向贫困群体的危险在加大。

---

① 贾瓦德·萨利希·伊斯法哈尼：《制裁下的伊朗专题报告（第二部分）：德黑兰人比中小城市人更容易变穷》，Irdiplomacy，2021年4月16日，http://irdiplomacy.ir/fa/news/2001715。

② 贾瓦德·萨利希·伊斯法哈尼：《制裁下的伊朗专题报告（第三部分）：特朗普的极限施压将贫困率提高至8.1%》，Irdiplomacy，2021年4月24日，http://irdiplomacy.ir/fa/news/2001962/。

（五）经济危机加剧，但自主生产能力增强

新冠肺炎疫情和美国制裁叠加作用对伊朗经济造成的打击和破坏最大、影响也最深，包括消极和积极两个方面。

1. 消极影响

第一，通货膨胀率连续两年超过40%。伊朗中央银行统计数据显示，2018年、2019年和2020年通货膨胀率分别为31.2%、41.2%和超过44%。① 连续3年通货膨胀率超过30%和连续2年通货膨胀率超过40%，在伊斯兰共和国40多年的历史上前所未有，极大地影响了家庭的"菜篮子"，民众购买力持续下降。

第二，经济连续3年负增长。由于美国重启制裁，伊朗经济在2018年和2019年连续负增长，新冠肺炎疫情发生后，经济负增长更为严重。伊朗中央银行行长赫马提分析指出，服务业收入下降是疫情最初几个月经济出现负增长的最重要原因，但在第三季度、第四季度逐渐走出衰退。服务业受到的影响超过50%，该行业约有100万人失去工作，其中大部分是兼职人员。经济发展的瓶颈主要由银行业造成。20世纪90年代开始实行的高利率导致银行系统无法为生产部门提供太多的服务。目前，伊朗全国11家大型银行负债共计90万亿土曼（官方汇率1美元兑换4200土曼），在短时间内仅能收回约30万亿的债务。资本市场复苏，银行系统的压力才能缓解。② 根据世界旅游组织的统计数据，2020年前8个月，伊朗的游客数量下降了72%。③

第三，石油出口和外汇收入减少。石油部门在伊朗经济中所占份额不足

---

① 《最差的政府统计数据》，Tasnimnews，2021年4月24日，https://www.tasnimnews.com/fa/news/1400/01/20/2481578/。

② 《新冠肺炎疫情推迟了伊朗经济增长》，Mehrnews，2021年5月27日，https://www.mehrnews.com/news/5176717/。

③ 《伊朗今年国际旅客数量减少72%》，中华人民共和国驻伊朗伊斯兰共和国大使馆经济商务处网站，2020年11月18日，http://ir.mofcom.gov.cn/article/jmxw/202011/20201103016722.shtml，最后访问日期：2021年4月6日。

50%，但是政府外汇收入的主要来源。受疫情、制裁和边界封闭等因素影响，2020年伊朗石油出口和外汇收入急剧下降，拖累了国家整体经济形势。石油部门在营销、资金转移和接收方面积极开拓进取，2021年石油生产和出口取得了积极的增长，但尚未达到先前的水平。由于政府以增发钞票弥补财政赤字，货币严重贬值和通货膨胀日益严重。在2020年12月之前的三个季度里，伊朗中央银行货币供应量增加了38.4%，基础货币较上年同期增加了29.7%，达到约163亿美元。2013年鲁哈尼上台执政时，美元兑土曼的市场汇率是1∶3500（官方汇率是1∶1326）；2020年10月27日，美元兑土曼的市场汇率一度飙升到1∶32000（官方汇率是1∶4200），伊朗中央银行出手干预后市场汇率下降到1∶28000，7年间货币贬值将近8倍。

2. 积极影响

第一，国内产品质量和产量提升。伊朗有较好的制造业基础，疫情期间政府加大了对中小企业的资金投入，促进生产，2020年工业实现7.5%的增长。伊朗卫生部长指出，疫情初期，伊朗因缺少抗击新冠病毒的口罩和防护服，感到陷入巨大的困境。在50天后，伊朗成为所需设备的制造商，不再需要进口这类产品，而是对外出口。伊朗约有8.5万家制造企业，其中中小企业占92%。2020年3~9月，伊朗全国共有430家中小企业实现了产品出口，出口额为17.4亿美元（占全国出口的比重为12.83%），同比增长16.7%。这些中小企业产品的主要出口目的地是巴基斯坦、伊拉克、阿富汗、阿联酋、土耳其、阿塞拜疆、亚美尼亚、印度等周边国家，主要出口产品是食品、钢制容器、塑料产品和化学品。[①] 2020年7月，伊朗每天生产口罩的装机容量已达到650万个。与疫情发生初期相比，口罩产能增长了超过3000%。伊朗自主生产的病毒检测试剂盒、呼吸机、口罩和防护服等物资供应均有保障，基本生活用品市场供应充足。根据国际货币基金组织的报告，尽管受到疫情影响，伊朗经济在2020年取得了1.5%的实际增长，预计

---

① 《伊历上半年中小企业出口17亿美元》，中华人民共和国驻伊朗伊斯兰共和国大使馆经济商务处网站，2020年10月9日，http://ir.mofcom.gov.cn/article/jmxw/202010/20201003006457.shtml，最后访问日期：2021年3月27日。

2021 年 GDP 增长 2.5%。

第二，疫情改变了伊朗民众的消费习惯，互联网经济发展较快。伊朗中央银行推出二维码支付系统，以减少民众对现金、银行卡的使用。根据《伊朗电子商务报告（2020 年 3 月~9 月）》数据，2020 年，伊朗智能手机用户约 5433 万，普及率达到 65%，比上一财年增长约 20%。在电子商务基础设施方面，互联网普及率比 2019 年同期上升 9 个百分点；宽带覆盖率增长 17%，超过 89% 的宽带通信是 4G、3G 网络。在电子商务方面，发放电子签名证书约 18.5 万张，同比增长 123%，交易额比 2019 年同期增长 284%，实际交易金额同比增长 217%。电子商务交易总量约 15 亿件，同比增长 52%，其中政务电子交易总量约 15.1 万件，同比增长 34%。在电子商务群体特征和应用工具方面，男性电商占 87%，85% 的电商以个人资本启动业务；有 50 名以下员工的电商占 75%，员工超过 250 人的电商约占 15%。此外，81% 的电商利用社交平台、28% 的电商使用移动应用程序，而 45% 的用户通过短信提供商品或服务。Instagram 是伊朗使用最广泛、最活跃的社交网络，也是伊朗最大的电子商务市场。从事各类电子商务的人员总数约 500 万人，占伊朗全国劳动力市场就业人数的 21%，男性多于女性。年轻人占线上买家的 58% 以上，男、女买家各占 50%。①

三 疫情下伊朗局势发展走向

新冠肺炎疫情引发的健康危机与美国制裁引发的经济危机严重冲击了伊朗的各行各业，为社会稳定埋下新的隐患。拜登当选美国新总统，决定重返伊核协议，伊核危机和美伊关系迎来转机。2021 年 8 月，伊朗新一届政府上台执政后，或将为解决经济问题打开新的局面。

---

① 《伊朗电子商务年度报告》，Ecommerce，2021 年 6 月 27 日，http：// ecommerce. gov. ir/ index. aspx？ &siteid = 1&pageid = 127&newsview = 416。

（一）加快推进疫苗接种，助力早日走出健康危机

全世界疫情短期内难以结束，成功研发和生产本土疫苗给伊朗战胜疫情带来希望。伊朗最高领袖哈梅内伊不允许从美国和英国进口疫苗。伊朗主要通过国外采购、世界卫生组织渠道、与外国合作联合生产以及自主研发等途径获取疫苗。基于友好关系和过去合作开发乙肝疫苗的基础，伊朗巴斯德研究所与古巴芬利疫苗研究所联合生产的"COVIran Barakat"疫苗顺利完成三期临床试验，所用原材料无须进口。2021年5月，这款国产疫苗量产可达1800多万支，从6月开始全民接种。俄罗斯的Sputnik-V（卫星－V）新冠疫苗也在伊朗落地生产。自主生产与进口疫苗同步加速，伊朗计划在2021年秋季新学期到来之前实现师生全部接种疫苗，重新开放线下教学，以确保教学质量和教育公平。

（二）各方达成恢复履约共识，难点在于美国解除对伊制裁

拜登正在践行其大选时的承诺，改变特朗普的对伊政策，让美国重返伊核协议。拜登解决伊核问题的思路是以放松部分制裁为条件，推动与伊朗重新谈判，与伊核协议其他签约大国合作达成涵盖伊朗导弹计划和地区扩张问题的"伊核协议＋"，核心内容是阻止伊朗发展核武器，并顾及地区盟友的利益和诉求。

特朗普在离任前密集增加对伊制裁，给拜登重返伊核协议设置障碍。据美国媒体披露，特朗普政府任内不仅恢复了根据伊核协议原有条款解除的所有制裁，还增加了1500多项新的制裁措施。例如，对石油领域的叠加制裁，把伊朗石油部长重新列入"支持地区恐怖主义"名单加以制裁；伊斯兰革命卫队被划为恐怖组织。拜登政府解除对伊制裁是一项复杂艰巨的工作。一方面，需要甄别和确定哪些制裁应该解除，哪些应保留；另一方面，伊朗要求的"全面解除制裁"涉及相关法律，需要获得美国国会批准。美国内反对伊核协议的力量很强大，如亨利·基辛格就对2015年的伊核协议持批评态度，认为美国新政府不应重返伊核协议，否则可能会引发中东地区的军备

竞赛。民主党在参议院只占微弱多数的前提下，拜登政府难以在短期内实现政策目标。

美国的中东盟友以色列和沙特等国曾屡屡制造紧张局势向特朗普施压对伊朗采取军事打击行动。2020年6~7月，伊朗接连发生军火库爆炸、城市局部供电故障、德黑兰一座医疗中心着火等事件。其中最引人关注的是纳坦兹核设施发生爆炸，新离心机所在地面厂房的大部分被摧毁。2020年11月27日，伊朗顶尖核物理学家法赫里扎德在德黑兰附近遭袭身亡。伊朗谴责以色列策划实施了这起暗杀行动，强硬派主导的议会通过了"反制裁战略行动法案"，其中包括提高浓缩铀丰度、启用新型离心机和设计建设新的重水反应堆等9项条款。2021年1月，鲁哈尼政府开始执行该法案，在福尔道地下核设施生产、储存丰度为20%的浓缩铀及安装 IR - 2m 离心机。2021年2月23日，伊朗政府暂停自愿履行核不扩散协定的附加议定书，禁止国际核查人员进入其核设施，但允许国际原子能机构工作人员根据日前与伊朗达成的"临时双边技术谅解"继续开展部分监察工作。以色列和沙特等国极力反对拜登改变美国的对伊政策，拜登重返伊核协议不得不顾及中东盟友的利益。

伊朗对拜登政府的核心诉求是全面取消对伊制裁。民众期盼缓解经济压力，鲁哈尼政府急于摆脱经济困境，更希望保住任期内最重要的外交成果。伊核协议各签约方对恢复履约拥有共识，美欧希望与鲁哈尼政府达成恢复履约协议。2021年4~6月，伊核协议相关方在维也纳举行了六轮会谈未能达成最终协议。根据伊朗最高领袖哈梅内伊的指示，美国要率先恢复履约和一次性解除全部制裁，在经验证后，伊朗将全面恢复履行伊核协议。在2021年6月举行的伊朗第十三届总统选举中，奉行核强硬立场的保守派候选人莱希当选新总统，维也纳伊核协议谈判暂停。

（三）解决经济问题迫在眉睫，伊朗新政府面临挑战

疫情缓解后，受到压抑的政治社会问题有可能重新被引爆。伊朗新总统莱希上台后，当务之急是解决经济和民生问题。过去3年多来，伊朗民生凋

敝，房价、物价暴涨，民怨积累，经济困窘已构成伊朗社会稳定最大的潜在威胁。伊朗新政府无法回避以下 10 项经济挑战。一是解决美国制裁问题，制裁下伊朗石油收入减少，预算出现赤字；二是应对疫情，疫情导致一些企业破产，严重降低了家庭购买力，并使大量家庭跌入贫困线以下；三是执行新的税收政策，落实对空置房屋、豪宅、豪车等征税；四是应对流动性增长，这是近年来通货膨胀率飙升和本国货币贬值的主要原因之一；五是抑制通货膨胀，降低通胀预期和阻止通胀增长，并使其回归下行轨道；六是推动经济发展并实现正增长；七是解决失业问题，尤其是降低居高不下的年轻人失业率；八是解决农牧业危机问题，重新制定政府收购价格，确保粮食安全；九是化解股市危机，伊朗股市已连续 8 个月处于跌势，社会波及面广泛；十是减少领取政府补贴的人数并使补贴更具针对性。伊朗经济问题严重，各种因素交织，美国的制裁只是阻碍经济发展的部分原因。例如，伊朗国内服装大量向伊拉克、阿富汗和一些中亚国家出口，近年来服装质量提高，但不具备价格优势，主要是因为美国制裁使外汇回款成本高，国内本币贬值和生产原材料价格上涨；银行贷款利率、通货膨胀和社会保险也是生产成本不断升高的因素。因此，尽管伊朗生产企业可以使用廉价的能源和劳动力，但是产品价格不低，加上流通环节层层加码，国内产品质量的提高并没有带动民众对国产优质品牌的消费，使企业发展陷入困境。

Y.7
土耳其：新冠肺炎疫情下政治、
经济形势与前景展望

魏　敏*

摘　要： 新冠肺炎疫情突如其来和蔓延对刚从里拉危机中缓慢复苏的
土耳其经济又是一次严重冲击。在防控疫情的过程中，土耳
其采取了隐性群体免疫的方法，在出台疫情防控措施后，高
频次调整疫情防控政策和措施，保障工厂开工，以维护经济
的平稳运行。基于较为完备的医疗卫生体系、完善的医疗卫
生基础设施、公开透明的疫情信息发布系统和土耳其的人口
结构特征，土耳其初期的疫情防控是有成效的。埃尔多安总
统及其领导的执政联盟面临正义与发展党党内分裂和新政党
崛起、经济增长乏力、宗教势力增强和社会进一步分化的风
险，但是埃尔多安总统时代远未结束，土耳其政治、经济、
社会发展前景可期。

关键词： 土耳其　医疗卫生体系　社会救助　社会分化

新冠肺炎疫情突如其来，土耳其面临遏制疫情与刺激经济之间的艰难选
择。2018年土耳其大选后正式开启总统制政治模式，随后土耳其与美国关
系交恶，引发里拉危机。2019年，土耳其国内生产总值增长率仅为0.9%。

---

* 魏敏，中国社会科学院西亚非洲研究所研究员，主要研究方向为中东经济、土耳其政治、经
济和社会发展。

2020 年新冠肺炎疫情发生时，土耳其经济正处于艰难恢复阶段。2020 年 3 月 11 日，土耳其发现首例新冠肺炎确诊病例，截至 2021 年 5 月 10 日，土耳其累计新冠肺炎确诊病例为 5044936 人，占中东确诊病例累计人数的 58.45%；累计治愈 4743871 例，累计死亡 43311 人。[1] 土耳其疫情初期的防控措施成效显著，整体防控先紧后松。目前，土耳其疫情基本得到遏制。埃尔多安总统在与各省青年举行的线上会议上表示，恢复社会生活正常化将是下届内阁会议的重中之重，政府将宣布新的正常化时间表。

疫情下，土耳其政府迅速成立由卫生部、卫生机构和专家组成的疫情防控科学委员会，并启动国家、省、市三级公共卫生应急机制，颁布疫情防控措施并强化组织实施。在第一波疫情期间，土耳其卫生部、科学委员会（SAB）与医疗机构的政策和措施发挥了重要作用。在防控疫情的过程中，土耳其在对外关系中的态度和立场也日趋强硬，频繁采取军事化措施，不仅没有停止对叙利亚政府军和库尔德武装的军事打击，还于 2020 年 3 月 1 日在叙利亚伊德利卜省对叙利亚政府军发起代号为"春天之盾"的军事行动。同时，土耳其支持的利比亚民族团结政府军队与哈夫塔尔领导的反政府军展开新一轮较量，迫使反政府军后撤，扭转了利比亚局势。土耳其对利比亚局势的干预引发埃及、阿联酋、沙特等中东国家不满。土耳其在东地中海的石油与天然气勘探活动触怒希腊、法国和欧盟。因购买 S-400 防空导弹系统，土耳其面临来自美国的制裁。疫情依然在全球蔓延，正在从议会制向总统制转型的土耳其在艰难抗击疫情中面临内政、外交的严峻挑战，这是对正义与发展党以及埃尔多安执政能力的重大考验。

一 土耳其应对疫情的措施

2020 年 3 月 11 日，土耳其确诊首例新冠肺炎病例，此后确诊病例迅速

---

[1] "Turkey COVID - 19", Republic of Turkey Ministry of Health, https：//covid19. saglik. gov. tr/? _ Dil = 2, accessed May 11, 2021.

增加。2020年4月18日，土耳其新冠肺炎确诊病例数超过伊朗，成为中东地区确诊病例数量最多的国家。① 尽管土耳其新冠肺炎确诊病例数量多、增加快，但死亡人数和病死率较低。土耳其遏制疫情较为成功的根本原因在于土耳其拥有良好的公共卫生医疗体系，再加上土耳其及时实施了国内和国际旅行限制和边境禁令以及严格的封闭和宵禁等应对措施。

（一）疫情初期外紧内松，有效遏制第一波疫情扩散

首先，土耳其及早关注境外疫情情况并做出防控决策。2020年1月10日，土耳其成立由卫生部、卫生机构和专家组成的科学委员会，负责公共卫生危机的决策和管理，设计和实施以专家为主导的科学的公共卫生措施。以政府权威来倡导科学的疫情防控管理，通过检疫和全国性宵禁等严格的公共卫生措施缓解危机，从而更有效地控制威胁到国家政治和经济安全的疫情。② 卫生部长、科学委员会专家和卫生机构在土耳其抗击疫情的决策中发挥了积极的作用。疫情初期，自2020年1月22日，土耳其主流媒体开始对境外疫情进行密集报道，关注疫情新变化、中国防控疫情的举措以及世界卫生组织的防控措施等。

其次，对外迅速采取封闭措施。2020年2月6日，土耳其航空暂停飞往中国大陆航班，并于2月23日关闭了与伊朗的边界，取消了与伊朗的所有陆路、空中和铁路交通。3月11日发现新冠肺炎确诊病例后，土耳其停飞欧洲9国航班；3月30日，停飞所有国际航班，关闭边界。除回国居民和公民外，禁止国际旅行，开始对回国人员实行隔离措施。

再次，对内采取比较宽松的封锁措施。除暂停大型活动和聚会外，2020年3月中旬关闭学校和酒吧、影院、大型商场等公共场所，对20岁以下和

---

① "What Turkey Got Right about the Pandemic", The Economist, June 4, 2020, https：//www. economist. com/europe/2020/06/04/what－turkey－got－right－about－the－pandemic.

② Serdar San, Mehmet Fatih Bastug & Harun Basli, "Crisis Management in Authoritarian Regimes： A Comparative Study of COVID－19 Responses in Turkey and Iran", Global Public Health, Vol. 16, No. 4, 2021.

65 岁以上人员实行"禁足令"，不允许他们外出。4 月 4 日，土耳其 31 个主要省份的旅行被禁止，城市开始实施周末宵禁。这些措施均早于许多西方国家，对于遏制疫情初期的扩散起到了积极作用。

（二）疫情蔓延后实施经济刺激措施和社会救助计划

疫情蔓延后，土耳其并未实施严格的全封闭政策。分地区、时间和人群实施不同的管控措施。对伊斯坦布尔等省实施周末和节假日宵禁；对年轻人和老人实施了"禁足令"，不允许他们外出。除了直接向消费者提供服务的企业人员之外，其他所有人员正常工作。随着感染病例增速上升，土耳其政府于 2020 年 4 月 9 日晚宣布，从当日 24 时起实行为期 48 小时的周末宵禁。这项禁令适用于提供基本服务以外的所有居民和企业，覆盖了土耳其 81 个省中的 31 个，包括伊斯坦布尔、安卡拉等人口大城市。据土耳其官方统计，横跨欧亚大陆的伊斯坦布尔和临近爱琴海的伊兹密尔是土耳其疫情最严重的两座城市，土耳其新冠肺炎确诊病例中近 60% 来自伊斯坦布尔。2020 年 5 月初，第一波疫情高峰过后，土耳其政府就发布了生活正常化举措，6 月 1 日重新开放了一些国内航班、咖啡馆、餐馆、海滩和公园，但规定了年轻人和老年人一周在户外活动的时间。土耳其半封闭的防控疫情措施是有效的，在把新增和重症病例控制在一定范围的前提下，保障国家经济的持续运转，也有利于维护社会经济和民众正常生活。

2020 年 3 月 18 日，埃尔多安总统宣布政府推出"经济稳定之盾"计划，实施 19 项价值约 1000 亿里拉的经济刺激措施，主要涉及四个方面。

第一，税收政策方面，延期半年缴纳税款。零售业、大型商场、钢铁行业、汽车制造业、物流运输行业、电影院和剧院、住宿行业、食品及饮料制造业、纺织服装行业、会展行业等行业的代扣代缴税款、增值税、社保费等应交税款的纳税期限一律推迟 6 个月。

第二，银行信贷政策向受疫情影响严重的中小微企业倾斜。现金流恶化的个体工商户和手工业者可以向土耳其人民银行（Halkbank）申请，延迟 3 个月缴纳于 4 月、5 月及 6 月应还款的贷款本金和利息，并且免收利息。土

耳其财政部重新启动信贷担保基金（KGF）机制，将信贷担保基金划拨资金由 250 亿里拉增加至 500 亿里拉，满足中小微企业的融资需求。

第三，产业政策方面，维持制造业产能利用率。在出口贸易严重受损的情况下，向出口企业提供库存融资支持。饭店和餐馆可以延迟 6 个月支付将于 4 月、5 月及 6 月到期的应付饭店地役权和收益分配方面的租金费用。政府原定的住宿税生效日期推迟到 2020 年 11 月。国内航空运输增值税税率从 18% 降至 3%，有效期 3 个月。

第四，在社会救助和社会保障领域，实行短期工作津贴机制。企业暂时停止经营活动时，为职工提供临时性收入保障；将最低退休金提高至每月 1500 里拉（约合 188 美元）。向 80 岁以上的独居老人定期派出人员走访，提供社会和家庭保健服务。各行业有效实施弹性工作制和远程工作模式。家庭、劳动和社会政策部将划拨 20 亿里拉，向经济困难家庭提供援助和社会福利。财政部划拨 2360 亿里拉作为应对疫情的纾困资金。"经济稳定之盾"计划的实施确保了中小微企业在疫情期间的正常运营，将疫情对经济和民众生活的影响降到最低。

（三）疫情反弹后收紧防控措施

宰牲节来临前，土耳其疫情反弹。每日新冠肺炎确诊病例和死亡人数激增。2020 年 7 月 26 日，土耳其新增病例 919 例，确诊病例总数达到 227019 例。[1] 由于疫情反弹的势头猛，土耳其总统埃尔多安于 2020 年 11 月 18 日晚公布了最新的防疫措施。其内容包括：周末 10 点至 20 点以外的时段限制民众外出；所有学校至年底实行远程授课；20 岁以下、65 岁以上民众每天只能在 10 点至 16 点的时段外出；电影院停业至 2020 年底；餐馆、咖啡厅仅允许提供外卖服务；商场、超市、理发店等公共场所每日营业时段为 10 点至 20 点；所有比赛空场进行；继续鼓励公共部门和私营企业等实行弹性工作制。

---

[1] "Mideast States Tighten Precautions to Curb Coronavirus Spread ahead of Eid al-Adha", Xinhuanet, July 28, 2020, http://www.xinhuanet.com/english/2020 - 07/28/c_ 139244709. htm.

（四）第三波疫情高峰相继在不同城市出现

2020 年 11 月 25 日晚，土耳其卫生部长科贾宣布，伊斯坦布尔、科贾埃利、伊兹密尔、布尔萨等省出现第三波疫情高峰，另有 15 个省每日新增确诊病例增速在 50% 以上。伊斯坦布尔医院的重症床位使用率已达 70%，安卡拉医院的重症床位使用率达到 75%，伊兹密尔医院的重症床位使用率则超过 76%。由于民众对信息的需求强烈，政府采取更加透明的信息披露政策，每日公布包括无症状感染者在内的所有新增确诊病例数量。卫生部长透露，土耳其已同中国科兴公司签署了购买 5000 万支新冠疫苗的协议，12 月将有 1000 万～2000 万支疫苗到位，2021 年 1 月再到位 2000 万支。自 1 月 14 日起，土耳其对医护工作者、65 岁以上老人等不同群体接种科兴疫苗，总统埃尔多安和政府高官、政党主席等带头接种，截至 2021 年 1 月 25 日，土耳其已有近 120 万人接种疫苗。卫生部长公布了 81 个省份的疫苗接种情况，显示政府实现了疫苗接种覆盖全国所有地区。接种疫苗成为土耳其遏制新冠病毒的重要措施。

二 土耳其整体疫情防控成效

经济学人智库研究报告指出，土耳其对流行病的处理胜过许多国家[1]，这是对正义与发展党防控疫情的极大肯定。疫情发生后，土耳其累计确诊病例一度成为中东地区排名第 1 位、全球排名第 8 位的国家。然而，土耳其对疫情反应迅速，按照年龄、省份开始实施严格的隔离、封闭、宵禁等措施，成效显著。2020 年 5 月初土耳其疫情已得到基本控制。5 月 5 日，埃尔多安总统公布了政府的生活正常化计划，宣布土耳其将逐步放松疫情防控措施，全面恢复生产。政府将取消 7 个省份的城市间旅行限制；取消医疗设施和用

---

① "What Turkey Got Right about the Pandemic", The Economist, June 4, 2020, https：//www. economist. com/europe/2020/06/04/what－turkey－got－right－about－the－pandemic.

品的出口限制；5月11日开始全部恢复以汽车工业为代表的工业制造业生产；6月底前实现民众生活正常化。土耳其较早向外界宣布放松对疫情的防控，塑造了中东国家率先走出疫情影响的良好国家形象。

（一）完备的医疗卫生体系是防控疫情的基础

土耳其医疗卫生系统主要由卫生部、大学医学院和私营部门构成。土耳其卫生部最早成立于1920年，并且在1923～1946年建立了当前土耳其医疗卫生体系的基础。土耳其政府在1963年的第一个五年发展计划中引入了全民健康保险（UHI）系统；1990年颁布新的《国家健康政策》，再次构建了涵盖所有群体的全民健康保险系统。2003年，卫生部制定了《2003～2013年卫生转型计划》。2005年土耳其正式启动加入欧盟进程，这也为构建全面、综合的医疗卫生体系提供了动力。① 近年来，土耳其逐步实施"健康转型计划"。第一步是将几个以前的"国家保险计划"统一纳入"一般健康保险"的综合医疗卫生保健系统，实行从初级到三级医疗保健中心和医院的阶梯式医疗保健服务。② 通过医疗保健改革，土耳其加强了卫生部在卫生系统政策制定、监督、监测和评估方面的作用，并成立了新的公共卫生机构，支持卫生部在预防保健服务方面的工作。土耳其的医疗卫生保健系统不仅结构庞大且运转良好。

在疫情期间的三波高峰阶段，土耳其医疗卫生系统一直运行良好，医护人员、医疗设施和医疗用品体系未陷入瘫痪。在疫情期间，生产医疗卫生用品和设施的工厂一直处于开工状态，保障了医疗物资的生产和供应。

（二）完善的医疗卫生基础设施助力土耳其疫情防控

正义与发展党执政后，非常重视公共卫生领域基础设施建设，大量政府

---

① N. Varol, O. Saka, "Healthcare and Pharmaceutical Policies in Turkey after 2003", *Eurohealth*, Vol. 14, No. 4, 2008, pp. 29 – 32.

② Necmettin M. Ünal, Evren Senturk, "State of Intensive Care in Turkey", *ICU Management & Practice*, Vol. 14, No. 4, Winter 2014/2015.

支出投入公共卫生领域。2008 年颁布的《社会保障和全民健康保险法》确立了全民医疗健康保障机制。土耳其于 1959 年设立第一个重症监护病房（ICU）。土耳其重症监护学会（TSIC）于 1978 年成立。[1] 单就人均病床数量而言，土耳其已位居欧洲国家前列，每 10 万人口拥有 258.8 张重症监护病房病床。[2] 尽管 2009 年以后，公共卫生支出有所下降，但政府之前的投入奠定了公共卫生体系的建设基础。同时，完善的公共卫生体系的建设极大地推动了正义与发展党最初的政治成功，成为正义与发展党执政能力不断增强的重要构成。

较为完善的公共卫生基础设施和疫情期间土耳其公共卫生系统的运行和复原能力，提高了土耳其抗击疫情的能力，感染新冠病毒的公民均能享受公立医院免费治疗。疫情蔓延后，政府加快了医院和网络建设，最新的综合医院于 2020 年 5 月 21 日开放，增加了 2700 张床位，其中约有 16.7% 的床位属于重症监护病房。[3] 许多分析家认为，在疫情发生早期，许多国家感染病例激增，卫生系统不堪重负，而土耳其新冠肺炎死亡率低于预期的关键因素是土耳其有相对完善的医疗体系、对患者的有效管理和有充足的重症监护病房病床数量。

（三）公开、透明的疫情信息增强公众抗疫信心

在大流行的早期阶段，土耳其政府采取了公开、透明的沟通模式，传递疫情防控知识，影响土耳其公众行为。这一沟通模式已经成为土耳其遏制疫情传播的重要政策工具。作为该模式的组成部分，卫生部长每天在国家电视频道上通报疫情情况，并使用数字平台将有关疫情的信息有效地传达给土耳

---

[1] Necmettin M. Ünal, Evren Senturk, "State of Intensive Care in Turkey", *ICU Management & Practice*, Vol. 14, No. 4, Winter 2014/2015.

[2] "The Countries with the Most Critical Care Beds per Capita", Statista, March 12, 2020, https：//www.statista.com/chart/21105/number － of － critical － care － beds － per － 100000 － inhabitants/.

[3] "What Turkey Got Right about the Pandemic", The Economist, June 4, 2020, https：//www.economist.com/europe/2020/06/04/what － turkey － got － right － about － the － pandemic.

其公众。此外，在疫情防控措施方面的全民动员非常成功。卫生部长将疫情描述为公共卫生威胁，是敌人，将疫情防控视为一场可见的公共卫生保卫战；强调在这场战争中，对于每个人而言，有效的社会隔离、检疫措施必不可少。这些话语在一致、透明的沟通原则下，每天向公众播送。公开、透明的政策沟通模式在提高防控措施宣传有效性、增强公众对疫情防控措施的信任方面发挥了重要作用。

（四）土耳其人口年龄结构有利于防控疫情

人口的年龄结构是影响国家社会经济发展的关键问题。土耳其人口年龄结构中，0～14岁人口占总人口比重为23.41%，15～24岁人口占比为15.67%，25～54岁人口占比为43.31%，55～64岁人口占比为9.25%，65岁及以上人口占比为8.35%。[1] 土耳其人口年龄结构中，年轻人口占比高，年轻人免疫力强也提高了新冠肺炎治愈率。土耳其老人很少住在疗养院，而在欧洲和美洲，疗养院成为新冠病毒的主要感染地。土耳其最易受感染的人群逃脱了最严重的大流行，而那些受感染的人（大多是工作年龄的成年人）普遍康复。尽管土耳其新增感染病例不少，但治愈率高。按照世界卫生组织统计，截至2020年11月，土耳其每百万人口感染病例数、每百万人口死亡人数和病死率都保持低位。[2] 土耳其疫情防控经验值得学习和借鉴。

三 土耳其政治与经济形势展望

当前，新冠肺炎疫情肆虐与土耳其里拉危机给土耳其经济和社会发展带来了更多的风险，埃尔多安总统及其领导的执政联盟面临内政、外交的双重考验。

---

① "Turkey Age Structure", IndexMundi, https：//www. indexmundi. com/turkey/age_ structure. html.

② Serdar San, Mehmet Fatih Bastug & Harun Basli, "Crisis Management in Authoritarian Regimes：A Comparative Study of COVID－19 Responses in Turkey and Iran", *Global Public Health*, Vol. 16, No. 4, 2021.

（一）正义与发展党党内分裂和新政党崛起

新冠肺炎疫情凸显土耳其政治转型危机。土耳其现行总统制具有鲜明的过渡特征。如果国内不满正义与发展党专制统治的呼声高涨，2017 年公投后的总统制存在不再被大多数公民接受的可能性。2019 年市政选举结果表明，在野党及政治新秀已经在土耳其地方事务中发挥重要作用。执政党分裂和新政党崛起使土耳其政坛充满不确定性。正义与发展党内部产生分裂，前总理艾哈迈德·达武特奥卢和曾分管经济工作的前副总理阿里·巴巴詹各自组建了新的政党。艾哈迈德·达武特奥卢于 2019 年底成立了未来党，阿里·巴巴詹于 2020 年 3 月 9 日创建了民主进步党。这两个政党在政治风格和意识形态倾向上存在显著差异。巴巴詹试图将自己置于土耳其意识形态的中心，并强调善治和法治问题。达武特奥卢则关注当前政权的道德缺陷，目标是吸引更保守的选民。此外，大统一党、绿党、和平与平等党、统一力量党、社会自由党和新道路党均为新成立政党。据土耳其媒体报道，2020 年 1～5 月，土耳其有 10 个新政党成立，全国范围内政党总数增加至 91 个。[①] 正义与发展党内部的分裂和新政党的崛起给土耳其政坛发展增添了许多变数。

（二）疫情下土耳其经济增长乏力

疫情下，发展经济成为执政党的首要任务。经济增长与民生稳定是维护国家政治安全的基础，经济增长乏力和高失业、高通胀是社会不稳定的根源。新冠肺炎疫情从供给和需求两个层面阻碍经济增长。供给下降主要源于两方面因素，一是感染者退出劳动力市场无法从事生产活动，二是非必要部门的停工或被迫关闭导致生产进一步下降。从需求层面来看，疫情也引发了消费模式的重大变化。首先，由于担心感染或传播病毒，人们避开购物中

---

① Serkan Alan，"10 New Political Parties Founded in Turkey in Five Months"，duvaR. English，June 3，2020，https：//www. duvarenglish. com/politics/2020/06/03/10 - new - political - parties - founded - in - turkey - in - five - months.

心，不参加公共活动。其次，由于疫情发展存在巨大的不确定性，民众开始进行预防性储蓄，减少了消费。最后，生产停滞导致收入减少，进而引发全社会整体需求下降。[①] 根据土耳其中央银行的数据，2020 年 3 月 11 日土耳其确认首例新冠肺炎病例后的 6 周内，信用卡消费比疫情发生前的 6 个星期下降了 25%，其中超过 50% 支出用于购买食品、保健品和清洁产品。消费者支出急剧下降是土耳其经济困境加剧的明显迹象。

虽然截至 2020 年底，土耳其经济增长率为 1.8%，但是疫情使土耳其经济增长陷入困境。土耳其作为新兴经济体国家，金融市场全面开放，容易受到国际资本市场冲击。由于经济增长乏力，埃尔多安总统的女婿辞去了财政部长一职。埃尔多安总统在不到两个月的时间内又撤换了中央银行行长，引发货币危机，里拉大幅贬值。这对于严重依赖外资的土耳其经济无疑是雪上加霜。疫情期间，土耳其失业率居高不下、金融市场动荡和供应链一度中断，疲弱的经济和金融体系的剧烈波动将成为未来影响土耳其政治稳定的重要因素。

（三）宗教因素影响疫情防控成效

长期以来，在土耳其政治领域和社会生活中，宗教问题一直是敏感话题，政府不愿干预宗教事务。此次疫情中，土耳其政府的防控举措尤其暴露出此倾向。在应对此次疫情时，土耳其政府过度关注宗教和意识形态领域影响，对清真寺疏于管理，对朝圣者隔离迟缓。针对清真寺和朝圣者应对措施的疏忽和管理不善贻误疫情防控最佳时机。

新冠肺炎疫情发生早期，土耳其政府规定暂停大型活动和聚会，3 月中旬关闭学校和非必要的商店等公共场所，停止非必要的公共服务活动。而在宗教场所和朝圣者问题上，土耳其政府非常谨慎，关闭公共场所时，却没有及早关闭清真寺。民众依然到清真寺礼拜。更为严重的是，2020 年 3 月，

① "The Economic Impact of COVID - 19 on Turkey", Middle East Institute, May 26, 2020, https://www.mei.edu/publications/economic - impact - covid - 19 - turkey.

沙特政府取消朝觐，成千上万的朝圣者返回土耳其。尽管公共卫生专家强烈建议对朝圣者采取隔离措施，但政府担心隔离这些人员会引发意识形态和政治问题，没有采纳这个建议。返回的朝圣者导致疫情在全国传播，每日新增确诊病例数迅速增加。虽然后来土耳其政府决定对超过 6000 名返回的朝圣者实施隔离措施，但已经贻误防控最佳时机。

（四）疫情与土耳其社会的分化

长期以来，世俗主义与伊斯兰主义和民族主义相持不下，土耳其社会分化日益严重。2020 年 7 月 10 日，埃尔多安总统宣布将圣索菲亚大教堂由博物馆改为清真寺，引起轩然大波。圣索菲亚大教堂始建于 532 年查士丁尼时代，距今已有近 1500 年的历史。圣索菲亚大教堂建成后一直作为东正教教堂（其间有 57 年时间改为天主教教堂），直至 1453 年奥斯曼苏丹穆罕默德二世征服君士坦丁堡，并将君士坦丁堡更名为伊斯坦布尔，同时将圣索菲亚大教堂改为阿亚索菲亚清真寺。土耳其共和国成立后，1934 年阿亚索菲亚清真寺改建为圣索菲亚博物馆。86 年后，在疫情防控形势初显平稳的情况下，土耳其最高法院于 2020 年 7 月 2 日宣布废除 1934 年将阿亚索菲亚清真寺改建为博物馆的内阁法令。

2020 年 7 月 10 日，埃尔多安总统签署总统令，宣布将圣索菲亚博物馆改为清真寺，并表示从 7 月 24 日（星期五）开始，穆斯林即可在这里进行礼拜。据报道，约有 35 万人无视疫情防控措施，参加了圣索菲亚大教堂的第一个主麻日礼拜。[①]

在土耳其伊斯兰主义者看来，阿亚索菲亚清真寺具有宗教象征意义，她不仅表明了奥斯曼对西罗马帝国的征服，也宣告了伊斯兰对基督教的替代，是伊斯兰胜利的象征。穆斯林希望在阿亚索菲亚清真寺里做礼拜的宗教情感不应受到压制。因此，将圣索菲亚博物馆改回清真寺成为伊斯兰主义者长期

---

① 《圣索菲亚举行改回清真寺后的首次礼拜，支持与批评声交织》，澎湃网，2020 年 7 月 24 日，https://www.thepaper.cn/newsDetail_forward_8418788。

不懈的努力目标。正义与发展党执政后，土耳其历史遗迹与环境保护协会于2005年提出将圣索菲亚博物馆改为清真寺的倡议。2020年6月9日，土耳其右翼民族主义政党美好党在议会上提议把圣索菲亚博物馆改成清真寺，被正义与发展党否决。在美好党提案被否决后，仅一个月时间里，不仅行政委员会发布了1934年阿亚索菲亚清真寺改为博物馆的决议非法的公告，而且埃尔多安总统的态度也发生逆转，签署了将圣索菲亚博物馆改为清真寺的决议。很显然，此举是土耳其政府为了稳定政局的权宜之举。

（五）土耳其政治新动向——酝酿中的新宪法

中东剧变不仅增强了土耳其民众抵制专制统治的心理，也强化了土耳其民众改变政治格局和改善政治权利的意识。2021年2月1日，海峡大学师生举行抗议活动，反对埃尔多安总统任命与执政党关系密切的人士出任该校校长，要求授予该校自主选举校长的权利。2021年2月，土耳其埃尔多安总统表示，也许是再次讨论制定新宪法的时候了。埃尔多安在首都安卡拉举行的总统内阁会议后的新闻发布会上说："如果我们与人民联盟的伙伴达成共识，我们将在未来一段时间内采取制定新宪法的行动。"①

（六）外交服务于内政

基于国家安全和国家利益以及地区战略环境的考虑，土耳其采取积极进取的外交政策，外交政策主要围绕邻近国家和地区、土耳其在该地区的战略利益以及经济利益三大核心展开。新冠病毒大流行期间，土耳其依然运用外交和军事手段展开对利比亚的军事打击。虽然叙利亚伊德利卜战事处于僵持状态，但土耳其继续勘探东地中海的油气资源，深度介入纳卡冲突，并与美国就购买S-400防空系统展开谈判。随着疫情防控形势严峻，土耳其迅速实施了防疫外交，积极扩大医疗用品、医疗设备的生产和出口。防疫外交与

---

① "Perhaps It's Time to Discuss New Constitution for Turkey: Erdogan", News about Turkey, February 1, 2021, https://newsaboutturkey.com/2021/02/01/perhaps-its-time-to-discuss-new-constitution-for-turkey-erdogan/.

强硬的外交政策齐头并进。对利比亚实施军事干预和对东地中海秩序的挑战表明土耳其外交能力达到了新的水平，土耳其抵御地区和国际威胁的能力达到了前所未有的高度，正义与发展党执政后开启的外交转型之路富有成效。

尽管疫情蔓延，但 2020 年土耳其国内生产总值实现 1.8% 的增长，是 G20 中保持经济正增长的少数国家之一。这无疑受益于土耳其政府灵活的疫情防控措施与土耳其较为完善的工业结构和强劲的产能优势。土耳其政府于 2020 年 11 月发布了新的《土耳其中期增长计划》，提出新平衡、新常态、新方法，应对疫情对金融业和宏观经济造成的损失。疫情后政府的政策举措主要包括三个方面：第一，保持劳动力市场的活力；第二，为受疫情影响的家庭和企业提供必要的资金支持和流动性；第三，确保主要行业经济活动的正常进行，确保供应链的活力。2021 年 4 月 29 日，土耳其政府发布了一项新的经济救助方案，启动对困难家庭的现金援助。目前，土耳其社会生活逐步恢复正常，供需渠道畅通，但不排除经济衰退、失业率上升引发社会动荡的风险。

Y.8
埃及：抗击新冠肺炎疫情及经济形势变化

戴晓琦*

摘　要：　2020年，埃及发生新冠肺炎疫情后,埃及政府采取了从应急措施到防治结合的综合性措施，逐渐控制了疫情。新冠肺炎疫情对埃及公共医疗与经济产生了重大影响，埃及政府推行了一整套提振纾困计划，维持旅游业与加工业运转。埃及的抗疫前景具有较大的不确定性，但整体可控；埃及经济改革前景不容乐观，需要花费多年解决长期的结构性问题和疫情带来的新问题。

关键词：　埃及　公共医疗体系　经济改革

一　疫情发生前埃及的公共医疗体系

一年多来，新冠肺炎疫情考验着各国的公共医疗能力，各国公共医疗能力直接影响了本国的抗疫效果。埃及的公共医疗体系建立于纳赛尔时期，当时实行低水平的全覆盖社会保障体系，公共医疗全部免费。萨达特经济改革后，私立医院越来越多，数量逐渐超过公立医院，成为埃及医疗体系中的主力军。根据埃及公共动员与统计局统计的数据，卫生部下属医院及床位数量呈下降趋势。

---

* 戴晓琦，北京第二外国语学院中东学院教授，中国中东学会常务理事，研究方向为阿拉伯社会文化。

表1　埃及卫生部下属医院及床位情况

分类	2007 年	2011 年	2016 年
医院(家)	1878	1582	1679
床位(张)	133930	124797	126595

资料来源：埃及公共动员与统计局：《2018 年统计年鉴》，2018 年 9 月，第 442 页。

　　根据 2018 年的统计数据，埃及共有医院 1848 家，病床 13.1 万张。其中公立医院 691 家（医院数量减少的部分原因是社区医院全部调整为基本医疗保障中心）、私立医院 1157 家；公立医院的病床数为 95683 张，私立医院的病床数为 35320 张。共有 126197 名医生，2912 辆救护车，1464 个急救室，89 家大学医院。[①] 由此可知，埃及每 5.2 万人才有一家医院，736 人才有一张病床。穆迪评级机构的医院病床数也显示，埃及千人病床数只有 1.4 张，世界排名第 127 位。[②]

　　从图 1 可以清楚看到，2006～2018 年，公立医院的医生数量变化分为两个阶段。塞西执政之前，公立医院医生数量稳步上升，之后出现了剧烈升降，但总体呈下降趋势，从 2014 年 11.3 万人降至 2018 年的 7.6 万人。

　　由此可见，几十年来埃及的公共医疗体系一直处于萎缩状态，埃及社会的很大一部分医疗服务已经由私立医院承担。这一变化的根本原因是埃及政府通过私有化改革减少了医疗卫生领域的公共职能。几十年来，埃及公立医疗体系的财政投入不断减少，而私人投资越来越主导埃及的医疗体系。早在改革初期的 1978 年，政府在医疗领域的投入已下降至 46%。现在，埃及成为中东地区医疗自费程度最高的国家之一，民众自己需要支付 72% 的医疗费用。[③]

　　参保人数和医保质量是衡量医疗保险水平的重要指标。埃及的医保质量较低，但更大的问题是许多人未能享受到医疗保险。埃及医保覆盖人数不断

[①]　《2018 年埃及的医院数量 1848 家，床位 13.1 万》，埃及公共动员与统计局，2020 年 4 月 20 日，https：//www.youm7.com/story/2020/4/20。

[②]　《医院病床密度》，Index Mundi，https：//www.indexmundi.com/g/r.aspx?v = 2227&l = zh。

[③]　易司马仪·优素福等：《埃及健康状况与健康服务》，健康发展与环境协会，2005，第 49 页。

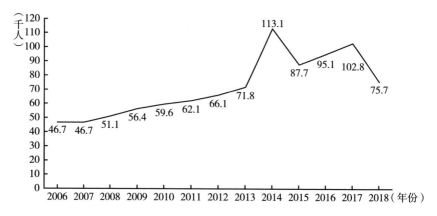

图1 埃及公立医院的医生数量变化（2006～2018年）

资料来源：《公共部门的医生数量》，埃及公共动员与统计局，https：//www. capmas. gov. eg/Pages/IndicatorsPage. aspx？Ind_ id = 1063。

增加，从2013年的4867.8万人增加至2018年的5558.1万人，但是这一增幅赶不上埃及同期新增的人口规模。

图2 埃及医疗保险参保人数（2012～2018年）

资料来源：《参保人数》，埃及公共动员与统计局，https：//www. capmas. gov. eg/Pages/IndicatorsPage. aspx？Ind_ id = 1063。

埃及的很多群体被排除在医疗保障体系之外，主要是占劳动者总数63%的非正规劳动者，其中有21%的临时工，包括家庭佣人、流动商贩以及建筑工人。这些群体缺少保障，是各种天灾人祸的最大受害群体①，也是疫情的主要受害者。为了彻底改变公共医疗体系落后的状况，塞西政府在"2030愿景"中明确提出了医疗健康的指标要求（见表2）。

表2 "2030愿景"医疗健康相关指标

指标	2015年	2020年	2030年
人均寿命(岁)	71.1	73	75
传染病死亡率(%)	23.5	22	20
肝炎传播率(%)	8.9	2	1
人均医疗支出(美元)	152	300	600
医疗保险覆盖率	58	100	100
医生(万人占比)	8.5	12	20

资料来源：《埃及2030年愿景》，第25页。

为了实现上述"2030愿景"的健康指标，埃及政府出台了一整套医疗发展计划，其中最重要的就是实现医疗保险全民覆盖，也就是不断扩大医疗保险受益人的范围，提高医疗服务质量和效率，通过社区诊所、中心医院与综合医院三层体系筛选分流，减轻综合医院的就医压力，提高重病患者的就医效率。

为了实施医保全民覆盖计划，埃及政府投入了大量经费。2018/2019财年，医疗开支占政府总开支的1.6%；2019/2020财年医疗预算因新冠肺炎疫情增加18.2%，其中的69.3%预算用于医保全民覆盖计划。② 2020/2021财年，埃及医疗预算第一次超过法律规定的国内生产总值的3%，达到3.1%。这些款项主要用于抗击疫情，对埃及公立医院的医疗资源影响不大。按照"2030愿景"，2030年，埃及的人均医疗支出将达到600美元，而目前人均医疗支出只有152美元，资金缺口巨大。③

---

① 《新冠肺炎疫情下的埃及健康保障：健康是运气而不是权利》，埃及替代政策解决方案网，2020年5月18日，/https：//aps.aucegypt.edu/ar/articles/559。

② 《数据：2020年埃及卫生部门的开支变化》，阿拉比亚网（Al Arabiya news），2020年2月9日。

③ 《埃及医生因疫情遭受打压与拘捕》，德国之声网，2020年5月28日。

医疗保险全民覆盖计划是"2030 愿景"中唯一明确要求提前实现的医疗计划，要求在 2030 年实现医疗保险全民覆盖。实际上，2018 年才制订了医疗保险全民覆盖计划可操作的六步方案，2019 年 7 月开始在塞得港省等 5 个省试行，并将完成时间推迟到 2032 年。2020 年疫情的发生很可能再次推迟该计划的实现时间。

二 埃及疫情情况及政府的抗疫措施

埃及的首例新冠肺炎病例出现于 2020 年 2 月。从 2020 年 2 月至 2021 年 3 月，埃及发生了两波疫情，其中 2020 年 2 月 14 日到 8 月 18 日为第一波，波峰在 6～7 月；8 月 19 日到 11 月 16 日为两峰之间的平静期；从 2020 年 11 月 17 日到本文统计的 2021 年 3 月为第二波疫情，波峰在 2020 年 12 月底至 2021 年 1 月初，每日新增 1300～1400 名患者。

（一）第一波疫情及抗疫措施

2020 年 3～8 月，埃及疫情呈现明显的一升一降。其中，3 月确诊病例 648 人，4 月确诊病例 4800 人，5 月确诊病例 19430 人，6 月 19 日达到日峰值 1773 人，累计确诊 43296 人。从 2020 年 7 月开始，确诊人数不断下降，8 月 18 日降至 163 人。[①] 与世界其他国家相比，埃及第一波疫情传播速度慢，疫情较轻。疫情发生后，埃及政府积极应对。这一时期的应对可以分为紧急应对与综合防治两个阶段。

1. 紧急应对阶段

2020 年 2 月 14 日出现第一例新冠肺炎病例后，埃及政府立即采取了紧急防治措施。例如，组建由总理直接负责的新冠肺炎疫情危机处理最高委员会，成员包括内政部和卫生部等多个部的部长，统筹全国各级机构共同抗

---

① 瓦拉·易卜拉欣·谢尔卡维等：《埃及新冠病毒：调查分析》，埃及公共动员与统计局，2020 年 9 月。

疫。卫生部负责发布每日疫情通报，包括确诊人数、康复人数与死亡人数；全国信息中心建立危机处理中心网站，发布疫情信息，通过各种渠道宣传防疫知识；规划部建立互动平台，提出了432项应对方案。

政府紧急划拨抗疫专款，从财政上全力支持抗疫。为卫生部划拨10亿埃镑用于购买基本预防用品。追加2019/2020财年经费2亿埃镑，提供38亿埃镑专款紧急应对药物与医疗用品的短缺问题，强化医疗部门应对疫情的作用。

出台医务人员奖励措施，宣传医务人员的奉献精神；政府宣布向大学下属医院拨款1亿埃镑，奖励优秀医生。

要求民众保持社交距离，防止交叉感染。停止各类大型聚集性活动，暂停各类学校的线下教学工作，为部分职工提供特殊假期，关闭所有体育俱乐部与娱乐设施，暂停各类影剧院活动，暂停各类航班，暂停所有礼拜场所的活动；宣布全国各地禁足，周末全天及工作日晚上关闭所有商店、商厦，停止咖啡馆与饭馆的堂食；关闭海滨及旅游娱乐设施、公园，禁止旅游度假村举办任何活动。

防治结合，分层管理。指定定点公立医院作为新冠肺炎病人的收治医院，对疑似病例实行14天隔离制度；加强核酸检测，在全国建立58个检测中心；建立疫情电子监控体系；区别管理治愈但仍呈阳性患者与无症状感染者，将他们转送至大学城、青年公寓与宾馆，减轻医院的压力。

整合全国医疗资源，停止所有酒精类产品、外科口罩和预防感染工具包等用品的出口；建立和扩大抗疫宣传体系，开通105新冠肺炎疫情24小时服务热线，通过各种平台宣传抗疫知识。

上述措施大大减少了埃及国内的人员流动与聚集，明显控制了疫情的传播速度，2020年3月的确诊病例保持在数百人，日均确诊24人，日均死亡人数只有2.4人。① 随后，由于开斋节期间许多人没有严格遵守禁足令，以及从其他国家接回大量埃及公民，开斋节后埃及的确诊人数与死亡人数不断

---

① 瓦拉·易卜拉欣·谢尔卡维等：《埃及新冠病毒：调查分析》，埃及公共动员与统计局，2020年9月，第23页。

增加。其中，4月平均每日确诊病例160人，日均死亡人数为11.4人；5月日均确诊病例627人，日均死亡人数为18人。①

2. 综合防治阶段

2020年5月中旬后，埃及的疫情迅速恶化，确诊病例激增，医疗资源告急。为此，埃及政府将新冠肺炎患者的治疗纳入基本健康服务计划，并出台了一系列防治措施。

强化危机管控，统一各地行动。各省建立自己的应急指挥机构，调动所有力量应对疫情，明确规定为新冠肺炎患者提供基本医疗服务。

明确治疗方案，更新治疗措施。增加收治新冠肺炎患者的诊所，由医院外的诊所提供病情的早期判断；通过"科尔中心"进行综合医院的预约挂号，减少新冠肺炎病人的治疗等待期；利用Drive Through系统检测新冠病毒；对进入医疗机构的所有病人进行健康筛查，对疑似病人迅速隔离；对治疗新冠肺炎病人的医务人员实施抗疫培训；加强医生的自我防护措施，实行医务人员14天轮班制度，严格管理医务人员的工作区，减少治疗区域的医生数量，对医务人员的住所进行反复消杀；为病人创造多渠道诊断方式，包括电话问诊与远程在线治疗。

通过基本医疗服务体系提供充足的治疗物资。建立医疗器材电子跟踪体系。将105服务热线的工作人员由200人扩大至400人；保持对基础病患者的常规治疗；对不同医院及医院的不同区域进行隔离；建立3个月药物上门服务制度；建立医院电子数据库，记录病人进出医院的全部过程。

在2020/2021年度追加的医疗预算翻倍后再追加70亿埃镑，用于提高医生和护理人员的补贴，最低补贴从400埃镑增加到700埃镑，最高补贴从700埃镑增加到1225埃镑；大学下属医院医生的奖金从400埃镑增加到2200埃镑。

强制要求在公共场合佩戴口罩。由供应商品总局统一采购口罩，智能

---

① 瓦拉·易卜拉欣·谢尔卡维等：《埃及新冠病毒：调查分析》，埃及公共动员与统计局，2020年9月，第23页。

配给卡拥有者凭卡领取一定数量的口罩。制定制药和医疗用品本地化战略，努力实现急需的医疗物资自给自足。建立 5 个新冠肺炎康复者献血中心，鼓励病人在康复后的 14 天内捐献血浆，利用康复者的血浆治疗新冠肺炎病人。

积极争取国际抗疫援助。聘请英国专家培训医务人员；从美国国际开发署获得 5100 万埃镑专项援助，从世界银行获得 4.5 亿美元贷款，从欧盟获得 1 亿美元医疗救助。

上述措施对控制疫情起到了显著作用。2020 年 5 月底，埃及公共医疗资源曾遭到严重挤兑，许多轻症患者与无症状感染者难以得到及时治疗，患者纷纷求助私立医院，但私立医院的治疗费用高昂。因此，埃及政府出台由国家负担的基本健康服务计划，大大缓解了患者救治压力。政府强大的管控措施在全国高考期间得到充分体现。考试期间，政府分发口罩，对学生进行全面消毒，控制考生的距离。由于政府管控得力，高考期间每日确诊人数从 6 月 19 日的 1773 人下降至 21 日的 1166 人[1]，6 月每日平均确诊 1443 人，日均死亡人数为 66.4 人[2]。7 月平均每日确诊病例 831 人，7 月和 8 月日均死亡人数分别为 60 人和 20 人。[3]

（二）第二波疫情及抗疫措施

2020 年 8 月 19 日到 11 月 16 日是埃及新冠疫情的平静期，每日确诊病例为 100~200 人。2020 年 9 月和 10 月，埃及日均死亡人数分别为 17 人和 11 人。[4] 但从 11 月 17 日开始，确诊病例开始迅速攀升，政府宣布进入第二

---

① 瓦拉·易卜拉欣·谢尔卡维等：《埃及新冠病毒：调查分析》，埃及公共动员与统计局，2020 年 9 月，第 38 页。

② 瓦拉·易卜拉欣·谢尔卡维等：《埃及新冠病毒：调查分析》，埃及公共动员与统计局，2020 年 9 月，第 23 页。

③ 瓦拉·易卜拉欣·谢尔卡维等：《埃及新冠病毒：调查分析》，埃及公共动员与统计局，2020 年 9 月，第 23 页。

④ 瓦拉·易卜拉欣·谢尔卡维等：《第一波和第二波新冠疫情下的埃及：调查分析》，埃及公共动员与统计局，2021 年 2 月，第 23 页。

波疫情期，这波疫情直到 2021 年 4 月 4 日才结束。截至 2021 年 3 月 31 日，埃及累计确诊新冠肺炎病例 200739 人，累计死亡 11914 人。①

埃及两波疫情有很大不同。第二波疫情比第一波疫情传播速度快，情况更严重。第一波疫情中，从波谷到波峰用时 85 天，6 月 19 日确诊人数达到峰值 1773 人；第二波疫情中，从波谷到波峰只用了 31 天，12 月 24 日确诊人数突破千人关口，达到 1014 人。第一波疫情期间，日均确诊 429 人；而第二波疫情期间，日均确诊高达 587 人。② 第二波疫情中，确诊人数迅速增加，在 5 周时间里，确诊人数就从 2516 人飙升至 8113 人，即从占总人口的 0.018% 上升至 0.054%，11 月、12 月的日均死亡人数分别上升至 11.2 人和 29.6 人③，远超第一波疫情的日均死亡人数 7 人。但与世界其他国家相比，埃及的第二波疫情仍比较平稳。

面对来势汹汹的第二波疫情，埃及政府再次加强预防措施、治疗，同时加快疫苗研发与接种工作。

除了采取第一波疫情期间的抗疫措施，埃及政府还实施了新的防疫措施。停止学校线下教学活动，实施远程居家上课；将第一学期的期末考试推迟至第二学期开学举行；对在封闭环境中及乘坐公共交通工具时不佩戴口罩的人罚款 50 埃镑；鼓励民众参与新冠疫苗三期临床试验与接种工作；开设 15335、01553105105 与 "埃及健康" 等多条疫情咨询热线。出台 "1 亿人都健康" 计划，通过疫情监控体系监控居家隔离的轻症患者，组建了由 2 万个流动的医疗小组、5400 个医疗站和 800 辆救护车组成的防疫体系，对居家病人进行血液检测、体温测量，一旦出现突发情况或并发症，立即送往定点新冠肺炎患者收治医院。④

---

① 《卫生部宣布星期一死亡 32 人》，马斯拉维网，2021 年 3 月 31 日。
② 瓦拉·易卜拉欣·谢尔卡维等：《第一波和第二波新冠疫情下的埃及：调查分析》，埃及公共动员与统计局，2021 年 2 月，第 4~5 页。
③ 瓦拉·易卜拉欣·谢尔卡维等：《第一波和第二波新冠疫情下的埃及：调查分析》，埃及公共动员与统计局，2021 年 2 月，第 23 页。
④ "1 亿人都健康" 项目官网，http://www.100million seha.eg。

（三）疫苗的进口与接种

经过一年多的实践，疫苗研发与接种成为各国抗疫的制胜法宝。新冠肺炎疫情发生后，埃及政府十分重视疫苗的研发与接种。2020 年 9 月，埃及政府批准了中国国药集团研发的新冠病毒灭活疫苗在埃及的三期临床试验。12 月 10 日，由阿联酋提供的 5 万剂中国疫苗运抵埃及，埃及成为非洲大陆较早获得新冠疫苗的国家。12 月 31 日，埃及卫生部和中国国家卫健委签署了《埃中关于新冠病毒疫苗合作意向书》。2021 年 1 月，埃及正式批准紧急使用中国国药集团的新冠病毒灭活疫苗。2021 年 3 月，埃及迎来了第二批中国新冠疫苗 30 万剂。在紧急批准中国国药集团生产的疫苗后，埃及还先后批准了印度生产的阿斯利康疫苗和俄罗斯"卫星 V"疫苗。2021 年 3 月 31 日，埃及收到了 85.44 万剂阿斯利康疫苗，这是埃及同全球疫苗免疫联盟之间协议框架下 4000 万剂疫苗中的第一批疫苗。同时，埃及就本地生产疫苗分别与中国、俄罗斯达成协议。

在疫苗接种方面，埃及制定了合理的接种计划。自 2021 年 1 月，政府首先为伊斯梅利亚、塞得港和卢克索的疫情前线医务人员接种疫苗。在所有医护人员接种后将为老人与患基础病的人免费接种疫苗。按照埃及政府的疫苗接种计划，2021 年底前将为 30% 的 30 岁以下人群以及 40% 的 30 岁及以上人群接种疫苗，这对非洲或中东国家而言都是一个艰巨的任务。

三 疫情前的埃及经济状况

以 2011 年"1·25 革命"为节点，新冠肺炎疫情发生之前的埃及经济可以分为 2011 年之前的稳定发展阶段和 2011 年之后的震荡与恢复时期。两个时期的经济走势差异巨大。

2011 年之前，埃及经济又以 1973 年十月战争为界，可划分为计划经济与市场经济改革两个阶段。20 世纪 50 ~ 60 年代是纳赛尔时期，政府的计划经济取得了巨大成就。但是，在四次中东战争的打击下，20 世纪 70

年代初期的埃及国力已经虚弱不堪，百姓生活十分艰难。萨达特上台后开始实行改革开放，恰逢运河过境费、石油收入、海外侨汇以及旅游收入滚滚而来，埃及迎来了历史上少有的财政充裕与经济繁荣时代。但是 20 世纪 80 年代后期国际油价下跌导致埃及财政拮据，无法偿还国际机构的到期债务，迫使埃及实施私有化改革。经过 10 多年的私有化改革，埃及经济明显好转，2005 年、2006 年、2007 年的经济增幅分别为 5%、6% 和 7%。但是 2008 年的金融危机改变了埃及经济的发展趋势，2008 年和 2009 年的经济增幅分别跌至 4.7% 和 5.1%。① 经济增速下降为 2011 年的"1·25"革命提供了契机。

2011 年"1·25 革命"后，埃及经济恶化，直到 2014 年才逐渐恢复。在剧变时期，大量资本外逃，财政迅速恶化。塞西执政后，通过大量借贷实施了一系列大工程，试图遏止经济恶化态势，但因埃及经济痼疾太深，政府的措施几乎没有效果。2016 年金融体系濒临崩溃，迫使埃及政府开始了新一轮经济改革。从内容看，塞西经济改革与 1991 年的穆巴拉克经济改革十分相似，都包括稳定金融与推进市场化。但由于政府处于不同的环境与状态之中，塞西时期的经济改革较少受到国际机构控制，改革效果也更加明显，主要表现在大部分宏观指数止跌回升。从 2013/2014 财年到 2018/2019 财年，埃及经济增幅从 2.9% 上升至 5.6%②，通货膨胀率从 10.1% 下降至 5%（见图 3）。

四 疫情对埃及经济的影响

新冠肺炎疫情对埃及经济造成了极大创伤。2019/2020 财年，埃及国内生产总值从上一财年的 5.6% 降至 3.57%，出口下降 48.5%，总投资下降 56.2%，公共消费与私人消费分别下降 14% 与 11.5%。③

---

① 《信息地图：埃及经济 11 年来实现最高增长率》，埃及情报总局新闻中心，2020 年 2 月 15 日。
② 《信息地图：埃及经济 11 年来实现最高增长率》，埃及情报总局新闻中心，2020 年 2 月 15 日。
③ 萨姆尔·赛义德：《埃及采取措施减轻新冠病毒对经济的消极影响》，2020 年 11 月 11 日。

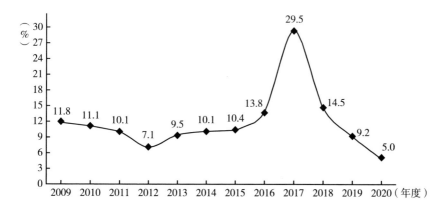

图3 埃及城市通货膨胀率发展趋势（2009～2020年度）

资料来源：《埃及城市年度通货膨胀率》，埃及公共动员与统计局网站，https：// www. capmas. gov. eg/Pages/IndicatorsPage. aspx？page_ id =6124&ind_ id =1202。

受疫情影响最大的行业是旅游业、加工业、石油天然气开采业、建筑业，还影响了基础设施建设以及苏伊士运河过境费收入。根据世界银行数据，2018/2019财年埃及宾馆饭店行业占国内生产总值的2.7%。但2020年3月19日至7月1日国内、国际航班全部停运，饭店关闭，宾馆饭店行业2020年第二季度缩水84.1%；加工行业2020年第二季度缩水15.9%；采掘业2020年第二季度同期下降8.2%。①

（一）旅游业与航空业损失最大

埃及旅游业与航空业遭遇了二战以来最严重的打击。旅游业与航空业在埃及经济中的地位十分重要，2019年占埃及国内生产总值的12%，就业的10%。鉴于2019年旅游业平稳回升，埃及政府当时预测2020年旅游业将继续增长，游客人数将达到1500万人，酒店入住天数从1.36亿天增加至1.5亿天，增长10%；旅游收入将从126亿美元增至160亿美元，增长30%。②

---

① 萨姆尔·赛义德：《埃及采取措施减轻新冠病毒对经济的消极影响》，2020年11月11日。
② 埃及中央银行：相关月份《每月统计报告》；埃及公共动员与统计局：《2020年数字中的埃及》。

2020年1~2月，埃及的游客人数达到了240万人。但2020年3月发生的疫情阻挡了游客的脚步，2020年后10个月的游客人数只有110万人，同比下降69%。政府一度关闭了所有饭店、咖啡馆、俱乐部、夜总会等场所。疫情期间，全国1200家宾馆只允许700家营业。2020年7月初，政府取消了国际商业航班的限制，但宾馆入住率只有2019年的10%~15%。①

为减轻疫情对旅游业造成的影响，埃及政府出台了一系列措施。财政部承担民航业的部分财务负担；推迟旅游设施、宾馆、航空公司的税费、电费、燃气费的缴纳时间；推迟缴纳上一年度418万埃镑的旅游公司收入税；免除文物最高委员会下属咖啡厅、市场的租金；建立旅游从业者数据库；在线培训旅游工作人员；建立支持旅游工作者的危机基金，为旅游从业者发放紧急救助款；中央银行对民航业提供为期两年的500亿埃镑贴息贷款，用于更新现有旅游基础设施。②

（二）加工业遭受重创

加工业是埃及就业与创汇最重要的行业之一。2019年，加工业占总出口的60%，占总进口的80%。③联合国工业发展组织和埃及工商部下属工业现代化中心对埃及1300家工业企业的抗疫措施与企业表现进行调查后发表了新冠肺炎疫情影响指数报告，该指数包括化学、食品、农业、工程、纺织、家具与皮革等行业。该表现指数采用0~1变化值，其中0~0.5为表现下降，0.5~1.0为表现上升。报告指出，埃及工业指数下降至0.413，其中绝大多数工业企业的出口销售指数为0.26，就业指数为0.28，投资与资金流动指数为0.3，生产与供应指数为0.31，纳税能力指数为0.37。小企业受

---

① 《2020年埃及旅游业收入为40亿美元，下降69%》，阿拉比亚网，2021年1月4日。
② 萨勒瓦·穆罕默德·穆尔西、宰乃白·穆罕默德·萨迪：《新冠病毒危机对埃及旅游业的影响》，埃及国家规划院，2020年5月，第12~13页。
③ 萨哈德·欧布德、阿斯玛·马利基：《新冠肺炎危机对埃及经济增长的可能影响》，埃及国家规划院，2020年5月，第11~12页。

到的影响尤其明显，指数为 0.39，低于中等企业的 0.42 和大型企业的 0.45。①

面对疫情打击，埃及政府出台了对工业领域的相应扶持措施。

在财政政策方面，取消 2020 年自然人的电子系统税，免除外国人的资本收益税，推迟本国公民的资本收益税缴纳期限，所有受影响行业的到期税收均可延迟缴纳，无须缴纳利息或罚金;② 降低天然气价格，补贴电价保持 5 年内不变。③

在金融政策方面，中央银行宣布降息 300 个百分点，存款利息与贷款利息分别降至 9.25% 与 10.25%；放宽货币政策，帮助个人与公司获得最优惠贷款；政府项目的贷款利息由原来的 10% 调低至 8%；为工业项目提供 8% 的贴现贷款；限制货币流动规模，规定个人与公司的存取款上限；限制美元兑换，防止本币缩水。④

在社会保障方面，加强社会保障制度建设，保护弱势群体利益。埃及为 300 万名非正规劳动者中的半数人口提供了基本生活保障，每月发放 500 埃镑的生活补助，将"团结与尊严计划"受益者从原来的 16 万个家庭扩展到 310 万个家庭。

五　埃及抗击疫情与经济展望

在防治新冠肺炎方面，埃及面临的压力主要来自疫苗接种、公共医疗体系以及民众的防疫意识与行为，其中疫苗接种尤为重要。

为此，2021 年初以来，埃及面向全球疫苗免疫联盟和多国采购了大量

---

① 巴斯姆·赫推布:《新冠肺炎对埃及工业部门表现的影响指数》，工业现代化中心，2020 年 8 月。
② 萨哈尔·欧布德、阿斯玛·马利基:《新冠肺炎对埃及经济增长的可能影响》，埃及国家规划院，2020 年 5 月，第 19 页。
③ 萨姆尔·赛义德:《埃及采取措施减轻新冠病毒对经济的消极影响》，2020 年 11 月 11 日。
④ 萨哈尔·欧布德、阿斯玛·马利基:《新冠肺炎对埃及经济增长的可能影响》，埃及国家规划院，2020 年 5 月，第 18~19 页。

疫苗，仅全球疫苗免疫联盟承诺的疫苗就有 4000 万剂，实际获得的疫苗达 100 多万剂。埃及还与中国和俄罗斯签署了在埃及本土生产疫苗的相关协议。如果这些协议实施，未来埃及拥有的疫苗数量应该超过 1 亿剂，可以满足埃及的最低需求。同时，埃及政府把新冠肺炎病人的预防与治疗纳入基本健康服务计划，在 5 个省份试行。通过动员全民抗疫，塞西政权在民众中的认可度有所上升，这有助于埃及最终战胜疫情。因此我们认为，与其他中东国家和非洲相比国家，未来埃及的疫情可防可控。

埃及经济目前处于疫情与改革的双重压力之下。塞西执政以来加强基础设施建设，重视工业化改革。这些措施虽然没能消除经济的结构性问题，但在一定程度上改变了剧变以来埃及经济的下行颓势，扭转了宏观经济的方向，为下一步改革奠定了基础。但是，埃及经济目前困难重重，其中既有新冠肺炎疫情带来的财政拮据、外债高企，也有经济体系的长期虚体化，行业结构的地租化，产业层级的落后，制造能力的低下等，更有精英群体经济改革的决心不足。因此，未来几年，即便疫情完全结束，埃及经济仍然难以摆脱目前的各种困境，前景喜忧参半。

大疫之下方显治国能力。面对一年多疫情的猛烈打击，埃及政府发挥了巨大的组织能力，激发了埃及民众的集体主义精神，有效控制了疫情的传播。但是，严峻的疫情也暴露了埃及经济实力的羸弱、经济结构扭曲的重大问题，疫情对包括旅游业与加工业在内的经济体系造成了巨大破坏；疫情也暴露了埃及公共医疗体系的严重缺陷。在疫情初期，医疗资源遭到严重挤兑，给人民群众的生命财产带来了巨大损失。在抗击疫情的艰苦斗争中，埃及政府进一步认识到加快公共医疗体系改革与加强实业建设的紧迫性，这无疑会对未来埃及的医疗与经济发展产生重大的影响。

Y.9

沙特阿拉伯：新冠肺炎疫情冲击下的经济改革及前景展望

刘　冬*

摘　要： 2020年，在国际油价下跌和新冠肺炎疫情的双重冲击下，沙特阿拉伯经济收缩，政府财政压力显著加大。面对十分不利的经济环境，为扩大政府财政收入来源，减轻政府财政负担，提高经济多样化水平，降低国民经济发展对石油的高度依赖，沙特阿拉伯持续推进"2030愿景"确定的经济改革与调整目标，在劳动力市场、税收体系、矿产资源开发等方面，通过立法形式做出大幅度调整，并且持续加大对天然气、旅游业等非石油部门的投资力度。

关键词： 沙特阿拉伯　国际油价　经济改革　经济多元化

沙特阿拉伯是全球最大的石油出口国，石油出口收入是沙特外汇收入和财政收入的主要来源，也是其国民经济的支柱。2020年，在新冠肺炎疫情冲击下，国际油价大幅下跌，2020年4月，西得克萨斯中质原油（West Texas Intermediate，WTI）价格甚至出现极端负值。尽管随着疫情影响减弱和全球经济活动重启，国际油价在2020年下半年开始企稳回升，但总体来看，2020年国际油价仍出现大幅下滑。其中西得克萨斯中质油现货价格由

---

* 刘冬，中国社会科学院西亚非洲研究所副研究员，经济室副主任，主要研究方向为中东经济、能源经济。

2019 年的 56.99 美元/桶降至 39.16 美元/桶, 同比下降 31.3%; 而布伦特 (Brent) 现货价格则是从 2019 年的 64.30 美元/桶降至 2020 年的 41.96 美元/桶, 同比降幅 34.7%。① 此外, 由于参与了欧佩克与非欧佩克发起的联合减产行动, 沙特石油产量也出现一定下滑, 由 2019 年的 977.1 万桶/日降至 918.2 万桶/日, 同比下降 6.03%。② 根据沙特国家统计局 (General Authority for Statistics) 的数据, 2020 年, 在石油价格与石油产量同时下跌的冲击下, 沙特石油和天然气部门产值出现 8.5% 的同比大幅下跌, 炼油业产值甚至出现接近 15% 的同比降幅。此外, 受疫情下社交隔离、人员跨境移动受阻影响, 2020 年沙特非油气部门发展也受到严重冲击。2020 年, 除金融保险和商务服务、采矿业 (不计入油气部门)、政府服务、房地产业等少数几个经济部门外, 其他经济部门产值同比均有不同程度的下滑。在石油生产与出口量价齐跌以及疫情冲击下, 2020 年沙特 GDP 出现 4.5% 的同比降幅。③ 经济增长的全面下行也给沙特本已捉襟见肘的财政平衡进一步施加压力, 根据英国经济学人智库估计, 2020 年, 沙特财政赤字率由 2019 年的 4.5% 大幅上升至 11.0%。④ 面对国际油价下跌和疫情的双重冲击, 为了尽快扭转财政严重失衡带来的经济困难以及进一步提高经济多样化水平, 改变国民经济对石油出口收入的过度依赖, 2020 年沙特政府在劳动就业、税收体制、私有化等领域加速推进改革, 沙特经济多样化建设也有明显加速的迹象。

一 劳动力本土化政策调整

2016 年 4 月 25 日, 沙特内阁通过 "2030 愿景" 战略规划。在劳动就业领域, 为减轻政府提供就业的财政压力, "2030 愿景" 提出的经济改革政策明确提出要让私人部门分担政府在就业方面的压力。而这份国家战略的出

---

① "Prices", EIA, https: //www. eia. gov/petroleum/data. php#prices, accessed April 19, 2021.

② OPEC, *OPEC Monthly Oil Market Report*: *March 2021*, Vienna: OPEC, 2021, p. 49.

③ EIA, *Country Report*: *Saudi Arabia* (*April 2021*), London: EIA, 2021, pp. 38 - 39.

④ EIA, *Country Report*: *Saudi Arabia* (*March 2021*), London: EIA, 2021, p. 11.

台，意味着劳动力本土化战略上升为沙特经济发展战略的重要支柱。与其他海合会国家相似，石油出口收入带来的大量财富使沙特国民的富裕程度明显高于其他同等教育水平的发展中国家。根据世界银行的数据，2019 年，沙特人均 GDP 高达 21764 美元，居全球第 42 位。[①] 同年，根据联合国开发计划署的数据，沙特人均受教育年限仅为 10.2 年，排名居全球第 76 位。[②] 国民收入水平明显高于经济发展阶段，导致沙特就业人口的竞争力弱于其他处于同等发展阶段的发展中国家。正是源于上述因素，沙特国民经济的运转需要依赖大量外籍劳工，外籍人口在沙特人口中占有较高比重。根据沙特中央银行数据，2019 年，沙特人口总量为 3422 万人，其中外籍人口高达 1311 万人，占到全国人口总量的 38%。[③]

政府部门人员的收入靠财政收入维持，而私人经济部门收入更接近于充分竞争的国际劳动力市场价格，导致沙特政府部门和私人经济部门就业人员的收入水平差异显著。根根沙特国家统计局数据，2020 年第二季度，在政府部门，沙特籍雇员的平均月薪超过 3000 美元，私人经济部门的沙特籍就业者月薪不足 2000 美元，在其他部门就业的沙特籍的月薪不足 1500 美元。收入水平的巨大差异导致大量沙特籍就业人口集中于政府部门，私人经济部门的运转则主要依靠外籍劳工。根据沙特人力资源与社会发展部（Ministry of Human Resources and Social Development）数据，截至 2019 年底，沙特政府部门就业人口总数为 127 万人，其中沙特籍雇员人数为 123 万人，占比高达 96%。同年，沙特私人部门雇佣劳动力约为 820 万人，其中沙特籍雇员仅为 170 万人，占比约为 21%。从性别来看，与男性相比，沙特籍女性就业人群更是集中于政府部门。2019 年，沙特政府部门与私人经济部门共有 106 万名女性雇员，其中约有 50 万名就职于政府部门，占比约为 47%；187 万名沙特籍男性就业人口中，只有 39% 就业于政府部门。由于倾向于在政

---

① "WDI Database", The World Bank, https://databank.worldbank.org/home.aspx, accessed April 19, 2021.

② 联合国开发计划署：《2020 年人类发展报告》，联合国开发计划署，2021，第 345 ~ 345 页。

③ EIA, *Country Report: Saudi Arabia* (*November* 2020), London: EIA, 2020, pp. 37 - 42.

府部门工作，沙特籍劳动力失业率特别是女性失业率明显全国平均水平，根据沙特央行数据，2019 年沙特总体失业率是 5.7%，而沙特籍劳动力失业率高达 12.0%；沙特女性劳动力总体失业率为 21.3%，而沙特籍女性劳动力失业率高达 31%。正是基于上述原因，沙特"2030 愿景"将解决就业特别是解决女性就业问题置于重要地位。[①]

大量本国人口集中于政府部门也给沙特财政平衡带来巨大压力，政府雇员的薪金支出是沙特政府规模最大的财政支出项目。根据沙特财政部数据，2019 财年，沙特预算支出总额为 11060 亿里亚尔（约合 2948 亿美元），其中雇员报酬支出为 4558 亿里亚尔（约合 1215 亿美元），占沙特政府预算支出总额的 41%。然而，2019 年，沙特实际财政支出总额降至 10594 亿里亚尔（约合 2825 亿美元），而雇员报酬实际支出总额却上升至 5050 亿里亚尔（约合 1346 亿美元），雇员报酬实际支出占财政支出比重也由预算中的 41% 上升至 48%。[②]

沙特财政收入来源单一，财政收入的 2/3 以上来自石油收入，国际油价变化是影响沙特劳动力本土化推进力度的最为重要的影响因素。尽管沙特很早就已提出促进本国人就业的政策，但直到 20 世纪 80 年代中期，国际油价低迷导致沙特财政连年出现赤字之后，沙特才开始大力推动劳动力本土化政策。但此后受产量增加、油价回暖影响，沙特财政失衡状况有所缓和，劳动力本土化在沙特经济政策中的重要性也开始下降。直到 2014 年以后，国际油价再次陷入持续低迷，沙特财政连年出现赤字，以"2030 愿景"为代表的沙特经济发展战略再次将劳动力本土化作为经济发展的重要支柱。

沙特在 2016 年颁布"2030 愿景"之后，开始运用经济手段推动私人部门的劳动力本土化。2017 年，为促进本国人在私人部门就业，沙特政府开始根据所属行业和雇用本国人比重向企业征收雇用外籍劳动力的"人头

---

① EIA, *Country Report：Saudi Arabia（November 2020）*, London：EIA, 2020, pp. 37 – 42.
② EIA, *Country Report：Saudi Arabia（November 2020）*, London：EIA, 2020, pp. 37 – 42.

税"，目前征收标准为每月 500~600 里亚尔（约合 133~160 美元）。此外，外籍劳动力还要为其在沙特居住的家属缴纳每人每月 400 里亚尔（约合 106 美元）的"人头税"。尽管在疫情冲击下，作为经济刺激计划的主要内容，沙特于 2020 年 3 月宣布暂停向外籍劳工征收"人头税"，但沙特政府推进劳动力本土化的力度并未因疫情冲击有所减弱，并开始向配额管理的方向发展。2020 年 8 月，沙特人力资源与社会发展部推出一揽子劳动力本地化政策。除私营工程单位劳动力本土化率调整为 20% 外，规定批发和零售业的九大类经营活动的劳动力本土化率为 70%。

2014 年以来，国际油价的下跌已经给沙特带来 1986 年"石油价格战"以来最为严重的财政危机。根据国际货币基金组织的数据，2014~2016 年，沙特平均赤字率高达 12.2%，2017~2019 年的平均赤字率也高达 7.3%[①]，均远高于《欧洲联盟条约》确立的财政赤字类 3% 的安全线。2020 年，疫情和国际油价大幅下跌很可能再次将沙特财政赤字率推高至 10% 以上。从沙特财政支出项目的构成来看，政府雇员的薪金在财政支出中占有较高比重，因此在私人部门推进劳动力本土化，减轻就业的压力，对于沙特政府维持财政平衡有着十分重要的意义。因此，可以预期，随着劳动力本土化策略进一步推进，沙特未来将在更多经济部门设定更为严格的本土劳动力雇佣红线。但是，即使抛开工作效率不谈，仅从用工成本来看，在私人部门，沙特籍雇员的平均月薪接近 2000 美元，而外籍雇员的平均月薪为 1300 美元，私人部门企业用沙特籍员工替代外籍员工，无疑会导致用工成本显著增加。[②]

二 税收制度改革

面对疫情和低油价对财政平衡的严重冲击，为扭转国家财政严重失衡的

---

① "World Economic Outlook Database", IMF, https：//www. imf. org/en/Publications/WEO/weo - database/2021/April, accessed April 19, 2021.

② EIA, *Country Report*：*Saudi Arabia*（*November 2020*）, London：EIA, 2020, pp. 37 - 42.

被动局面，沙特政府除削减大量支出项目外，还采取积极行动，拓展政府收入来源，其中，大幅提高增值税（VAT）税率是沙特财政"开源"的重要举措。而为降低增值税大幅提高对房地产交易的冲击，沙特政府用5%的房地产交易税取代增值税，从而使房地产交易税率恢复到增值税提高之前的水平。在减税以及鼓励国民首次购房政策的影响下，房地产业也是2020年沙特少数能保持正增长的经济部门之一。

一是提高增值税税率。设立增值税，提高政府收入来源的多样化，是海合会集体经济战略的重要组成部分。2018年，根据海合会的税制调整计划，沙特与阿联酋正式推出了增值税征收计划，增值税税率最初设定为5%。在新冠肺炎疫情全球扩散的影响下，2020年第一季度，沙特政府收入仅为1920亿里亚尔，同比下降22%；石油收入为1290亿里亚尔，同比下降了24%，非石油收入也暴跌了17%，政府财政收入全面告急。[1] 为应对政府财政困难，扩大政府收入来源，沙特政府于2020年5月宣布将增值税税率由5%提高至15%，从2020年7月1日开始正式执行。[2] 沙特成为海合会国家中唯一大幅调高增值税税率的国家。

二是定向减税促进房地产业发展。为快速增长的人口提供住房是沙特"2030愿景"的重要内容。"2030愿景"提出，到2030年要将沙特本国人口的自有住房率由2016年的47%提高至70%。自2020年7月1日，沙特将增值税税率提高至15%，为了降低提高增值税税率对房地产业的冲击，2020年10月1日，沙特宣布取消向房地产业征收15%的增值税，并向住房买卖统一征收5%的交易税。在调整住房交易税的同时，沙特政府还规定，对于中等收入和低收入首次购房者，政府将免除价值为85万里亚尔（约合22.7万美元）到100万里亚尔（约合26.7万美元）部分房款的交易税。对于住房税费的调整，沙特财政大臣穆罕默德·杰德安（Mohammed al-Jadaan）表示，此举旨在鼓励本国人特别是无房人口购房，促进房地产业的

---

[1] 《沙特调整增值税税率：从5%提高至15%》，上海外国语大学网站，2020年6月2日，http://carc.shisu.edu.cn/fc/08/c7780a130056/page.htm，最后访问日期：2021年4月19日。

[2] EIA, *Country Report: Saudi Arabia（April 2021）*, London: EIA, 2021, pp. 38 – 39.

健康发展。①

2020 年，沙特阿拉伯大幅提高增值税税率是在财政赤字压力下解决政府财政危机的无奈之举。与其他海合会国家相似，低税收环境对于海合会国家实现低通胀目标有重要意义，而恰恰是因为害怕增税引发通胀问题和民众不满，2018 年也仅有沙特和阿联酋两国如期设立了 5% 的增值税。2020 年，海合会六国中仅有沙特一国大幅提高增值税税率。可以预期，沙特大幅提高增值税，必然会大幅推高本国通胀率，特别是在疫苗接种有序推进，经济活动全面复苏之后，沙特通胀问题也会变得更为严重。因此，可以预期，为避免通胀问题引发民怨，影响政治稳定，在国际油价回升，财政失衡问题得到缓解后，沙特将部分降低国内增值税税率。在住房领域，大幅增加自有住房是沙特政府设定的重要民生目标，为实现 2030 年自有住房率达到 70% 的目标，沙特政府将持续给予房地产业税收优惠。

三 持续推进私有化战略

作为"2030 愿景"改革的组成部分，沙特将国有资产私有化作为深化国家经济改革、增加财政收入、拓宽基础设施建设资金来源的重要举措。2020 年，出于筹集财政资金的需求，沙特私有化战略推进明显加速。2020 年 9 月，沙特修订私有化规定，要求除大学教育和专业医院外，沙特 30 余个公立机构在 2 年内拟订本机构私有化计划，内容包括实现目标、项目清单、实施顺序、完成时限、私有化吸引力评估等。② 在具体项目方面，2020 年，沙特私有化推进主要涉及海水淡化、面粉厂、学校、医院等项目。

在国有资产私有化具体项目的实施方面，2020 年 6 月，沙特阿拉伯海

---

① EIA, *Country Report*：*Saudi Arabia*（*November 2020*），London：EIA, 2020, p. 29.
② 《沙 30 余个公立机构将在 2 年内拟定所辖私有化计划》，中华人民共和国商务部网站，2020 年 9 月 23 日，http：//www. mofcom. gov. cn/article/i/jyjl/k/202009/20200903003489. shtml，最后访问日期：2021 年 4 月 19 日。

水淡化公司（Saline Water）开始启动拉斯卡尔（Ras Al-Khair）海水淡化厂私有化项目。拉斯卡尔海水淡化厂位于沙特东部沿岸地区，于2014年投入运营，目前是全球最大的海水淡化厂，日淡化海水能力高达102.5万立方米，发电装机容量为2.65吉瓦，该项目估值高达35亿美元。①

2020年7月，沙特国家私有化中心（National Center for Privation）宣布将沙特粮食机构（Saudi Grains Organisation）旗下两家面粉厂出售给本国和阿联酋投资者，涉及总金额28亿里亚尔（约合7.4亿美元）。② 2020年9月，沙特国家私有化中心宣布将向私人资本出售沙特粮食机构旗下位于利雅得和达曼的另外两家面粉厂。③

2020年7月，沙特财政大臣穆罕默德·杰德安表示，沙特已开始推进"2030愿景"中的健康与教育领域的私有化改革。目前，沙特有数家公司竞争西部城市吉达和麦加60所学校的建设与经营项目，相关项目将采取政府与社会资本合作（Public-Private Partnership，以下简称"PPP"）模式，沙特也将很快针对麦地那周边发布与之类似的计划，引进社会资本建设60所学校。这是沙特首次在教育领域引进社会资本，沙特政府认为此举可以减轻政府兴办教育的财政压力，同时能提高教育的适用性。④

在医疗方面，2020年11月，沙特国家私有化中心表示，已经收到麦地那阿兰瑟（Alansar）医院项目投资意向人的资格申请。计划在麦地那建设的阿兰瑟医院是沙特首家采用PPP模式建设的医院，投资者负责医院的设计、建设、设备采购和运营（临床操作的运营工作仍由沙特卫生部负责）。医院建成后，将拥有240张床位，具备年接待40万名就诊病人的能力。医疗卫生是沙特仅次于教育的规模最大的财政支出项目。沙特采取公私合营的模式修建医院，旨在降低政府的财政负担，为沙特国民提供更多的就诊

① EIA, *Country Report*：*Saudi Arabia*（*June 2020*），London：EIA，2020，p. 42.
② EIA, *Country Report*：*Saudi Arabia*（*June 2020*），London：EIA，2020，p. 42.
③ EIA, *Country Report*：*Saudi Arabia*（*October 2020*），London：EIA，2020，p. 33.
④ EIA, *Country Report*：*Saudi Arabia*（*August 2020*），London：EIA，2020，p. 52.

渠道。[1]

沙特私有化政策是财政失衡压力下实现"开源节流"的改革举措，实施私有化，向国内外投资者出售国有资产，可以发挥"开源"效果，增加国家的财政收入。引入社会资本发展教育和医疗产业，又可以降低政府提供公共服务的财政负担。然而，总体来看，沙特私有化项目的推进并不顺利，很多项目并没有充分引起国际资本的关注。例如，在面粉厂私有化项目中，沙特原本希望利用本国市场优势，吸引阿彻丹尼尔斯米德兰（Archer Daniels Midland，ADM）、邦吉（Bunge）、嘉吉（Cargill）、路易达孚（Louis Dreyfus）全球四大粮商的投资。但国际粮食巨头对沙特私有化项目并不感兴趣，沙特最终只能选择出售给本国和地区投资者。[2] 可以预期的是，在财政赤字的压力下，未来沙特将推出更多私有化项目，但是鉴于沙特国内市场环境的复杂性，大型跨国企业对于参与沙特私有化项目仍将保持审慎态度。

四 持续优化营商环境

以 2016 年发布的"2030 愿景"为标志的经济改革启动后，沙特持续改善国内营商环境。在世界银行公布的全球营商环境排名中，2016 年沙特居全球第 82 位，2020 年大幅上升至全球第 62 位。[3] 沙特政府将持续优化营商环境作为吸引外国直接投资、扩宽国内建设资金来源渠道、提高经济多元化水平的重要举措。2020 年，尽管受到新冠肺炎疫情的冲击，沙特依然在改善国内营商环境方面做出了持续努力，其中最大的突破就是取消了已实施 70 年之久的雇用外籍劳工的"保人"制度。

沙特的经济改革计划离不开人才的支撑，为在全球范围内吸引高素质人

---

① EIA，*Country Report：Saudi Arabia（December 2020）*，London：EIA，2020，p. 31.

② EIA，*Country Report：Saudi Arabia（June 2020）*，London：EIA，2020，p. 42.

③ "Doing Business Ranking"，The World Bank，https：//www. doingbusiness. org/en/rankings，accessed April 19，2021.

才，降低企业雇用外籍劳工的成本，沙特人力资源与社会发展部于2020年11月4日对外公布了针对私营企业的劳工改革计划，其中就包括废除实施70年之久的雇用外籍劳工的"保人"制度。在"保人"制度下，"外籍劳工必须在沙特国内找到自己的担保人才能获得签证及合法地位，外籍劳工所有的经济、政治乃至人身安全等权益都依赖监护人，无保人许可，私自调换工作、更换保人、离开国境等均被视为违法行为"。① 2021年3月14日，沙特人力资源与社会发展部正式宣布废除"保人"制度，修改后的外籍劳工雇佣条例规定：第一，允许外籍雇员就业自由流动，雇员在具有约束力的工作合同到期时，无须雇主同意即可更换雇主自主择业；第二，改革出境和再入境签证制度，允许外籍雇员在提出申请后不经雇主同意就离开沙特外出旅行，并以电子方式告知雇主；第三，改革最终离境签证制度，外籍雇员在雇佣合同终止后可以不经雇主同意离开沙特，并以电子方式通知雇主，但将承担违反雇佣合同相关的所有后果（财务或其他方面）。② "保人"制度废除后，沙特在劳动力管理方面也进一步与国际主流规则接轨。由于加大了对外籍劳工的保护力度，降低了外籍劳工赴沙特工作的顾虑，沙特劳动力市场对国际高技术人才的吸引力进一步提高。

包括雇用外籍劳工的"保人"制度、外国企业在沙特关税区域内不能建立控股企业、外国企业在沙特销售产品需要依靠当地代理等海合会国家所独有的商业规定，在事实上构成外国企业对沙特投资和开展贸易活动的非关税壁垒，外国企业对于参与沙特国有企业的私有化改造、在沙特投资并开展项目建设存在顾虑。因此，对于沙特而言，取消"保人"制度之后，消除其他海合会国家独有的贸易和投资壁垒，将变成推进沙特"2030愿景"所确立的经济改革目标不可或缺的先决条件。

---

① 《告别保人制度，沙特人力资源迎来新时代》，澎湃网，2021年3月20日，https：//www.thepaper.cn/newsDetail_forward_11800550，最后访问日期：2021年4月19日。

② 《告别保人制度，沙特人力资源迎来新时代》，澎湃网，2021年3月20日，https：//www.thepaper.cn/newsDetail_forward_11800550，最后访问日期：2021年4月19日。

五　多措并举提高经济多元化水平

尽管在低油价和疫情冲击下，沙特政府财政出现严重的资金短缺问题，但为了降低经济发展对石油部门的高度依赖，沙特仍在经济多元化方面做出持续努力。2020年，沙特在采矿业、天然气开发、旅游业等重点发展的非石油部门投入大量资金，作为经济多元化和现代化标志性工程的NEOM新城项目也有序推进。

一是挖掘矿产资源潜力。在"2030愿景"中，采矿业在沙特工业和物流发展规划中占有十分重要的地位。2020年4月，沙特工业和矿产部大臣宣布，沙特将在未来3年内向投资者发放54处矿产资源的开发执照，涉及铜、金、铁、铅、石英、锡、锌等多种矿产资源。此外，为促进采矿业发展，吸引私人部门和外国资本对沙特矿业部门投资，挖掘除碳化氢外其他矿产资源的开发潜力，沙特内阁在2020年11月出台新的《矿业投资法》。该法由63条组成，旨在改善采矿部门的治理、提高透明度并简化业务流程。沙特政府估计，新《矿业投资法》将带动采矿业对国内生产总值的贡献提高至2400亿里亚尔（约合640亿美元），减少进口370亿里亚尔（约合99亿美元），并在2030年前创造20万个直接和间接就业机会。[①]

为进一步挖掘国内矿产资源潜力，2020年10月沙特地质调查局（Saudi Geological Survey）与国际石油公司签署了阿拉伯地盾区（沙特西部的地质构造区）的地球物理和地球化学勘探合同，总价值高达20亿里亚尔（约合5.3亿美元），跨度期长达6年，面积达60万平方千米。[②] 沙特与中国地质调查局签署的价值2亿里亚尔（约合0.5亿美元）的"沙特阿拉伯地盾水系沉积物及重砂样品高精度地球化学勘查"是项目额最大的一份合同。根据该合同，中国地质调查局将在沙特阿拉伯地盾区54万平方千米内开展

① EIA, *Country Report: Saudi Arabia (August 2020)*, London: EIA, 2020, p. 25.

② EIA, *Country Report: Saudi Arabia (November 2020)*, London: EIA, 2020, p. 36.

1:25万区域地球化学调查,实地采集水系沉积物样品90000件、重砂样品10000件,采用高精度仪器分析获得样品中76种化学元素高质量数据,并依此圈定一批找矿靶区,为沙特阿拉伯地盾区成矿潜力和远景评价提供地球化学依据,助力实现找矿突破。项目实施工作周期为6年,计划分为两个阶段,每个阶段3年。第一个阶段以开展野外样品采集和实验室化学分析为主,第二个阶段以数据解译和成果报告编写等工作为主。①

二是开发天然气资源。为满足日益增长的电力需求,降低国内石油消耗,以及为国内石化产业发展提供天然气供给,近些年来,沙特一直希望开发更多天然气资源。2020年2月20日,沙特最高碳化氢委员会(Higher Committee for Hydrocarbon)批准沙特阿美石油公司投资1100亿美元开发贾富拉(Jafuarh)天然气田。该气田是沙特最大的非常规天然气田,估计储量为200万亿立方英尺,该气田预计于2024年开始投产,预计到2036年达到日产量22亿立方英尺。②

三是大力发展旅游业。在"2030愿景"中,旅游业对沙特的经济多样化具有十分重要的意义。为给旅游业发展提供经济支持,2020年6月,沙特设立了初始投资为40亿美元的旅游发展基金,为从事旅游业的私人企业提供资金支持。2020年9月,沙特旅游发展基金与沙特法国银行(Banque Saudi Fransi)和利雅得银行(Riyad Bank)签署合作协议,两家金融机构将通过沙特旅游发展基金提供1600亿里亚尔(约合430亿美元)资金,为国内旅游业发展提供金融支持。③

在具体项目建设方面,"2030愿景"提出要在红海沿岸建设国际休闲旅游区,尽管受到疫情的影响,但红海旅游项目建设在2020年年中开始明显

① 《中国地质调查局成功中标沙特阿拉伯地球化学勘探项目》,全球地质矿产信息网,2020年10月19日,http://ggmeta.cgs.gov.cn/DepositsNewsCen.aspx? id = 2245,最后访问日期:2021年4月19日。

② 《阿美将斥巨资开发沙特最大的非常规气田》,中国石化新闻网,2020年2月26日,http://www.sinopecnews.com.cn/news/content/2020-02/26/content_1792002.htm,最后访问日期:2021年4月19日。

③ EIA, *Country Report: Saudi Arabia (November 2020)*, London: EIA, 2020, p. 28.

加速。2020 年 11 月 1 日，沙特公共投资基金（Public Invest Fund）全资拥有的红海发展公司（The Red Sea Development Company）宣布，面积达 2.8 万平方千米的西部红海沿岸豪华生态度假区项目，已发包合同额达到 75 亿里亚尔（约合 20 亿美元）。到 2020 年底，该公司还要向外发包价值 150 亿里亚尔（约合 40 亿美元）的开发合同。根据发展规划，红海旅游开发项目将覆盖沙特西海岸 2.8 万平方千米的原始土地以及 90 多个岛屿组成的巨大群岛，旅游目的地包括高山峡谷、休眠火山和古代文化遗址，还将建设酒店、住宅，休闲、商业和娱乐设施，以及强调可再生能源和水资源保护及再利用的配套基础设施。项目一期计划于 2023 年完工，包括 16 家豪华酒店、一座国际机场以及可供 1.4 万人居住的住宅项目。①

四是加速 NEOM 新城建设。2017 年 10 月 24 日，沙特王储穆罕默德·本·萨勒曼宣布一项投资 5000 亿美元的建城计划，新城预计占地 2.65 万平方千米，毗邻红海和亚喀巴湾，靠近经由苏伊士运河的海上贸易航线。新城将聚焦能源与水、生物科技、食品、先进制造业和娱乐业等九大行业，未来完全依靠新型能源供电。② 2020 年 2 月，NEOM 公司 CEO 纳兹米·纳赛尔（Nadhmi Al‑Nasr）在利雅得举行的一次会议上表示，NEOM 新城的规划工作已经完成，将于 2020 年进入实施阶段。③

六 预期与展望

沙特阿拉伯经济具有明显的"石油地租"经济特点，石油收入是沙特最为重要的财政收入来源，而沙特经济社会发展也主要依赖石油收入。然而，2014 年，国际油价陷入持续低迷之后，在石油收入大幅下滑的压力下，

---

① EIA, *Country Report：Saudi Arabia（December 2020）*, London：EIA, 2020, p. 28.
② 《全球追梦者之地！沙特要建跨国工商业新城》，新华网，2017 年 10 月 26 日，http：//www. xinhuanet. com//world/2017‑10/26/c_ 129726717. htm？baike，最后访问日期：2021 年 4 月 19 日。
③ EIA, *Country Report：Saudi Arabia（July 2020）*, London：EIA, 2020, p. 25.

沙特启动了以"2030 愿景"为主要标志的经济转型计划。而 2020 年新冠肺炎疫情给沙特严重依赖石油收入的经济发展模式带来进一步挑战，沙特也进一步加快了经济改革的步伐。

早在 2014 年就已启动，并在 2020 年疫情发生后明显加速的沙特经济改革以实现财政收入和经济发展资金来源多元化、降低经济社会发展对石油收入的高度依赖为主要目标。而国际石油市场供求结构决定了国际油价将很难恢复到 2014 年以前的高油价时期，这也意味着沙特当前推行的许多经济改革举措将继续稳步推进。也就是说，出于降低政府在就业方面的财政负担，沙特将继续提高私人部门雇用沙特籍劳动力的比重红线。为扩充政府收入来源，沙特将继续推进税制改革、扩大税基以及继续推进国有资产的私有化、向国内外资出售国有资产。而为扩大经济发展的资金来源，沙特也将进一步优化营商环境、提高国家的投资吸引力，吸引更多国际资本进入公用事业部门和非石油经济部门。

然而，低油价带来的经济困难会严重影响沙特阿拉伯经济转型战略的推进。尽管沙特高度重视改善营商环境，希望引入国际资本解决经济发展资金短缺的问题，然而，沙特因财政失衡引发的主权信用评级下降，出现投资吸引力大幅下滑的问题。对比 2015 年和 2021 年标准普尔（Standard & Poor's）对沙特本外币主权信用评级的数据可以看到，2021 年，沙特主权信用评级由 2015 年的 AA - 级降低至 A - 级。[1] 受其影响，沙特吸引外国直接投资规模大幅下降，2015～2019 年，沙特共吸引外国直接投资 258 亿美元，与 2010～2014 年吸引外国直接投资总额相比，降幅高达 65.3%。[2] 国际资本对于沙特推出的很多私有化项目以及非石油部门投资项目兴趣不大，而外资吸引力的下降无疑会给沙特经济转型战略的整体推进特别是公用事业部门的私有化和非石油部门的发展带来十分不利的影响。

此外，沙特的税制改革和劳动力本土化措施的推进必然会在国内引发通

① "S & P Global Ratings", S & P Global, https：//www. spglobal. com/ratings/en/, accessed May 31, 2021.

② "UNCTAD Database", UNCTAD, https：//unctad. org/statistics, accessed April 19, 2021.

胀压力。在税制改革方面，即使不计算代扣代缴的税款（如个人所得税）或代收代缴给税务机关的税款（如增值税、销售税或商品和劳务税等），仅是计算扣除允许的扣减和免税后，企业应缴纳的税款和强制性供款，沙特综合税率已从 2014 年的 14.6% 上升至 2019 年的 15.8%，而考虑增值税的影响，沙特税负负担的上升将更为迅速。[①] 在就业方面，沙特主要是通过设定远高于国际竞争力价格的薪酬水平吸引本国人口在私人部门就业，而通过这一方式提高本国人口就业的市场化水平，将不可避免地抬高私人部门的用工成本。而税负和用工成本的上升必然推高沙特国内的物价水平。出于避免通胀问题引发社会危机的考虑，沙特也将适度控制税制改革和劳动力本土化政策的推进力度。

总体来看，2020 年，在国际油价和疫情冲击下，沙特依然按照"2030愿景"确定的经济发展目标，着力促进非石油部门的发展，提高经济多元化水平，沙特在制度层面做出大量调整。然而，总体来看，沙特经济多元化建设的资金渠道仍主要来自政府财政和国内投资者。而在财政持续承压的大背景下，沙特推动经济多元化的努力是否具有持续性尚须进一步观察。

---

① "WDI Database", The World Bank, https：//databank. worldbank. org/home. aspx, accessed April 19, 2021.

Y.10

以色列：新冠肺炎疫情冲击下的
内外政策及发展趋势

余国庆*

摘　要：以色列是中东新冠肺炎疫情较为严重的国家，感染率较高，但死亡率相对较低。由于人口基数较低以及相对发达的医疗卫生水平，以色列的新冠疫苗接种率全球领先。在疫情冲击下，以色列国内政治和对外政策都呈现不少新的特点。2020年以来，以色列国内政治和选举摇摆不定，在不到两年的时间经历了四次大选。在对外政策上，以色列与阿拉伯国家的关系出现了多年来少有的突破，与阿联酋、巴林、苏丹、摩洛哥四个阿拉伯国家实现关系正常化。与此同时，以色列与伊朗在中东的明争暗斗愈加明显，对地区事务的影响力正在上升。

关键词：　以色列　议会选举　阿以关系　对外政策

以色列是中东遭受新冠肺炎疫情冲击较为严重的国家，至2021年5月，大约9%的人口感染了新冠肺炎，但死亡率较低。疫情初期，受大选的影响，政府的抗疫措施受到干扰。自2020年底，以色列有序开展新冠疫苗接种，疫苗接种比重较高。在疫情冲击下，以色列国内政治呈现出新的特点，

---

* 余国庆，中国社会科学院西亚非洲研究所研究员，主要研究方向为大国与中东关系、阿以关系。

154

政党纷争和选举主导了国内政治进程；经济受到严重冲击，出现多年不见的负增长。在外交领域，2020 年以色列与阿拉伯国家关系实现重大突破，与此同时，在叙利亚问题和伊朗核问题上，以色列的姿态和政策越来越激进，对地区事务的影响越来越大，成为影响中东局势发展的"关键小国"之一。

一 以色列抗击疫情进展

在中东国家中，以色列的医疗卫生水平和防疫体系是比较完备的，疫情初期，以色列的防控措施比较及时、到位。但由于受到国内政治因素影响，频繁的宗教活动和选举集会等冲击了疫情防控措施，外紧内松的防疫策略成效不佳，使以色列成为中东受疫情影响较大的国家之一。截至 2021 年 5 月 8 日，以色列新冠肺炎确诊病例共 83.8 万人，约占总人口的 9.1%；死亡 6369 人，约占确诊病例的 0.76%。① 另据世界卫生组织公布的数据，截至 2021 年 5 月底，全球共有新冠肺炎病例 1.695 亿例，死亡病例 353 万例，死亡率为 2.1%。相对于全球各国的疫情和死亡率，虽然以色列国内疫情严重，感染的人口比重较高，但死亡率是较低的。②

（一）以色列的疫情应对

新冠肺炎疫情发生初期，以色列对外国游客入境防范较严。例如，以色列是较早对中国游客实行旅行禁令的中东国家，2020 年 1 月 31 日，以色列就禁止中国公民入境旅行。2020 年 3 月 9 日，以色列开始限制所有外国公民入境。

以色列抗击疫情的一个特点是外紧内松，对外来游客实施严格的入境限制，但对本国公民的入境管制和社交活动管控相对较松，尤其是对宗教聚

---

① "COVID - 19 in Israel: How Is Data Calculated, 5,403,356 Vaccinated", Haaretz, https://www.haaretz.com/israel - news, accessed May 8, 2021.
② 《世卫组织：全球新冠肺炎确诊病例超过 1.695 亿例》，央视网，2021 年 5 月 31 日，http://m.news.cctv.com/2021/05/31/ARTId6lcbfTs10sLwgUBehMk210531.shtml。

会、吟诵读经等群体活动的管制宽松。同时，为保证 2020 年 3 月 2 日的议会选举正常进行，没有管控集会和选举拉票等大型聚会，结果造成群体性感染现象频发。一直到 3 月 14 日，以色列政府才禁止 10 人以上聚会。

值得注意的是，由于对加沙和约旦河西岸巴勒斯坦地区的严格封锁，巴勒斯坦接受外部医疗物资的援助受到以色列严格管控，这导致巴勒斯坦地区的新冠肺炎疫情比以色列本土更为严峻，截至 2021 年 4 月 24 日，有 3100 名巴勒斯坦人死于新冠肺炎。[①] 这一数据远超以色列本国公民的死亡率，在某种程度上也反映了以色列与巴勒斯坦遭受新冠肺炎疫情冲击的不同程度和治疗的差距。巴勒斯坦地区疫情的蔓延引起包括联合国在内的国际社会的重视。2021 年 2 月，联合国要求以色列帮助巴勒斯坦抗击疫情，向巴勒斯坦提供新冠疫苗。[②]

总的来说，在中东国家中，疫情初期，以色列的感染率较高，但死亡率较低，在某种程度上反映了以色列救治新冠肺炎病人的医疗水平还是较高的。截至 2021 年 5 月 8 日，以色列大约 58% 的人口接种了第一针疫苗，大约 55% 的人口接种了第二针疫苗。

（二）"锁国"抗疫对经济和社会造成冲击

为了尽早结束疫情给以色列社会和经济发展带来的负面影响，以色列在加快新冠疫苗接种速度的同时，开始打开国门。从 2020 年底开始，以色列大规模接种新冠疫苗，感染人数迅速减少。国际社会对此做出积极反应，2021 年 3 月 9 日和 11 日，希腊和法国先后宣布允许以色列游客自 2021 年 4 月入境旅游。随后，英国和一些欧盟国家也宣布，2021 年 5 月中旬向以色

---

① "Coronavirus in Gaza: Reports of Multiple Deaths over Last Day", The Jerusalem Post, April 24, 2021, https://www.jpost.com/breaking-news/coronavirus-in-gaza-reports-of-multiple-deaths-over-last-day-666202.

② "UN Calls on Israel to Help Make Vaccines Available to Palestinians", The Jerusalem Post, February 4, 2021, https://www.jpost.com/israel-news/un-calls-on-israel-to-help-make-vaccines-available-to-palestinians-656860.

列游客开放。① 与此同时，在控制国内疫情后，2021 年 5 月 7 日，以色列宣布，将通过航空和海路运输向印度提供抗疫物资援助。② 这一举措表明，为了提高以色列在国际社会上的正面形象，以色列利用成功控制疫情和全民注射新冠疫苗的经验，开始向一些新冠肺炎疫情仍在肆虐的国家提供援助。

二 疫情背景下的以色列政治生态

随着新冠肺炎疫情的流行，以色列的政治发展出现了新的特征，尤其是近几年来以色列的议会选举和政府组建陷入困顿，国内各政党和政治势力在政党和议会选举等问题上陷入严重的分裂。

一是在核心政治问题上的争辩举步不前。近年来，以色列国内的极端正统派犹太人问题一直是困扰以色列宗教和世俗关系的一大症结，也是政党和议会选举的核心议题之一。在 2020 年 3 月举行的议会选举中，如何对待极端正统派犹太人的服兵役问题成为热门问题。极端正统派犹太人群体是犹太教正统派中最保守的一支，他们坚信犹太律法享有绝对权威，严格恪守传统信仰和礼俗。极端正统派犹太教徒主要居住在相对封闭的社区，他们一生研读犹太经典，不参加工作，不参与社会生活，经济来源几乎完全依靠政府补贴，尤其是他们认为自身在服兵役问题上享有豁免特权，这一点成为近年来以色列大选中经常争论的问题。一般来说，左翼政党和持右翼立场的世俗政党主张极端正统派犹太人也应该服兵役，极右翼宗教政党则主张继续豁免极端正统派犹太人服兵役。在近几届议会选举中，极端正统派犹太人是否需要服兵役成为政党争端的一个核心问题。以色列实行全民兵役制，根据《兵役法》规定，凡年满 18 岁的以色列男性和女性都必须服兵役，男性三年，

---

① "Israelis Can Travel to UK Beginning Mid-May", The Jerusalem Post, May 7, 2021, https：//www. jpost. com/breaking - news/uk - to - designate - israel - as - green - country - report - 667540.

② "Israel Sends Additional COVID - 19 Aid to India to Combat Severe Outbreak", The Jerusalem Post, May 8, 2021, https：//www. jpost. com/international/israel - sends - additional - covid - 19 - aid - to - india - to - combat - severe - outbreak - 667552.

女性两年，但极端正统派犹太教学生及成年公民是例外，政府不强行要求他们服兵役。由于极端正统派犹太人可以免服兵役，这无疑增加了普通犹太人的社会负担。近年来，极端正统派犹太人在总人口中的比重逐步上升，给以色列经济和社会带来的压力越来越大，因而在近些年的政党政治和议会选举中越来越成为一个热门话题。在2021年3月举行的议会选举中，"拥有未来"党领导人拉皮德的主要政治纲领包括结束对极端正统派犹太人的服兵役豁免权、增加安息日的公共服务等，获得了相当多选民的支持，最终"拥有未来"党赢得本届议会的17个席位，仅次于利库德集团，成为议会第二大党。在内塔尼亚胡组阁失败后，拉皮德最终和犹太右翼联盟等合作组建包括8个政党的以色列新政府，执政12年的内塔尼亚胡下台。但新政府组建后，能否在约束极端正统派犹太人宗教权益等政教关系领域取得实质性进展仍然不容乐观。

二是频繁的选举活动恶化了以色列政治生态，损耗了社会资源。2020年新冠肺炎疫情肆虐期间，以色列经历了2019年以来的第三次大选，国内政党分裂严重，以色列国内围绕大选的政治争斗进入常态化，以色列国内政治分析人士认为："解决政治危机需要政治和解，需要改革选举制度，但这是长期的选项。"① 由于政党众多，各党的政治诉求不一，政府的执政时间大多没有达到一届政府执政4年的法定期限，尤其是内塔尼亚胡2013年连任总理后，政府更替或者改组的频率明显加快。

在2020年3月举行的议会选举中，利库德集团和蓝白党分别获得36席和33席。2020年4月20日，两大党达成协议，由利库德集团领导人内塔尼亚胡首先出任总理，18个月后蓝白党领导人甘茨接任总理。为了应对严峻的新冠肺炎疫情，协议还设定新政府成立后的前6个月为"全国紧急团结政府"，主要议程是应对疫情。内塔尼亚胡和甘茨都通过联合组阁协议走出了进退两难的窘境，以色列也暂时摆脱政治危机，有了一个相对稳定的可以

---

① "Israel Elections: Political Mergers Needed to Solve Crisis", The Jerusalem Post, January 27, 2021, https://www.jpost.com/opinion/israel-elections-political-mergers-needed-to-solve-crisis-656951.

领导全国应对疫情的联合政府，但弱势的蓝白党与强势的利库德集团组成的联合政府在一系列问题上的分歧埋下了政府停摆的隐患。

2020 年 12 月，内塔尼亚胡领导的利库德集团和甘茨领导的蓝白党联合政府在政府预算问题上陷入严重分裂和对抗，2020～2021 年两年期国家预算无法在议会中通过。按照以色列法律规定，如果在截止日期前无法通过国家预算，议会将自动解散。因此，两党围绕预算案的博弈表面上是预算之争，实质上仍然是权力之争。利库德集团实际上不想让蓝白党长期执政或者分期执政。

2020 年 12 月，利库德集团和蓝白党就预算问题进行了多次沟通。然而，由于双方都面临党内分裂压力，在预算议会表决的截止日期 12 月 23 日之前，预算议案以 47 票赞成、49 票反对的结果未获通过，直接触发了议会解散条款。12 月 23 日以色列议会解散后，内塔尼亚胡和甘茨相互指责对方违反执政联盟协定，将国家拖入了新一轮选举。以色列联合政府的垮台表明，以色列仍然没有打破近年来政党纷争和议会选举的僵局。

三是两年内第四次举行大选，组建新一届联合政府。在 2021 年 3 月 23 日举行的议会选举中，虽然利库德集团再次赢得了议会第一大党的地位，但仍然远没有达到单独组阁的绝对优势，只得再次联合其他小党派组建联合政府。这次议会选举的结果显示，在议会 120 个议席中，由利库德集团及 3 个宗教政党组成的内塔尼亚胡阵营获得 52 席，由中左翼政党"拥有未来"党等组成的反内塔尼亚胡阵营获得 57 席，统一右翼党和联合阿拉伯党分别获得 7 席和 4 席。内塔尼亚胡组阁失败后，以色列总统里夫林于 5 月 5 日授权拉皮德组建新政府，6 月 2 日午夜是组阁最后期限，在最后时刻，拉皮德和偏右翼小党亚米纳党（Yamina）领导人纳夫塔利·本内特（Naftali Bennett）突然宣布，将与反内塔尼亚胡的政党联盟组阁。本内特曾经是内塔尼亚胡的密友，担任过内塔尼亚胡政府的幕僚长和国防部长。2021 年 6 月 13 日，以色列议会通过对联合政府信任投票，结束了内塔尼亚胡长达 12 年的执政生涯。这一结局显示，以色列国内政治的内生变革力量已经厌倦了长期的政治僵局，希望结束以色列的政治内耗，但这种建立在妥协和利益交换基础上的

执政联盟的稳固性值得怀疑，民众对一个弱势的联合政府能否带来充分的安全也存在疑虑，不排除以色列政府再次进入改组和震荡时期。

三 疫情下的以色列对外政策

2020年，以色列国内政治受疫情影响较大，但对外政策表现出新的动向。以色列与美国的关系仍然在以色列对外关系中占据核心地位。以色列与阿拉伯国家的关系出现了多年不见的良性互动，与四个阿拉伯国家实现关系正常化。但以色列对邻国叙利亚境内的伊朗目标的打击更加频繁，与伊朗在波斯湾、阿拉伯海、红海水域的明争暗斗也进入危险阶段。

（一）以色列和美国关系仍然是以色列对外政策的核心

2020年，以色列与美国关系进一步巩固。美国在2020年1月推出"新中东和平计划"后，又在2020年下半年推动多个阿拉伯国家与以色列实现关系正常化，但在改善巴以关系等实质性问题上乏善可陈。

2020年1月28日，特朗普政府正式公布被称作"世纪协议"的"新中东和平计划"。该计划承认耶路撒冷为以色列不可分割的首都，承认以色列对约旦河谷以及约旦河西岸犹太人定居点的"主权"。由于美国明显偏袒以色列一方，巴勒斯坦当局多次明确表示拒绝接受"新中东和平计划"。此后，哈马斯与以色列的武装冲突持续，哈马斯使用火箭弹和热气球袭击以色列南部，以色列国防军报复性空袭加沙地带的哈马斯和杰哈德军事目标。阿拉伯国家内部对"新中东和平计划"的态度出现分化。虽然阿盟发表声明拒绝接受和推行该计划，但是阿拉伯国家对该计划普遍没有出现激烈反应，沙特、埃及、卡塔尔和阿联酋等国甚至发布声明欢迎这一计划。

"新中东和平计划"公布后，疫情发生，巴以双方在疫情防控上存在一定程度的协调和合作。但是随着以色列当局决定执行该计划的相关内容，巴以关系陷入低谷。2020年4月20日，以色列利库德集团与蓝白党签署联合协议，计划从7月1日开始对约旦河谷和约旦河西岸犹太人定居点行使"主权"。2020 年 5 月 19 日，巴勒斯坦当局宣布停止履行与美国及以色列达成的一切协议和备忘录。以色列方面声称已做好与巴勒斯坦武装在约旦河西岸爆发军事冲突的准备。总的来说，"新中东和平计划"的推出在改善巴以和谈进程方面没有发挥积极作用。

以色列历届政府对巴勒斯坦约旦河西岸领土的蚕食从未停止，不断扩建犹太人定居点。内塔尼亚胡在得到美国背书的情况下加快政治冒险。2019年 9 月，以色列总理内塔尼亚胡宣布，如果他领导的利库德集团在当月 17 日举行的议会选举（也是以色列当年举行的第二次大选）上获胜，将把约旦河谷纳入以色列领土。这一表态遭到巴勒斯坦方面的强烈谴责，但得到美国支持。2020 年 4 月 27 日，美国国务院发言人表示，特朗普政府准备承认以色列对约旦河西岸部分地区行使"主权"。内塔尼亚胡之所以急于吞并约旦河西岸巴勒斯坦领土，重要的外部原因就是考虑到特朗普政府对以色列的全力支持，想在特朗普任期内完成过去历届以色列政府不敢完全冒险的举动。内塔尼亚胡自己也认为，把约旦河谷和死海北部纳入以色列版图，这将是一次"历史性举动"。他还表示，吞并约旦河谷将成为以色列对约旦河西岸地区实施更广泛主权的"第一步"。

2021 年 1 月拜登上任后，虽然支持以色列的政策没有重大改变，但对巴勒斯坦的态度出现了一些调整。拜登上台后，在巴以问题上表现出逐渐从特朗普执政时期的单向"亲以抑巴"政策，转向重新与巴勒斯坦接触。在这样的背景下，内塔尼亚胡想吞并约旦河西岸的图谋在拜登上台后暂时延缓了。拜登政府已经要求以色列和巴勒斯坦"避免采取单方面的措施，给两国方案带来困难"。[①]

（二）以色列与阿拉伯国家关系取得重大突破

2020 年，以色列与阿拉伯国家关系取得重大突破。2020 年 8 月 13 日，阿

---

① "Biden Envoy: US to Reopen Diplomatic Missions for Palestinians", The Jerusalem Post, January 27, 2021, https://www.jpost.com/israel-news/biden-envoy-avoid-annexation-settlement-activity-terror-payments-656792.

联酋与以色列宣布将实现关系全面正常化。阿联酋是第一个与以色列实现关系正常化的海湾阿拉伯国家。2020年9月11日，特朗普宣布巴林与以色列达成"和平协议"。9月15日，特朗普与以色列、阿联酋和巴林三国代表在白宫签署《亚伯拉罕协议宣言》。此后，苏丹和摩洛哥于2020年10月23日和12月10日先后宣布与以色列实现全面关系正常化。在4个月内有4个阿拉伯国家与以色列实现关系正常化，阿拉伯国家与以色列之间的关系出现重大突破。

部分阿拉伯国家与以色列关系正常化后，巴以关系出现缓和转机。一方面，阿拉伯国家通过减少援助等方式持续向巴勒斯坦施压，迫使后者重新考虑与以色列恢复谈判。根据巴勒斯坦当局公布的统计数据，2020年1～10月，阿拉伯国家对巴勒斯坦的财政援助仅为1.32亿以色列谢克尔（约合3920万美元），比2019年同期下降82.8%，其中来自沙特的援助同比下降77.1%。① 除了受疫情和国际油价持续下滑的影响，阿拉伯国家可能是应美国方面的要求大幅减少对巴勒斯坦的援助。② 沙特前驻美大使班达尔亲王罕见地公开批评巴勒斯坦领导人对阿以关系正常化的表态。随后，阿巴斯禁止巴勒斯坦方面对阿联酋等阿拉伯国家的领导人进行言论攻击。另一方面，以色列根据"亚伯拉罕协议"内容暂停实施吞并约旦河西岸土地的计划。阿巴斯此前曾经表态，如果以色列放弃单方面吞并约旦河西岸的计划，将恢复与其谈判。2020年11月，巴勒斯坦当局宣布与以色列恢复安保和民事合作，并宣称已经准备好与以色列恢复和谈。

以色列与部分阿拉伯国家关系的改善，对改变长期以来的阿以关系格局产生重大影响。2021年5月爆发了新一轮巴以冲突，尽管阿拉伯国家普遍谴责以色列在耶路撒冷阿克萨清真寺的行为，也反对以色列对加沙的过度

① "Monthly Report of 2020：October"，Palestinian Ministry of Financing and Planning，November 22，2020，http：//pmof. ps/pmof/documents/accounts/monthly/2020/October. 2020. en. pdf；" Monthly Report of 2019：October"，Palestinian Ministry of Financing and Planning，November 25，2020，http：//pmof. ps/pmof/documents/accounts/monthly/2019/oct. 2019. en. pdf.

② Ahmad Melhem，"Saudis，Arab States Drastically Reduce Aid to Palestinians"，Al-monitor，October 25，2020，https：//www. al－monitor. com/pulse/originals/2020/10/palestinian－authority－crisis－arab－financial－aid－decline. html.

"炸楼"行为，但总体上反应并不激烈。2020年与以色列实现关系正常化的阿联酋、巴林、苏丹、摩洛哥4个阿拉伯国家虽然谴责以色列，但并未冻结与以色列之间的外交关系。这释放出其他阿拉伯国家很可能继续与以色列改善关系的信号。然而，阿拉伯国家民众对于与以色列实现关系正常化的支持度不高。本轮巴以冲突更是使阿拉伯国家民众敌视以色列的情绪高涨，特别是以色列军警进入阿克萨清真寺引发伊斯兰世界强烈抗议，在多个阿拉伯国家出现反以游行。考虑到民众对以色列的敌视情绪，阿拉伯国家很可能会减慢与以色列缓和关系的节奏。

（三）以色列在地区主要问题上的态度、政策和影响

除了巴以问题和阿以关系，以色列对地区其他热点问题的关注和介入更加主动，对周边国家政局的变动和内外政策的变化保持高度关注。

近年来，叙利亚局势一直是以色列关注的一个重要问题，这不仅是因为叙利亚是以色列的一个重要邻国，而且因为叙利亚已经成为大国和中东地区国家一个利益交汇点，成为相关国家检验在中东地区影响力的试金石。近年来，伊朗不断提升对叙利亚的影响力和存在感，引起以色列的高度关注。在对叙利亚政策方面，以色列表现强势。2020年以来，以色列加大了轰炸伊朗在叙利亚境内的设施和目标的力度。

伊朗虽然与以色列不相邻，但以色列把伊朗视为对自己安全构成最大威胁的敌对国家。除了在叙利亚的冲突外，2020年以来，以色列与伊朗在波斯湾、红海、阿拉伯海等海域展开博弈，在地区政策上进一步扩大影响。

伊朗在核问题上的任何动作都会引起以色列的高度关注。以色列是对伊核问题最为关注的地区国家之一，一直强烈质疑伊朗发展核技术的动机，完全否认伊核协议的积极作用，反对美国重返协议。以色列对美国拜登政府重回伊核协议的政策深表担忧。面对伊朗逐步升级浓缩铀活动，以色列不会坐视伊朗核问题朝着"无人监管"的轨道运行，以色列高官和军方将领多次暗示军事打击伊朗核反应堆的可能性。因此，不能完全排除今后以色列先发制人对伊朗的核设施目标进行"外科手术式"打击的可能性。2021年5月

24 日，以色列总理内塔尼亚胡对情报机构"摩萨德"领导人做出调整，任命巴尔内亚为"摩萨德"新掌门，目的是确保"以色列的安全"，指出摩萨德的"首要任务"是阻止伊朗获得核武器。内塔尼亚胡还指出，以色列将根据形势需要"采取勇敢且自主的决定"。①

2020 年，以色列地区政策的一个最新动向是，在东地中海油气资源问题上，以色列高调亮相，成为今后这一地区油气资源争夺一个不可忽视的行为体。以色列传统上是一个石油和天然气贫乏的国家。但多年来以色列一直在东地中海区域勘探油气资源。以色列先后于 1999 年、2000 年和 2009 年在东地中海区域发现几块具有开采前景的气田。2019 年初，以色列与塞浦路斯、希腊、意大利、约旦、巴勒斯坦和埃及的能源部门代表在开罗宣布成立东地中海天然气论坛（EMGF），邀请美国和欧盟作为观察员，把土耳其排除在外。2019 年 12 月 22 日，希腊总理办公室宣布，希腊、塞浦路斯及以色列三国领导人将在新年伊始签署一份有关建造东地中海天然气管道的协议。② 根据美联社报道，这条天然气管道将从以色列的近海天然气储层出发，穿越东地中海，到达希腊的克里特岛，再经希腊大陆最终到达意大利。但以色列与希腊和塞浦路斯三国签署的能源合作协议遭到在东地中海油气资源问题上奉行强硬立场的土耳其的强烈不满，也预示着以色列与土耳其长期不和的关系又增加了一个新的因素。

四　疫情时期以色列与中国双边关系及未来展望

新冠肺炎疫情突如其来，中以在人员互访等方面受到了一些冲击，但中以关系发展的基础仍在。

疫情期间中国和以色列关系遭遇两大问题。一是以色列媒体受西方片面

---

① 《内塔尼亚胡任命摩萨德新掌门　首要任务阻止伊朗获得核武器》，新华网，2021 年 5 月 26 日，http://www.xinhuanet.com/world/2021-05/26/c_1211171901.htm。

② 《东地中海油气管道协议：能源独立与地缘博弈的新战争》，澎湃网，2019 年 12 月 24 日，https://www.thepaper.cn/newsDetail_forward_5322608。

报道影响的文章不时出现。新冠肺炎疫情期间，以色列主流媒体涉华报道主要是确诊病例变化和疫苗研发进度等，总体保持客观公正，没有在疫情源头等问题上一味抹黑中国，也积极评价中国抗击疫情的成效。《今日以色列报》社评赞赏中国的抗疫成效，认为中国对疫情的控制为遏制新冠病毒在全球范围传播带来了希望。① 二是以色列加大对中国投资和技术合作的审查力度，这给两国关系的长远发展带来潜在不利影响。例如，2020 年，以色列加强了对中国在以色列大型基础设施的投资和高科技技术并购的审查。2020 年 5 月，以色列能源部取消了一项中资背景的企业投标以色列最大海水淡化项目的投标权。一些中国企业投资涉及以色列尖端技术和行业的项目遇到的审查也明显增多。

以色列和中国在科技领域的合作前景可期。由于中国庞大的市场需求，以色列重视发展与中国的关系。虽然新冠肺炎疫情对中以双边关系产生影响，但从长远来看，两国以创新和科技为重点的交流与合作仍然有不少机会，两国应深挖创新全面伙伴关系的潜力。除了基础设施、港口、铁路和公路建设等大型项目外，中国和以色列可以在地区多边合作、东地中海天然气的开发等领域寻求合作机会。

美国对以色列发展与中国关系的干扰始终存在。疫情期间，2020 年 5 月，美国国务卿蓬佩奥访问以色列，暗示了美国"对中以合作感到不快"。但是，以色列从自身利益出发，也不会完全听从美国。

总之，作为中东地区的一个焦点国家，2020 年以来以色列也深受新冠肺炎疫情影响，政治上经历两次议会选举，组阁过程险象环生，最终于 2021 年 6 月 13 日组建多党联合政府。2021 年疫情好转后，以色列面临如何摆脱国内政治危机的问题。2021 年春夏之际，以色列与控制加沙地带的哈马斯发生的新一轮冲突又给以色列政治和地区局势的演变带来新的不确定因素。

---

① "China's Virus Slowdown Offers Hope for Global Containment", Haaretz, March 3, 2020, https：//www. israelhayom. com/2020/03/05/chinas – virus – slowdown – offers – hope – for – global – containment/.

Y.11
阿联酋：新冠肺炎疫情下的内外政策调整及前景展望

仝　菲[*]

摘　要： 阿联酋是连接亚、非、欧三洲的重要海、陆、空交通枢纽，是中东地区的贸易、金融和物流中心。新冠肺炎疫情给人类健康、世界经济发展和全球稳定带来巨大挑战，也对阿联酋开放型的经济发展和对外关系造成深远影响。为应对新冠肺炎疫情的影响，阿联酋对国家经济和外交政策都进行了相应调整。经济上，优先考虑抗击疫情，确保主要经济部门的长期可持续性发展，推动阿联酋多元化经济实现平衡、稳步复苏。通过国际抗疫合作，阿联酋加强了在中东和非洲地区的战略地位。未来阿联酋将寻求利用自己的经济与外交优势扩大在中东、非洲之角和南亚的战略影响和商业利益。

关键词： 阿联酋　经济多元化　外交政策　经济外交

2020年，突如其来的新冠肺炎疫情在全球蔓延，给人类健康、世界经济发展和全球稳定都带来了极大的挑战和深远的影响。英国经济学人智库估计，全球经济至少要到2022年才能恢复到疫情前的水平，2020年和2021

---

* 仝菲，中国社会科学院西亚非洲研究所安全研究室主任、副研究员，主要研究方向为中东国家的安全、经济及社会发展问题。

年将是失去增长的年份。① 阿联酋是连接亚、非、欧三洲的重要海、陆、空交通枢纽，是中东地区的贸易、金融和物流中心，享有海湾地区"经济发动机"的称号，其第二大酋长国迪拜是世界第三大国际转口贸易中心，能够有效辐射的地区和国家人口达 10 多亿。② 疫情对阿联酋开放型的经济发展影响非常深远，为应对疫情的影响，阿联酋对国家经济和外交政策都进行了相应的调整。

一　阿联酋的疫情情况

2020 年初，随着新冠肺炎疫情在全球蔓延，阿联酋的感染人数也迅速增加。2020 年 8 月初，阿联酋每日新增病例降至 200 例以下，疫情一度好转。但 2020 年 8 月中下旬疫情开始反弹，2020 年 10 月后每日新增病例为 1000~1600 例。2021 年，阿联酋每日新增病例不断上升，2 月 3 日新增 3977 例，达到疫情发生以来的最高点。此后，新增病例呈下降趋势。4 月 24 日，阿联酋卫生和预防部通报新增 2080 例新冠肺炎确诊病例，阿联酋境内新冠肺炎确诊病例累计达 508925 例，累计治愈病例 490457 例，累计死亡病例 1569 例。③ 由于治疗措施有力，阿联酋的新冠肺炎患者死亡率非常低。

阿联酋政府积极采取各种措施来应对疫情。在公共场所，要求民众保持社交距离、佩戴口罩，积极推进新冠疫苗接种。据阿联酋国家紧急危机与灾害管理局（NCEMA）统计，阿联酋总人口约 900 万人，截至 2021 年 4 月 20 日，阿联酋已经为 65% 的 16 岁以上适宜接种疫苗者接种了新冠疫苗。阿联酋成为世界上实施接种疫苗计划最快的国家之一，未来重点是加强对未接种新冠疫苗人群的预防措施。阿联酋国家紧急危机与灾害管理局发言人赛义

① EIU, *Country Report*：*United Arab Emirates*, December 2020, p. 7.
② 全菲：《"一带一路"倡议与中国阿联酋关系新变化》，《中东研究》2020 年第 1 期，第 155 页。
③ 王威：《阿联酋新增新冠肺炎确诊病例 2080 例，累计确诊 508925 例》，中央电视台新闻中心微信公众号，2021 年 4 月 24 日。

夫·达哈里（Saif Al Dhaheri）指出阿联酋将采取严格的预防措施，确保所有人的健康和安全。阿联酋现接种的疫苗有中国国药疫苗、辉瑞（Biontech）疫苗，迪拜酋长国还提供阿斯利康疫苗。①

为尽量维持国内正常经济活动，阿联酋建立了严密的监测和病毒检测系统。2020年6~8月确诊病例下降到每天250~300例，阿联酋政府采取了较为开放的措施以恢复经济。2020年11月底至12月初，确诊病例增加，但阿联酋未重新实施限制经济活动的措施。阿联酋的经济实力和较好的医疗卫生条件有助于控制疫情，提高国家形象。阿布扎比当局建立了一个物流中心"希望联盟"（The Hope Consortium），不仅确保国内获得新冠疫苗，而且要在2021年底之前向全球分销新冠疫苗。②

二 疫情对阿联酋经济的影响及政策调整

阿联酋的开放型经济受到疫情的重创。尽管一些限制措施已基本解除，但全球石油需求低迷导致欧佩克大幅减产，不仅使石油巨头减少在石油领域的投资，而且损害石油部门的流动性，疲软的油价还会制约阿联酋其他行业的表现。针对疫情对经济的重大影响，阿联酋调整了经济政策。

（一）疫情对阿联酋经济的整体影响

阿联酋致力于推行经济多元化政策，鼓励创新发展，已逐步发展成中东地区的金融、商贸、物流、会展、旅游中心和商品集散地。③ 石油天然气工业是阿联酋的经济支柱，也是其他经济部门的资金和能源来源。为了逐步减少国家经济对石油的依赖，阿联酋制定了优先发展石油工业，提高石油高附

① 《阿联酋或将对没有接种新冠疫苗的人采取严厉措施》，《中东报》（阿拉伯语）2021年4月21日。

② EIU, *Country Report: United Arab Emirates*, December 2020, p. 8.

③ 商务部国际贸易经济合作研究院、中国驻阿联酋大使馆经济商务处、商务部对外投资和经济合作司：《对外投资合作国别（地区）指南：阿联酋》（2020年版），2020年7月，第3页。

加值产品比重；大力发展天然气行业，提高工业产值在国民经济中所占比重，在发展石化工业的同时努力提高非石油部门在国内生产总值中的比重。[①] 阿联酋的财政状况在很大程度上取决于国际油价，经济学人智库预计 2021～2025 年国际油价将达到每桶 64 美元，接近阿联酋财政收支平衡所需的 70 美元/桶。[②] 全球经济衰退，旅游、贸易和金融服务需求下降，阿联酋经济部数据显示，受油价下跌和疫情影响，2020 年阿联酋 GDP 萎缩了 6.1%，其中非石油部门 GDP 萎缩 6.2%，这是非石油部门自 2011 年以来的首次萎缩，预计 2021 年阿联酋非石油经济部门将反弹至增长 3.6%。[③]

疫情对阿联酋旅游业、物流业和国际会展等行业的打击非常严重，这些行业发展的停滞也将阻碍阿联酋经济复苏。迪拜每年举办大量大型会议，然而受疫情影响，大量文化和娱乐活动不得不取消。[④] 原计划 2020 年在迪拜举办的世界博览会，也是首次在中东地区举办的世界博览会，因疫情推迟到 2021 年 10 月举办。延期后，迪拜世博会将于 2021 年 10 月 1 日至 2022 年 3 月 31 日举行，迪拜世博会预计可吸引 2400 万名游客，拉升迪拜旅游、消费，甚至可能提振房地产市场。

（二）疫情对旅游业的影响及应对措施

20 世纪 80 年代，阿联酋为减少经济对石油工业的依赖，制定了旅游业发展战略。阿联酋主要以精品购物游、城市观光游和奢华邮轮游等多种方式吸引世界游客。近年来，阿联酋还出台了相应的优惠政策，重点扶植旅游业等非能源产业。阿联酋是中东非洲地区最具吸引力的旅游目的地之一，根据全球市场研究公司欧洲监测国际 2019 年全球前 100 位旅游目的地报告，阿联酋在 2019 年接待了超过 1600 万名游客，在全

---

① 全菲：《阿联酋经济发展战略浅析》，《亚非纵横》2014 年第 6 期，第 86 页。

② EIU，*Country Report：United Arab Emirates*，April 2021，p. 7.

③ 《受疫情影响，阿联酋非石油经济萎缩了 6.2%，为 10 年来首次萎缩》，网易新闻，2021 年 5 月 3 日，https://www.163.com/dy/article/G92FS1RA0519D4UH.html。

④ 《迪拜世博会推迟至 2021 年 10 月开幕》，新华社客户端，2020 年 5 月 5 日，https://baijiahao.baidu.com/s? id = 1665814293684230341&wfr = spider&for = pc。

球排名中居第 7 位。① 旅游产业对阿联酋 GDP 的贡献率从 2005 年的 6.5%
上升到 2016 年的 12.4%。② 2018 年，阿联酋旅游业对经济贡献总量为 1647
亿迪拉姆（约合 448 亿美元），占 GDP 的 11.1%。③

疫情发生后，阿联酋从联邦政府到酋长国政府采取的封控措施使旅游业
一度遭受严重损失。迪拜的迅速重新开放反映了这个酋长国对旅游业的严重
依赖，阿联酋航空已逐步恢复业务以满足日益增长的需求，从 2020 年 11 月
27 日起，阿联酋航空将迪拜—伦敦航班由每天 2 个航班增加到每天 4 个航
班。阿联酋联邦的每个酋长国对具体防疫措施要求不尽相同，迪拜是唯一不
要求海外游客隔离和放宽大多数休闲限制的酋长国。但是，旅游业开放使阿
联酋新冠肺炎确诊病例再度飙升。虽然迪拜渴望重启经济，但疫情的反弹迫
使迪拜实施新的限制措施。迪拜宣布暂停线下娱乐活动，暂停发放娱乐许可
证。阿布扎比酋长国经济对休闲旅游业的依赖要小得多，政府对重新开放经
济活动采取了更为谨慎的态度，除了现有的对外限制之外，阿布扎比还加强
了来自其他酋长国的人员进入阿布扎比的要求。2021 年，阿联酋逐步恢复
一些重要部门特别是旅游业的经营活动，谨慎地重新开放了一部分国际旅
行，旅游业要到 2021 年下半年才会开始明显复苏。

（三）疫情下的经济政策调整

为了应对新冠肺炎疫情对经济造成的巨大冲击，阿联酋出台了各种措施
提振经济。疫情发生后，阿联酋联邦及各酋长国政府出台了 3880 亿迪拉姆
（约 1056 亿美元）的经济支持计划，维持多元化经济平衡和推动复苏。阿
联酋中央银行维持盯住美元的汇率制度，2020 年 3 月两次下调利率，应对

---

① 《2019 年旅游市场"成绩单"揭晓，迪拜位居中东第一，全球第七》，迪拜房官网客户端，
  2019 年 12 月 5 日，https：//baijiahao.baidu.com/s? id = 1652074024663003047&wfr = spider&for
  = pc。
② 王丽影：《中阿旅游文化交流与发展前景广阔（上）》，《中国旅游报》2018 年 2 月 2 日，
  第 7 版。
③ 《阿联酋旅游业 2018 年 GDP 贡献率为 11.1%》，中华人民共和国商务部网站，2019 年 10 月
  8 日，http：//www.mofcom.gov.cn/article/i/jyjl/k/201910/20191002901673.shtml。

美联储的宽松政策。除此之外，还对中小企业、建筑业和房地产行业采取更为宽松的贷款规定。[1] 2020 年 3 月阿联酋中央银行出台了"目标经济支持计划"（TESS），这是一项综合性经济支持计划。该计划启动后，已有超过 32 万名个人、中小型企业和其他私营部门客户从中受益。2020 年 11 月，阿联酋中央银行宣布将"目标经济支持计划"下零利率流动性贷款适用期延长至 2021 年 6 月 30 日，将贷款期限和融资期限延长至 2021 年底。2021 年 5 月又将"目标经济支持计划"中总金额达到 500 亿迪拉姆（约合 136 亿美元）的零利率流动性贷款期限延长至 2022 年 6 月，进一步减轻疫情对阿联酋经济的影响，推动阿联酋多元化经济实现平衡、稳步复苏。阿联酋中央银行表示，作为"目标经济支持计划"的重要组成部分，零利率流动性贷款的延长可以使金融机构通过抵押担保方式向受疫情影响的个人、中小型企业及其他私营部门实体提供新的贷款和融资。"目标经济支持计划"对阿联酋银行业及整体经济产生了积极效果，银行能够缓解资金和流动性压力并维持借贷能力，向受疫情影响的企业提供持续、必要的金融支持，加快疫情后的经济复苏以及确保经济和金融市场的稳定。阿联酋中央银行的数据显示，2021 年阿联酋经济预计实现 2.5% 的增长，2022 年的经济增长将达到 3.6%。[2]

阿联酋重视中小企业的恢复和发展，在财政和流动性计划中优先考虑了小型企业以及受疫情影响严重的行业，如建筑业和旅游业等。2021 年 4 月初，阿联酋宣布了一项 300 亿迪拉姆（约合 82 亿美元）的一揽子计划，帮助中小企业和初创企业融资。据预测，2021～2025 年的国际油价将远高于 2020 年，有助于阿联酋的经济复苏，加大对私营部门的支持力度，推动经济多样化。[3] 为促进经济多样化以及满足国内需求，阿联酋联邦政府还进行了立法、司法改革。2021 年 2 月阿联酋修改《公民法》，外国投资者以及拥

---

[1]　EIU，*Country Report*：*United Arab Emirates*，December 2020，p. 7.

[2]　王俊鹏：《阿联酋延长"目标经济支持计划"推动多元化经济平衡、稳步复苏》，《经济日报》2021 年 5 月 7 日。

[3]　EIU，*Country Report*：*United Arab Emirates*，April 2021，p. 6.

有专业技能的人，例如在自身领域取得卓越成绩的医生、科学家、艺术家及其他人才及其家属，在通过严格的资格审核后，可以获得阿联酋公民身份，同时允许他们保留原有国籍。这是自 1972 年以来对阿联酋第 17 号国籍法的一项重大变更，变更前阿联酋不允许拥有双重国籍。新《公民法》要求投资者必须在阿联酋拥有房产。阿联酋此项重大改革措施不仅凸显了阿联酋急需医护人员、科技人才，也体现了其创新思维。[①] 一方面，可以吸引阿联酋需要的高端人才，并让这些人才对阿联酋产生归属感，长久留住人才；另一方面，可以吸引投资者前来购房置地，获得巨大的现金流，通过拉动房地产带动经济发展。

面对复杂而艰难的国际和地区经济形势，2020 年秋季，阿联酋政府的经济发展策略更加注重商业活动的可行性，学校和工厂依旧开放，限制措施对经济的影响不如春季时严重，政府还承诺维持 2021 年的基础设施支出计划。阿联酋联邦和酋长国层面的下一步重点将是推动经济从疫情中恢复，实现正增长，预计从 2021 年年中开始，特别是下半年经济将出现反弹。[②]

三　疫情对阿联酋外交政策的影响

阿联酋一直奉行平衡、多元的外交政策。疫情期间，阿联酋在国际抗疫合作方面表现突出，联合抗疫活动有效加强和拓展了阿联酋的对外关系，树立了阿联酋良好的国际抗疫合作形象。同时，阿联酋积极拓展外交空间，实现了与以色列关系正常化，恢复了与卡塔尔的关系。

（一）国际抗疫合作

阿联酋和中国的抗疫合作是国际抗疫合作成功的典范，合作形式包括医疗物资的互通有无、提供公共支持、新冠肺炎治疗经验交流以及新冠疫苗研

---

① 《阿联酋向投资者、科学家和有才华的人敞开了入籍大门》，《中东报》（阿拉伯语）2021 年 1 月 31 日。

② EIU, *Country Report*: *United Arab Emirates*, April 2021, p. 7.

发。中国发生疫情初期，包括阿联酋在内的许多国家通过多种方式对中国抗疫提供了各种援助。阿联酋为中国提供了大量医疗必需品（口罩和手套等）。2020年1月26日，阿布扎比王储、阿联酋武装部队副最高指挥官谢赫·穆罕默德·本·扎耶德·阿勒纳哈扬在社交媒体上表示，阿联酋"对中国政府克服这场危机的能力充满信心"。2020年4月4日，中国举行全国性悼念活动时，穆罕默德王储在个人推特账号上用中、英、阿三种语言悼念中国抗疫烈士和逝世同胞。阿联酋民众也在社交媒体上用自己的方式向中国抗疫表示声援。阿联酋从政府到民众、从物质和精神上支持中国渡过这一艰难时刻。

2020年4月，王毅外长在同阿联酋外长阿卜杜拉通话时表示，当前疫情在全球扩散蔓延，阿联酋也面临严峻挑战。中方愿为阿方抗疫提供力所能及的帮助，包括为阿联酋在华采购和接运抗疫物资提供协助和便利，同阿联酋分享疫情防控经验。[①] 同月，中国驻阿联酋迪拜总领事馆邀请在中国一线抗击新冠肺炎疫情的多位中国医生开展线上讲座，介绍新冠病毒的相关信息及中国抗击疫情的经验。[②]

2020年6月，阿联酋G42与中国国药集团合作，在阿联酋开展了新冠疫苗的三期国际临床试验。同年9月，中国国药集团研发的疫苗在阿联酋获得了紧急使用授权。2020年9月19日，阿联酋卫生和预防部部长阿卜杜拉赫曼·奥维斯在阿联酋境内第一个完成中国新冠疫苗的接种。11月3日，包括阿联酋迪拜酋长、副总统兼总理谢赫·穆罕默德·本·拉希德·阿勒马克图姆在内的多位阿联酋政府官员接种了中国国药公司研制的新冠疫苗。12月9日，由中国国药集团研制的新冠灭活疫苗在阿联酋获批上市。截至2021年3月31日，阿联酋累计接种新冠疫苗830万剂，是当时世界上新冠疫苗接种率第二高的国家。

---

① 《阿联酋外长盛赞中国抗疫壮举和贡献》，中华人民共和国外交部网站，2020年4月11日，http://new.fmprc.gov.cn/web/wjbzhd/t1768528.shtml。

② 《中国医生与阿联酋分享中国抗疫经验》，央视网，2020年4月19日，http://m.news.cctv.com/2020/04/19/ARTIrDDiHToML6sUl8eejSRz200419.shtml。

2021 年 3 月 27~28 日，中国国务委员兼外交部部长王毅出访阿联酋。中阿双方就健康码互认达成一致，并启动中国疫苗原液灌装生产线项目。随着中阿两国合作灌装中国疫苗生产线项目落户阿联酋，中阿抗疫合作在全球疫苗生产、分配等方面发挥了巨大作用。中国疫苗不仅可以使阿联酋受益，还可以通过阿联酋惠及更多中东和北非地区的人民，助力中东、北非及其他地区的经济复苏。

阿联酋不仅支持中国抗疫工作，还向 120 个国家捐赠了 1613 吨急需的物资，帮助了 160 万名医务人员。① 阿联酋在应对自身面临的新冠疫情严峻挑战的同时，非常注重发挥自己的区位、经济、外交优势，为国际抗疫工作做出重要的贡献。迪拜酋长国地理位置优越，在 4 小时的飞行航程内，可覆盖全球近 80% 的人口所在地。迪拜发挥区位优势，2021 年 1 月，迪拜环球港务集团还与联合国儿童基金会宣布建立广泛伙伴关系，共同支持新冠疫苗和相关免疫用品在全球低收入和中低收入国家分发。这项全新合作价值数百万美元，用于支持联合国儿童基金会代表"新冠肺炎疫苗实施计划"在采购和供应 20 亿剂新冠疫苗以及辅助疫苗供应方面发挥领导作用。② 2021 年 2 月，迪拜正式成立了疫苗物流联盟，加快新冠疫苗经阿联酋运送至全球各地。阿联酋还与俄罗斯开展新冠疫苗 Sputnik V 的临床试验，三期临床试验由阿布扎比的公立医院运营商 Seha、阿联酋卫生和预防部以及阿布扎比卫生部监督。③ 2021 年 1 月，阿联酋政府批准俄罗斯新冠疫苗 Sputnik V 紧急使用。2020 年 12 月下旬阿联酋政府批准了美国辉瑞疫苗紧急使用。

阿联酋为非洲几个关系密切的国家提供了抗疫援助。2020 年 4 月，阿联酋向毛里塔尼亚提供了 18 吨医疗和粮食援助，支持毛里塔尼亚医疗

① 《中国与阿联酋抗疫合作成果丰硕》，西部经济网，2020 年 12 月 21 日，http：//www. swbd. cn/cont. ASP？WZBH = 78001。
② 《迪拜成立疫苗物流联盟　加快新冠疫苗经阿联酋运送至全球》，中国航空新闻网，2021 年 2 月 10 日，http：//www. cannews. com. cn/2021/02/10/99320693. html。
③ 《俄罗斯新冠疫苗开始在阿联酋进行试验！》，搜狐网，2020 年 10 月 13 日，https：//www. sohu. com/a/424464553_175013。

保健工作者的抗疫工作。这批货物包括检测用品、医疗器械和食品。世界卫生组织总干事谭德塞博士赞扬了阿联酋在这个关键时刻给予非洲国家的援助。① 2020 年 12 月埃及获得的首批中国疫苗也是阿联酋赠送的。② 2020 年 12 月 22 日，阿联酋将 5 万剂中国疫苗作为礼物赠送给非洲岛国塞舌尔。③ 阿联酋与塞舌尔双边关系良好，两国在教育、卫生、住房和可再生能源等领域也一直维持伙伴关系。阿联酋第二大航空公司埃提哈德航空公司（Etihad Airways）拥有塞舌尔航空公司（塞舌尔的国家航空公司）40% 的股份，2020 年 8 月塞舌尔重新开放后，阿联酋游客的比重不断上升（尽管主要是因为塞舌尔的主要市场欧洲仍然受到一些旅行限制）。阿联酋政府承诺为塞舌尔人口第三多的岛屿拉迪格（La Digue）的新医院建设提供资金。预计阿联酋在未来几年会增加对塞舌尔的旅游业投资。④

（二）与以色列建立外交关系

近年来，阿联酋和以色列的关系快速升温。2020 年 6 月 25 日，两国分别宣布将在医疗等领域开展合作，联手抗击疫情。内塔尼亚胡称，以色列与阿联酋过去数月"密集接触"，最终就联手抗疫等事宜取得共识。阿联酋阿提哈德航空公司货机于 2020 年 5 月和 6 月两次飞抵以色列特拉维夫，运载阿联酋援助巴勒斯坦的医疗物资。但巴勒斯坦方面拒收两批援助物资，原因

---

① "Coronavirus-mauritania: UAE Sends Medical Aid to Mauritania in Fight against COVID - 19", African Press Organisation, Database of Press Releases Related to Africa, April 20, 2020, https://www.carsi.edu.cn/output_ idp_ zw.jsp? urltype = tree. TreeTempUrl&wbtreeid = 1046/wire - feeds/coronavirus - mauritania - uae - sends - medical - aid/docview/2392046859/se - 2? accountid = 41097.

② 《借力中国，阿联酋打造"中东疫苗中心"》，环球网，2021 年 1 月 27 日，https://world.huanqiu.com/article/41gMCbEqWMy。

③ 《阿联酋向这个英联邦成员塞舌尔赠送 5 万剂中国疫苗》，观察者网，2020 年 12 月 23 日，https://www.guancha.cn/internation/2020_ 12_ 23_ 575552.shtml。

④ "UAE Pledges to Donate Covid - 19 Vaccine to Seychelles", EIU, December 15, 2020, http://country.eiu.com/article.aspx? articleid = 2000494783&Country = United + Arab + Emirates&topic = Politics&subtopic = Forecast&subsubtopic = International + relations.

是没有任何一方事先就援助事宜与巴方协调。①

2020年9月15日，阿联酋和以色列在美国白宫签署关系正常化协议。在签署协议之前，阿联酋和以色列在不同领域的秘密合作已经开展了多年。阿以双方在经济发展中的互补性比较强，双方均有合作诉求，双方走到一起在政治和安全层面也各有打算，共同对付伊朗是两国之间多年的秘密安全合作，也是签订协议的主要推动力。对于阿联酋来说，与美国在中东的首要盟友建交，一是可以获得美国的庇护，应对来自地区的安全威胁；二是可以公开与以色列开展经济合作。关系正常化协议签署后不久，双方就签署了互免旅游签证协议，阿联酋和以色列公民无须申请签证即可到访对方国家；两国与美国国际开发金融公司共同建立了价值30亿美元的亚伯拉罕基金；阿联酋与以色列互通航班；双方计划将连接以色列红海城市埃拉特到地中海港口阿什克隆的输油管道延伸至阿联酋等。

阿联酋外交与国际合作部部长安瓦尔·加尔加什认为，与以色列实现关系正常化是必然的，这将打开阿联酋的地缘战略空间和机遇空间。从双方紧锣密鼓地为促进经济合作采取的各种措施来看，阿联酋与以色列加强经济合作的意愿非常迫切。由此可见，疫情下，两国都在寻找经济困境的突破口，签订关系正常化协议符合双边经济发展的需求。

（三）与卡塔尔和解

2017年6月，阿联酋、沙特阿拉伯、巴林和埃及以卡塔尔支持伊斯兰极端组织等为由，与卡塔尔断绝了贸易和外交关系。这一争端是海湾阿拉伯国家合作委员会历史上最严重的危机。2021年1月5日，在沙特阿拉伯王国欧拉市举行的海湾阿拉伯国家合作委员会首脑会议上，阿联酋、沙特、巴林、埃及和卡塔尔签署了四方关于"团结与稳定"的协议，称为《欧拉宣言》。阿联酋外交大臣安瓦尔·加尔加什称，世界面临疫情危机，阿联酋在

---

① 《以色列、阿联酋将合作抗疫》，新华社客户端，2020年6月26日，https://baijiahao.baidu.com/s?id=1670547026252055154&wfr=spider&for=pc。

《欧拉宣言》框架内做出承诺，包括加强地区开放和流动性、贸易和其他问题。①

尽管阿联酋恢复了与卡塔尔的关系，但也不断重申自己的安全关切，称解决土耳其在卡塔尔的军事存在以及卡塔尔对穆兄会的支持是恢复全面外交关系需要解决的"根本"问题，海合会首脑峰会后发布的公报中多次提到伊朗核问题、弹道导弹计划以及对地区代理人的支持是对阿拉伯国家安全的核心威胁，暗示阿拉伯四方将密切关注卡塔尔与伊朗的关系。公报中还提到"主权和不干涉"原则，作为恢复海合会凝聚力和海合会与地区大国未来关系的基础。虽然四方成员国和卡塔尔之间已经设立了双边工作组，讨论和解决各自的分歧，但海湾危机根源上的分歧显示《欧拉宣言》只是海合会凝聚力重建进程的开始。②

四　阿联酋经济和外交形势展望

在经济层面，未来一段时间内，阿联酋联邦和各酋长国政府将继续采取各种措施，努力减轻疫情对经济的影响，确保主要经济部门的长期可持续性发展。阿联酋将进一步改善金融和经营环境，避免征收个人所得税或增加公司增值税，优先创造有利于商业发展的经营环境，吸引外资。疫情下，阿联酋政府部门更加注重农业技术和医疗保健等领域，并将其作为国家投资优先事项。宏观上，在投资方面，阿联酋政府将致力于促进基础设施建设、改善融资和监管环境，使阿联酋长期维持国际竞争力。③

随着2021年石油价格上升和政府收入增加以及经济复苏，阿联酋的财

---

① 《加尔加什：欧拉峰会后海合会更加强大，未来的挑战来自发展问题》，《中东报》（阿拉伯语）2021年1月8日。

② "Gulf Reconciliation Process Faces Stiff Tests", EIU, January 13, 2021, http://country.eiu.com/article.aspx? articleid = 1690604952&Country = United + Arab + Emirates&topic = Politics&subtopic = Recent + developments&subsubtopic = International + relations&oid = 2020625385&aid = 1.

③ EIU, *Country Report: United Arab Emirates*, December 2020, p. 6.

政赤字将缩小，2023~2025年平均每年占GDP的3.5%。随着全球需求复苏和石油出口平均收益上升，经常账户将在2021~2025年恢复盈余。① 受疫情影响，网购和电子商务蓬勃发展。阿联酋政府对互联网技术、经济和政府服务（包括5G技术）进行了大量投资。2021年潜在的增长领域包括数字技术、移动应用程序和数字营销分析的信息技术业务等。阿联酋经济发展战略依旧侧重于利用石油财富和资源加快经济多样化建设。

随着疫情逐渐得到控制，阿联酋将逐步恢复入境旅游。阿联酋联邦政府和各酋长国将致力于减轻疫情的影响，确保旅游业、贸易和物流等部门的长期可持续性发展。政府的经济和财政政策将优先考虑抗击疫情，主要措施包括继续推进新冠疫苗接种，同时在油价低迷的情况下，尽量精减支出。

在外交上，阿联酋和以色列关系正常化可能带动地区其他阿拉伯国家与以色列建交，进而产生一系列地缘政治变化。以色列的一份官方文件也透露，以色列与阿联酋关系正常化协议将为两国加强在红海的军事合作铺平道路。② 阿联酋虽然视伊朗为安全威胁，但会寻求为地区紧张局势降温，努力避免卷入海湾地区或中东地区更棘手的冲突，目的是保护其在海湾水道的商业和战略利益。③ 卡塔尔断交风波的化解不仅将促进海湾地区内部贸易，对地区稳定和投资前景也有积极意义，甚至会影响从利比亚到非洲之角等热点地区的地缘政治调整，这使该协议具有了进一步的战略意义。然而，阿拉伯四方成员国与卡塔尔之间在意识形态等领域存在的深刻分歧尚未完全化解。"阿拉伯之春"爆发后，阿联酋在对外关系方面长期推行的基于多边主义的"全面平衡"战略的基础遭到破坏，阿联酋外交路线由低调行事转为活跃行动，冒险主义与军事化特征日益明显。④

---

① EIU, *Country Report*: *United Arab Emirates*, December 2020, p. 2.
② 荷露斯：《化敌为友——谈以色列与阿联酋的军事合作》，《坦克装甲车辆·新军事》2021年第1期，第26页。
③ EIU, *Country Report*: *United Arab Emirates*, April 2021, p. 5.
④ 刘彬：《阿布扎比王储：阿联酋的实际掌舵人》，《世界知识》2020年第20期，第49页。

未来，阿联酋将寻求与美国拜登政府建立牢固的关系，但不会像特朗普政府时期那样接近。阿联酋对进口粮食和外来劳动力的需求量大。近年来，随着粮食安全成为海湾国家安全战略的重要组成部分，阿联酋的国家主权财富基金加大了收购非洲之角农业用地的力度。阿联酋还大幅增加了对非洲之角地区房地产、酒店、交通和电信等基础设施的投资，同时与该地区部分国家加强了军事安全合作。例如，开发建设兼具军事和商业用途的厄立特里亚的阿萨布港以及索马里地方分离政权"索马里兰"的柏培拉港。①

　　2020 年新冠肺炎疫情对中东地区造成了巨大的影响，中东地区仍然充斥着严重的地缘政治冲突和对抗，大国干涉和圣战行动仍然是地区局势的主要特征。在这种形势下，阿联酋将利用自己的经济与外交优势扩大在中东、非洲之角和南亚的战略存在和商业利益，不断扩大自身在地区军事、外交和经济等领域的影响力。

---

① 参见王磊《中东国家在"非洲之角"动作频频》，《世界知识》2018 年第 11 期，第 52 页。

热 点 问 题
Hot Issue

Y.12
2020年海湾局势变化及前景

吴毅宏[*]

摘　要：　2020年的海湾局势表现为"变局"和"困局"相互交织。一方面，海湾国家受到新冠肺炎疫情和油价下跌叠加影响，经济社会发展的结构性矛盾进一步加剧；另一方面，海湾安全局势有紧有缓，但地区安全形势整体上仍然不容乐观。随着拜登政府从中东战略收缩的态势逐渐明朗，海湾国家正在寻求内部和解与安全战略的多元化。美国和中国在海湾地区的影响力此消彼长，中国与海湾国家的未来合作将更加坚实。

关键词：　海湾地区　石油价格　安全战略

---

* 吴毅宏，新华社世界问题研究中心研究员。

2020 年，面对百年未有之大变局和新冠肺炎疫情猛烈冲击，中东的地缘政治急剧动荡，海湾地区国家遭受前所未有的冲击。

一 疫情下的海湾经济形势

由于新冠肺炎疫情肆虐、战乱不断、油价历史性下跌、旅游业遭受冲击、国际收支失衡和内外部压力，2020 年，海湾地区依然是"变局"和"困局"交错，经济社会发展的结构性矛盾进一步加剧，面临多种风险。

（一）海湾国家疫情及防控措施

疫情对中东的打击是巨大的，对于海湾阿拉伯国家和伊朗来说尤其沉重。据沙特《中东报》统计，截至当地时间 2021 年 5 月 1 日，中东地区和阿拉伯国家累计确诊新冠肺炎 18869921 例，治愈 130706950 例。其中，沙特累计确诊病例超过 401544 例，死亡 6968 例；阿联酋累计确诊病例 521948 例，死亡 1591 例；伊朗累计确诊病例 1971064 例，死亡 72090 例；科威特累计确诊病例 258599 例，死亡 1569 例；阿曼累计确诊病例 173123 例，死亡 2010 例；巴林累计确诊病例 177977 例，死亡 2 例；卡塔尔累计确诊病例 191071 例，死亡 465 例。[①]

2020 年 2 月 10 日，新冠病毒已经在海湾国家传播。2 月 19 日，在沙特首都利雅得举行了海湾阿拉伯国家合作委员会（以下简称"海合会"）卫生部部长会议，重点探讨新冠肺炎疫情对六国的影响。

疫情席卷全球，沙特政府紧急采取一系列措施，遏制病毒传播，其中包括暂停国际和国内航班，暂停世界各地数百万穆斯林每年的朝圣活动，暂停所有清真寺的集会祈祷，包括麦加大清真寺和先知穆罕默德清真寺。随着确

[①] 沙特《中东报》网站 2021 年 5 月 1 日《新冠病毒在中东和阿拉伯世界传播的统计数据》实时统计。

诊病例增多，2020 年 3 月底，沙特宣布实施夜间宵禁，禁止全国 13 个地区之间的人员流动；一个月内强制停止娱乐活动，关闭电影院、室内娱乐中心和独立的室内游戏场所、餐馆、商场以及健身房和体育场馆。出于防疫需求，沙特政府仅允许沙特公民或常驻沙特的外籍人士参加 2020 年麦加朝觐，规模从 2019 年的 200 余万人减少至 1000 人。

科威特采取的早期预防措施包括停止与外界的航班、关闭所有教育机构和限制商业活动。2020 年 8 月，科威特在 5 个多月后重新开放了科威特国际机场，但禁止来自 31 个"高危"国家的航班入境。

2020 年 3 月，阿曼采取了一系列措施遏制新冠病毒扩散，包括临时停飞航班、关闭教育机构、停止发放旅游入境签证和禁止体育活动。

2020 年 3 月，卡塔尔宣布暂时禁止 15 个国家的国民入境，缩减公共设施的运营，从 4 月 4 日起暂停所有学校和幼儿园的在校学习，教育机构全部转为远程网上授课。2020 年 12 月，英国、南非、荷兰、丹麦等地出现变异毒株，卡塔尔立即升级防控措施，来自包括英国在内的 4 个国家的入境者必须接受强制性检疫；关闭娱乐中心，购物中心的人员容量降低到 30%，购物中心内的餐厅仅限接收外卖订单；18 岁以下青少年不允许进入电影院，影院容量限制在 20%。

2020 年 2 月底，巴林确认了来自伊朗的第一例新冠肺炎病例后，开始采取预防措施，暂停来自几个国家的航班，关闭电影院、咖啡馆、酒吧、健身房、游泳馆和健身中心，暂停私人医疗中心提供非紧急服务，餐厅仅限接收外卖订单。

（二）石油收入锐减

国际货币基金组织预计，2020 年海合会成员国 GDP 下降 7.1%，六国石油收入将锐减 2700 亿美元。[1]

---

[1] 《2020 年中东北非地区石油输出国收入料同比减少 2700 亿美元》，中华人民共和国商务部网站，2020 年 8 月 11 日，http://www.mofcom.gov.cn/article/i/jyjl/k/202008/20200802991416.shtml，最后访问日期：2020 年 8 月 13 日。

沙特的一些重大项目已暂停，节省下来的资金作为医疗援助重新分配给相关公司；从2020年6月开始暂停发放政府雇员和军人的生活津贴；增值税税率从2020年7月开始提高到15%。科威特的几个石油和天然气项目已被推迟或暂停。

海合会六国2020年前10个月发行了1000亿美元政府债券和公司债券。疫情进一步消耗了国家储备，就业机会减少，经济社会发展迟滞。国际金融研究所估计，到2020年底，海湾国家的主权财富基金资产可能减少约2960亿美元。[①]

（三）疫情对伊朗经济的影响

2020年6月，伊朗总统鲁哈尼在内阁会议的一次讲话中称，由于美国制裁对伊朗的影响，伊朗的收入比上年减少了870万亿土曼（约合500亿美元）。伊朗国家通讯社预测，伊朗2020～2021年度经济增长率将收缩5.3%，主要原因是非石油经济部门的疲软不振。[②]

原油是伊朗经济的生命线，但在美国制裁下，2020年伊朗原油日均出口由270万桶降至70万桶，是30年来的最低点，政府原油出口收入减少66%。根据伊朗官方数据，2020～2021年，疫情将导致通货膨胀率持续上涨，全年通货膨胀率可能达到29%（截至2020年5月已达到21%）。新冠肺炎疫情给伊朗带来超过108万亿土曼的经济损失，税收收入至少减少40万亿土曼。[③]伊朗是伊拉克第二大商品和货物出口国，伊朗商品占伊拉克市场需求的1/4，每年有近25万名伊拉克公民前往伊朗进行宗教和医疗旅游。疫情发生后，伊拉克宣布从2020年3月8日起关闭与伊朗的边界，并停止

① 《海湾产油国经济转型迫在眉睫》，《经济参考报》2021年2月4日。
② 《伊朗因美国的制裁每年损失500亿美元》，TRT中文，2020年6月10日，https：//www. trt. net. tr/chinese/guo－ji/2020/06/10/yi－lang－yin－mei－guo－de－zhi－cai－mei－nian－sun－shi－500yi－mei－yuan－1433128。
③ 《伊朗目前面临的几大困难》，中华人民共和国驻伊朗伊斯兰共和国大使馆经济商务处网站，2020年6月13日，http：//ir. mofcom. gov. cn/article/jmxw/202006/20200602973710. shtml。

与伊朗的贸易往来，这严重影响了伊朗的贸易和旅游收入。①

2020 年，伊朗自然灾害严重，这进一步加大了经济下行压力。据伊朗计划与预算组织主席诺巴赫特公布的材料，2019 年底到 2020 年初的洪水灾害给受灾省份带来了超过 21 万亿土曼损失，伊朗政府为灾区提供了近 18 万亿土曼救济资金。②

2020 年，伊朗 2410 万名劳动力中，超过 50% 受到疫情影响。由于经济恢复过程缓慢，据预测，小型企业将有 220 万人失业，就业于非正规部门的 680 万名劳动力也可能受到疫情的直接影响。③

二 疫情下的海湾地区安全局势

（一）安全局势有"紧"有"缓"

美国特朗普政府对伊朗采取了极端的打压政策，美伊关系持续紧张，多次出现互相攻击的危险局面。在这种情况下，海湾地区局势成为影响全球安全局面的最突出的不稳定因素。

2020 年 8 月 13 日，在美国斡旋下，阿联酋同以色列达成一致，同意实现两国关系全面正常化。阿联酋成为继埃及和约旦之后第三个与以色列建立外交联系的阿拉伯国家，也是第一个与以色列建立外交关系的海湾国家。随后，巴林也宣布同以色列建交。海湾阿拉伯国家同以色列关系正常化缓和了以色列和阿拉伯国家长期以来的敌对状态。卡塔尔半岛电视台高级政治分析

---

① 《伊朗因美国的制裁每年损失 500 亿美元》，TRT 中文，2020 年 6 月 10 日，https：//www.trt. net. tr/chinese/guo - ji/2020/06/10/yi - lang - yin - mei - guo - de - zhi - cai - mei - nian - sun - shi - 500yi - mei - yuan - 1433128。

② 《伊朗目前面临的几大困难》，中华人民共和国驻伊朗伊斯兰共和国大使馆经济商务处网站，2020 年 6 月 13 日，http：//ir. mofcom. gov. cn/article/jmxw/202006/20200602973710. shtml。

③ 《伊朗因美国的制裁每年损失 500 亿美元》，TRT 中文，2020 年 6 月 10 日，https：//www.trt. net. tr/chinese/guo - ji/2020/06/10/yi - lang - yin - mei - guo - de - zhi - cai - mei - nian - sun - shi - 500yi - mei - yuan - 1433128。

师穆罕默德·穆辛·瓦塔德称，阿联酋与以色列关系正常化，政治只是表象，实质在于安全。[①]

2020年8月4日，黎巴嫩贝鲁特港发生特大爆炸，造成170多人死亡，6000多人受伤，30万人无家可归，成为中东史上最惨烈的事件，震惊了国际社会。这起爆炸事件在危机四伏的中东地区更是引起人们极大的忧虑，特别是阿联酋更加关注自身的安全。此前，阿联酋宣布启动阿布扎比达非拉（Al-Dhafra）地区的巴拉卡核电站，阿联酋为扩大核产能和增加能源供应建造了4个核反应堆。然而，由于该项目建造在一个充满危机的地区，安全保障将是其首要考量。由此看，阿联酋推动与以色列关系正常化也是为自身发展和稳定创造一个安全的环境。

值得关注的是，在美国部分撤军后，沙特政府开始向英国寻求军事支持。英国政府宣称："英国军队在沙特阿拉伯的部署没有任何改变。"一份调查显示，英军驻扎在沙特境内的15个站点。[②] 以军事援助的方式换取经济利益成为英国对沙政策的重要手段。分析人士称，英国正逐步加强军事建设，扩大军事活动范围，意图重新作为独立一极在全球发挥大国作用，中东是其主要阵地。而在军事上寻求新的国际盟友也是沙特维护自身利益的一大举措。

（二）海湾仍然存在爆发战争的风险

2021年2月25日，美国总统拜登下令空袭叙利亚境内由伊朗支持的民

[①] 穆罕默德·穆辛·瓦塔德：《阿联酋与以色列关系正常化：政治只是表象 实质在于安全》，Aljazeera，2020年8月17日，https：//chinese. aljazeera. net/behind – the – news/2020/8/17/%E9%98%BF%E8%81%94%E9%85%8B%E4%B8%8E%E4%BB%A5%E8%89%B2%E5%88%97%E5%85%B3%E7%B3%BB%E6%AD%A3%E5%B8%B8%E5%8C%96%EF%BC%9A%E6%94%BF%E6%B2%BB%E5%8F%AA%E6%98%AF%E8%A1%A8%E8%B1%A1。
[②] 《美国"爱国者"撤出后，英国军队成为沙特新选择》，Aljazeera，2020年6月11日，https：//chinese. aljazeera. net/news/2020/6/11/%E7%BE%8E%E5%9B%BD%E7%88%B1%E5%9B%BD%E8%80%85%E6%92%A4%E5%87%BA%E5%90%8E–%E8%8B%B1%E5%9B%BD%E5%86%9B%E9%98%9F%E6%88%90%E4%B8%BA%E6%B2%99%E7%89%B9%E6%96%B0%E9%80%89%E6%8B%A9。

兵组织，这是拜登上任后首次在海外发动军事打击。当天，以色列货船
"埃利奥斯·雷伊"号在阿曼湾爆炸，以色列指责伊朗为肇事者，伊朗则坚
决否认。2021 年 2 月 28 日深夜，以色列对叙利亚首都大马士革及周边地区
发动导弹袭击。3 月 5 日，驻地中海的俄罗斯海军舰队向叙利亚北部发射 3
枚导弹，击中阿勒颇市的阿勒巴卜以及贾拉布卢斯的两处石油设施，造成
180 多辆油罐车起火受损，导致 4 人死亡、24 人受伤。3 月 7 日，也门胡塞
武装同时发射 8 枚弹道导弹并动用 14 架无人机，对世界上最大的油港之
一——沙特东部塔努拉角油港，以及位于达曼、阿西尔和贾赞的 3 个沙特军
事目标发动攻击。2021 年 3 月 7 日，国际原子能机构报告证实，伊朗已经
向第三批共 174 台新一代 IR – 2m 离心机注入六氟化铀气体，以提高浓缩铀
丰度。据悉，伊朗纳坦兹核设施的第四批 IR – 2m 离心机已经安装完毕，但
还没有加载铀原料，第五批离心机正在安装，第六批离心机尚未安装。伊朗
已经开始生产丰度为 20% 的浓缩铀。

以色列军事分析家亚历山大·费什曼认为，与阿联酋达成协议并结成联
盟有助于扩大以色列的战略布局，以应对伊朗在叙利亚、黎巴嫩及加沙地带
对以色列构成的威胁。[①] 过去，以色列战机若想袭击伊朗，需要避开海湾阿
拉伯国家领空绕道飞行。以色列如果能够飞越海湾阿拉伯国家领空，将增大
伊朗遭受袭击的风险。

目前，美国在海湾地区有 3.5 万军队，12 个军事基地。美军持续加强
对伊朗的战略围堵，当前已具备对伊朗实施海空立体打击的能力。从伊朗最
近的一系列动作看，伊朗已经为同美国可能发生的军事对抗做了准备。伊朗
武器研发能力进步明显，例如自主研发的新型导弹防御系统"Khordad – 15"、
性能达到 S – 300 水平的"Bavar – 373"防空导弹系统、"Mohajer – 6"无人

---

① 穆罕默德·穆辛·瓦塔德：《阿联酋与以色列关系正常化：政治只是表象 实质在于安全》，
Aljazeera, 2020 年 8 月 17 日, https：//chinese. aljazeera. net/behind – the – news/2020/8/
17/% E9% 98% BF% E8% 81% 94% E9% 85% 8B% E4% B8% 8E% E4% BB% A5% E8% 89%
B2% E5% 88% 97% E5% 85% B3% E7% B3% BB% E6% AD% A3% E5% B8% B8% E5% 8C%
96% EF% BC% 9A% E6% 94% BF% E6% B2% BB% E5% 8F% AA% E6% 98% AF% E8% A1%
A8% E8% B1% A1。

机等。伊朗国产"Bavar – 373"防空导弹系统、伊朗沙希德·巴凯里公司研制的"阿舒拉"（Ashura）弹道导弹已充实到伊朗伊斯兰革命卫队"阿尔 – 哈迪德旅"，成为其最新的"撒手锏"。以色列导弹防御局前局长乌兹·鲁宾指出，"阿舒拉"导弹采用两级火箭发动机，可携带重达 1.5 吨的弹头。通过分析伊朗官方披露的消息，鲁宾认为该导弹的射程为 2000 ~ 2500 公里。

（三）阿曼、科威特实现国家权力平稳交接

2020 年 1 月 10 日，阿曼苏丹卡布斯逝世。次日，阿曼宫廷宣布卡布斯的堂弟、66 岁的阿曼文化部大臣海赛姆·本·塔里克·赛义德（Haitham Bin Tariq Al-Said）继任苏丹，是为第 14 代阿曼苏丹。

卡布斯自 1970 年即位后，在国内推行现代化进程，阿曼发生巨大变化。阿曼利用石油资源的收入，修建高速公路、饭店和购物中心，建立了社会福利体系。卡布斯还积极推动女性权利，允许女性参加工作，任命女性担任朝廷内的重要职务。

2020 年 9 月 29 日，科威特埃米尔萨巴赫（91 岁）逝世，纳瓦夫登基。科威特埃米尔萨巴赫作为海湾地区最年长的君主，不仅在海湾战争后与伊拉克交好，还维持着与伊朗的关系。在卡塔尔断交危机中，科威特和阿曼未与卡塔尔断交。继任埃米尔 83 岁的纳瓦夫是萨巴赫的弟弟。他上任伊始就撤换首相、改选议会，以平息民愤，顺利接掌政权。他还努力调解沙特、阿联酋、巴林同卡塔尔的紧张关系。2021 年 1 月 5 日，沙特外交大臣费萨尔表示，沙特等国已与卡塔尔恢复全面外交关系。

三 海湾局势未来发展和新的安全构想

美国前任总统特朗普十分重视中东盟友，上任后，他首先访问的国家就是以色列和沙特。拜登上任后，叫停美国对沙特和阿联酋的部分军售协议、出台对"卡舒吉事件"的调查报告并启动对沙特的制裁。

海合会国家担忧美国将从中东和海湾地区转移军力部署，逐步减少甚至

不再为海湾国家提供军事保护。显然，拜登的中东外交已难以适应异常复杂的中东格局。海合会负责政治和协调事务的助理秘书长阿卢瓦舍格（Abdel Aziz Aluwaisheg）认为，美国与海合会就地区安全问题的讨论需要"一个更系统的框架，并向领导层和决策者提供实质性的反馈"。①

许多中东国家希望通过经济增长和发展强化政府的合法性。但在与西方保持关系非常困难的情况下，与中国、俄罗斯加强关系更显重要。海湾国家领导人纷纷表态要同中国进一步发展安全伙伴关系，这种安全伙伴关系的实质是"超越单方面安全范畴，以互利合作寻求共同安全"。"命运共同体"和"新安全观"是相辅相成的两个概念，前者是目标，后者则是达成目标的政策原则。

拜登政府上台后，美国对沙特的立场出现变化，让沙特越来越缺乏安全感。尽管美、沙两国领导人强调要继续维护两国的特殊盟友关系，但海湾国家舆论认为，美沙关系已回不到过去。2021年2月4日，拜登在外交政策演说中回避了从中东撤军和重返伊核协议两大问题，把结束也门战争、解决难民问题和恢复长期停滞的和平谈判作为其中东外交的重点，并承诺继续支持和帮助沙特捍卫其主权、领土完整以及民众安全。拜登此番表态是试图通过代价较小的外交努力来重新掌控中东事务的主导权，占据人道主义制高点。海湾国家舆论对拜登中东外交的理解是，他将寻求美国与中东关系正常化。拜登不会从伊拉克、叙利亚或海湾地区的美军基地撤出所有美军，但会非常谨慎地部署和使用美国的军事力量。

美国和伊朗的较量或有三种结果。一是美国将继续维持对伊朗的经济制裁。伊朗处于美国制裁和新冠肺炎疫情双重压力下，经济、社会和卫生领域步履维艰。拜登政府试图通过继续制裁伊朗，迫使其接受美国的要求。二是美国继续实行经济制裁，进一步触发伊朗国内的不满情绪，甚至导致伊朗国内局势失控，迫使伊朗主动反击，引发冲突。三是美国放宽对伊朗的制裁，

---

① 《海合会助理秘书长：重振全球经济需缓和中美对抗》，参考消息网，2020年6月5日，http://m.cankaoxiaoxi.com/column/20200605/2412294.shtml。

诱使伊朗与拜登政府达成新协议，伊朗维持其政权存在，保持自身的地区影响力和国家利益。

新冠肺炎疫情或将促进什叶派伊朗与逊尼派海湾国家改善关系。阿联酋长在疫情下对伊朗表现出开放态度。2020年4月6日，伊朗宣布与阿联酋协调应对疫情，进一步改善两国的联系。这表明阿联酋与沙特在处理同伊朗关系上立场并不一致，可能会进一步改变中东未来的地缘政治力量平衡。

伊朗和沙特的关系也出现缓解信号。根据2021年4月的报道，在伊拉克总理的调解下，伊朗和沙特的代表在巴格达举行了会谈，尽管没有重大突破，但双方同意继续对话。[①]

据预测，2035年，中东可能仍会充当"世界油库"。以中东国家为代表的欧佩克国家石油产量将持续上升，到2035年欧佩克占全球石油产量的比重将从目前的42%提高到2035年的50%。这种改变将严重冲击现有的世界格局和地缘政治。[②]

四 海湾新格局下中国的作为与担当

美国和中国在海湾地区的影响力此消彼长。在安全领域，中国在海湾地区的安全角色与美国不同，中国以搭建"共同、综合、合作、可持续的安全架构以实现中东持久和平与安全"[③]的理念在冲突各方间劝和促谈。多数海合会国家开始认同中国强调的构建中东安全要以共同发展为涵养、以共同

---

① 《英媒：沙特与伊朗已展开直接对话 沙方表示否认》，央视网，2021年4月18日，http：//m. news. cctv. com/2021/04/18/ARTIGHp89cBY47cCj1A4YGgA210418. shtml。

② 《海合会官员：2021年，海合会与中国合作有七大支柱》，中国一带一路网，2021年1月29日，https：//baijiahao. baidu. com/s？id = 1690224076795888416&wfr = spider&for = pc，最后访问日期：2021年1月31日。

③ 《中国代表呼吁在中东打造共同、综合、合作、可持续的安全架构》，人民网，2019年12月5日，http：//world. people. com. cn/n1/2019/1205/c1002 – 31490885. html。

命运为依归的新理念①。在美国对中东的安全承诺受到质疑之际，海合会国家将目光投向了能促进海湾安全稳定的域外力量，尤其关注中国及"一带一路"建设。随着共建"一带一路"在中东推进，中国与海合会有望开展更大范围的合作。

未来，中国将进一步扩大和夯实与海湾国家在各领域的合作基础。中国5G初始用户主要集中在海湾国家，尤其是沙特和阿联酋。截至2018年底，已有来自阿联酋、沙特、科威特、阿曼和巴林等中东国家的11家电信公司与华为签署了5G技术协议。② 2019年，美国国防部负责中东事务的副助理部长迈克尔·马尔罗伊（Michael Mulroy）曾警告海湾阿拉伯国家，中国与海湾国家的高科技合作，包括5G网络合作，会破坏美国与海湾盟友的合作。阿拉伯国家特别是海湾阿拉伯国家在高科技应用技术方面持务实态度。沙特政府不认为使用华为公司的产品有任何问题。阿联酋也不顾美国的反对和阻挠，坚持与华为公司合作，推广5G网络。

2020年，美国微软公司宣布在迪拜和阿布扎比建立数据中心，启动两个云服务。此前，2019年1月，卡塔尔内阁已批准微软在卡塔尔建立一座全球数据中心。微软公司是进军海湾地区移动数据中心市场的大公司之一。亚马逊网络服务公司在巴林设立了数据中心，中国电商巨头阿里巴巴集团在迪拜设立了数据中心，甲骨文公司在阿布扎比设立了数据中心。中国浙江的一家信息技术有限公司目前在中东有5000万用户，主要来自阿联酋、阿曼、巴林、卡塔尔、科威特和沙特阿拉伯。③

近年来，沙特和阿联酋成为中国能源合作的重点国家。2017年3月，中核集团与沙特地质调查局签署了铀钍资源合作谅解备忘录。根据备忘录规定，中核集团在未来两年内对沙特9片潜力地区开展放射性资源勘查工作。

---

① 参见《外交部部长助理陈晓东在中东安全论坛上的主旨讲话》，中阿合作论坛，2019年12月30日，http://www.chinaarabcf.org/chn/zagx/zgsd/t1728562.htm。
② 《中阿加强数字化合作》，中共中央网络安全和信息化委员会办公室网站，2020年7月10日，http://www.cac.gov.cn/2020-07/09/c_1595854499441823.htm。
③ 《中阿加强数字化合作》，中共中央网络安全和信息化委员会办公室网站，2020年7月10日，http://www.cac.gov.cn/2020-07/09/c_1595854499441823.htm。

在阿联酋，全球最大的迪拜太阳能光热（CSP）也是中国与阿拉伯国家新能源合作重点项目。2015 年，中国哈尔滨电气国际工程公司和沙特电力组成的联合体中标迪拜清洁煤电站一期项目，项目金额 18 亿美元。

在生物医药领域，中国华大基因公司在阿联酋、沙特建立了新冠病毒检测实验室。该公司向沙特提供 900 万套检测试剂盒以及每天可处理 5 万个样本的 6 个实验室。华大基因还与阿联酋人工智能和云计算公司合作，共建中国以外最大的新冠病毒检测实验室。

卡塔尔阿拉伯政策和政治研究中心于 2020 年 10 月公布的《2019～2020年阿拉伯民意调查》称，66% 的阿拉伯人认为美国和以色列是阿拉伯国家安全最大的威胁。[1] 广大伊斯兰国家对华态度友好，中国可积极开展与中东国家的人文交流活动，共同推进"一带一路"在中东的高质量发展，推动落实王毅外长提出的关于实现中东安全稳定的"五点倡议"，即倡导相互尊重、坚持公平正义、实现核不扩散、共建集体安全、加快发展合作。

美国拜登政府未来不大可能继续在中东反恐问题上投入过多精力，包括海湾国家在内的中东国家需要探讨新的安全框架。搭建一个包括海湾国家和周边利益攸关国在内的多边对话平台巳纳入海湾国家智库的议题。伊拉克巴格达大学战略研究中心主任伊卜提萨姆·阿米莉表示，长期以来，中东地区安全架构一直是"一家独大"，缺乏多边参与体系。中国以其负责任的大国形象，得到世界的普遍尊重，这为在海湾地区搭建多边对话平台提供了可能。

---

① 《阿拉伯政策研究中心调查报告显示——超半数受访阿拉伯国家民众肯定中国外交政策》，《人民日报》2020 年 10 月 14 日，第 16 版。

Y.13
阿以关系新突破及前景展望

王建 苏文军*

摘 要： 2020年，阿拉伯国家与以色列的关系取得历史性突破，阿联酋、巴林、苏丹、摩洛哥四个阿拉伯国家与以色列实现了关系正常化。阿以关系取得突破的根本原因是中东地缘政治格局的变化、阿拉伯国家在经济全球化中探索经济多元化发展道路、美国特朗普政府解决巴以问题的政策调整等。基于地缘政治新格局和经济发展新需求，部分阿拉伯国家为了维护国家利益，调整了解决巴以问题的态度，不再视巴以问题为外交核心问题。阿拉伯国家与以色列的关系取得突破，符合双方的国家利益诉求，但损害了巴勒斯坦人的利益。阿以关系的改善还将对中东地缘格局产生重大影响。

关键词： 阿拉伯国家 以色列 国家关系正常化 亚伯拉罕协议

2020年，以色列先后与阿联酋、巴林、苏丹、摩洛哥四个阿拉伯国家实现了关系正常化。由于在中东地缘政治剧变中维护国家利益的战略选择，部分阿拉伯国家不再视巴以问题为外交核心问题。以色列与阿拉伯国家关系正常化将提高双方在各领域的合作水平，塑造新的中东政治格局。

---

* 王建，中国社会科学院西亚非洲研究所信息室主任、副研究员，研究领域为中东国际关系、巴以问题；苏文军，中国社会科学院大学研究生院硕士研究生。

一　以色列与四个阿拉伯国家实现关系正常化

2020 年 8 月 13 日，阿联酋外交部发表声明，阿联酋与以色列实现关系正常化。当天，阿联酋阿布扎比王储穆罕默德、以色列总理内塔尼亚胡和美国总统特朗普三方通话后达成一致，同意阿联酋与以色列实现关系全面正常化。2020 年 9 月 11 日，美国、以色列和巴林发表联合声明，以色列与巴林同意建立全面外交关系。2020 年 9 月 15 日，美国总统特朗普在白宫主持以色列与阿联酋和巴林关系正常化签字仪式，阿联酋、以色列、美国签署《亚伯拉罕和平协议：阿拉伯联合酋长国和以色列和平条约、外交关系和全面正常化》（Abraham Accords Peace Agreement：Treaty of Peace，Diplomatic Relations and Full Normalization between the United Arab Emirates and The State of Israel），巴林、以色列和美国签署《亚伯拉罕协议：和平、合作、建设性外交和友好关系》（Abraham Accords：Declaration of Peace，Cooperation，and Constructive Diplomatic and Friendly Relations），阿联酋、巴林、以色列和美国签署《亚伯拉罕协议宣言》（The Abraham Accords Declaration）。

之所以取名为"亚伯拉罕协议"（Abraham Accords），意为一神教祖先亚伯拉罕的后代阿拉伯人与犹太人从此握手言和，本着相互理解和相互尊重的原则生活。严格意义上讲，"亚伯拉罕协议"是阿联酋、以色列、美国三方签署的协议，但在白宫的签字仪式上签署了三份文件，也可以把三份文件统称为"亚伯拉罕协议"。阿联酋、以色列、美国签署的协议英文文本分为正文与附录两部分，共 7 页；巴林、以色列和美国签署的协议英文文本和四国签署的宣言英文文本都只有 1 页。

2020 年 8 月 13 日，美国、以色列和阿联酋三国签署的联合声明主要内容有：以色列和阿拉伯联合酋长国的代表团将在未来几周举行会晤，签署有关投资、旅游、直航、安全、电信、技术、能源、医疗、文化、环境、建立互惠使馆以及其他互利领域的双边协议；在美国总统特朗普要求和阿联酋支持下，以色列将暂停其吞并巴勒斯坦约旦河西岸部分地区的计划，扩大与阿

拉伯和伊斯兰世界其他国家的关系；以色列和阿联酋都表示愿意在新冠疫苗研发等方面开展合作。①

阿联酋与以色列和美国签署的《亚伯拉罕和平协议：阿拉伯联合酋长国和以色列和平条约、外交关系和全面正常化》内容详尽，可视作以色列同巴林、苏丹、摩洛哥关系正常化协议的模板，其主要内容包括：阿联酋与以色列之间建立和平外交关系并实现双边关系的全面正常化；缔约方之间的关系应以《联合国宪章》的规定和有关国家间关系的国际法原则为指导；双方应在本条约签署后尽快互派常驻大使，并根据适用的国际法规则开展外交领事关系；双方将高度重视在和平稳定领域的相互理解、合作与协调，并将其视为双边关系的根本支柱、促进整个中东地区和平与稳定的手段；双方致力于实现和平、繁荣和友好外交关系，不断推进投资、旅游、直航、安全、电信、技术、能源、医疗、文化、环境等领域合作，尽早缔结双边协议，两国应努力推进和平事业，实现中东地区的稳定与繁荣；两国增进相互理解与尊重，缔结与执行必要的签证和领事服务协定及安排，共同努力打击助长仇恨和分裂的极端主义和恐怖主义及其根源，建立和平共处高级别联合论坛等；各方与美国一道制定并启动一项"中东战略议程"，以促进区域外交、贸易发展、区域稳定与其他合作。

2020年10月23日，美国、苏丹、以色列发表联合声明，三国领导人同意苏丹与以色列实现关系正常化。美国总统特朗普、苏丹主权委员会主席布尔汉和过渡政府总理哈姆杜克、以色列总理内塔尼亚胡当天通电话，"同意苏丹和以色列实现关系正常化，结束两国间的战争状态"。三国领导人同意开展经贸合作，初期重点将放在农业方面。

2020年12月10日，白宫发表声明，特朗普与摩洛哥国王穆罕默德六世通电话，支持摩洛哥有关解决西撒哈拉问题的提议，并"承认摩洛哥对

---

① "Joint Statement of the United States, the State of Israel, and the United Arab Emirates", U. S. Embassy in Israel, August 13, 2020, https：//il. usembassy. gov/joint - statement - of - the - united - states - the - state - of - israel - and - the - united - arab - emirates/, accessed March 20, 2021.

西撒哈拉的主权"。穆罕默德六世在通话中同意"恢复"摩洛哥与以色列的外交关系，并将扩大经济、文化合作以促进地区稳定。以色列总理内塔尼亚胡当天发表电视讲话，称以色列与摩洛哥关系正常化协议将带来"历史性和平"。他说，两国将尽快采取行动，建立全面外交关系。同日，摩洛哥国王办公室发表公报，指出摩洛哥将与以色列恢复官方联系，并尽快与以色列建立外交关系。穆罕默德六世当天与巴勒斯坦总统阿巴斯通电话，重申摩洛哥坚持在"两国方案"基础上解决巴勒斯坦问题的立场。

二　阿以关系出现新突破的原因

一是阿拉伯国家希望与以色列合作发展本国多元化经济，实现经济转型。中东剧变后，突尼斯、埃及等共和制国家的威权主义政权相继倒台，但除巴林之外的海湾君主制国家基本保持稳定。究其原因，沙特等海湾君主国提高国内福利水平，以"经济礼物"平息社会不满。然而，在非欧佩克国家石油产量和美国页岩油产量不断增加、国际新能源产业蓬勃发展的情况下，近年的国际油价长期处于低位，中东石油出口国石油收入下降，财政状况严重恶化。为了减少财政赤字，许多石油出口国被迫削减补贴，实行大规模的能源价格改革，大幅提高国内水、电、油的价格，同时开展税收改革（如提高增值税税率），以增加政府财政收入。

中东剧变与全球经济形势的发展使海湾君主国深刻认识到，单纯依赖石油的经济结构和保守的社会形态已经不能适应时代发展的要求，经济和社会改革成为其顺应时代要求的必然选择。① 海合会成员国政府纷纷制定促进经济多元化的战略政策，如沙特的"2030 愿景"、阿联酋的"愿景 2021 国家议程"、巴林的"2030 经济发展愿景"，虽然侧重点不同，但共同特征是希望通过创新、扩大贸易、吸引外资来提高非石油收入在国内生产总值中的比

---

① 王建：《沙特阿拉伯和以色列关系改善的背景、目标及影响》，《当代世界》2019 年第 1 期，第 55 页。

重，实现经济多元化。但迄今为止，海湾君主国经济对石油资源依然存在较大的依赖性，非石油产业经济增速仍呈现波动态势，仍在艰难探索经济转型之路。新冠肺炎疫情发生后，全球经济遭受重创，海湾君主国不得不另寻出路。放眼中东，以色列的高科技和创新能力使其成为唯一能对海湾君主国经济转型有所助益的国家。所以，海湾君主国希望加强与以色列的经济合作，借助以色列的创新能力来帮助本国实现经济转型。

二是阿拉伯国家的外交政策更多地从维护本国利益出发，认为巴以问题已不再是其核心外交问题，伊朗、土耳其的强势崛起成为以色列与逊尼派阿拉伯国家的共同威胁。奥巴马政府上台后，美国在中东地区实行战略收缩，干预和主导地区事务的意愿下降，打破了既有地区力量与地缘政治关系的平衡，地区大国在地区事务中发挥的作用不断上升。伊朗以伊斯兰教什叶派为纽带，与叙利亚巴沙尔政权、伊拉克的什叶派政治力量、黎巴嫩真主党和也门胡塞武装等构建什叶派联盟。土耳其、卡塔尔与利比亚民族团结政府支持穆斯林兄弟会，以伊斯兰主义与选举相结合的政治伊斯兰模式不断干涉阿拉伯国家内部事务，挑战地区保守阿拉伯国家的合法性与政权安全。伊朗与土耳其在中东地区的强势崛起给以沙特为首的阿拉伯逊尼派联盟带来了巨大威胁。然而，随着美国在中东地区的战略收缩与其页岩油产业的不断发展，沙特等逊尼派阿拉伯国家意识到，美国已经不愿意直接出手保护逊尼派阿拉伯国家的利益。这促使以沙特为首的逊尼派阿拉伯国家转变外交政策，与中东地区的另一个强国以色列开展合作。一方面，增强逊尼派阿拉伯国家联盟的力量，对抗来自伊朗和土耳其的威胁；另一方面，通过以色列与美国的特殊关系，设法把美国留在中东，使其成为遏制伊朗的坚强后盾，构筑国际层级的战略联盟。

随着中东和平进程推进，阿拉伯国家更加注重国内治理问题，对泛阿拉伯主义和泛伊斯兰主义兴趣下降，国家利益取代意识形态成为阿拉伯国家对外政策的首要关注点。部分阿拉伯国家已经在事实上承认了以色列存在的合法性，以沙特为首的逊尼派阿拉伯国家已经不再将巴以问题视为影响其根本利益的核心问题，认为巴以问题已经不再对中东地缘政治构成全局性影响。

此外，对于苏丹与摩洛哥来说，与以色列关系正常化将为本国带来更大的政治利益。在美国的承诺下，苏丹与以色列关系正常化是美国将苏丹移出"支持恐怖主义国家"名单的重要前提条件。摩洛哥决定与以色列建立外交关系，换取美国承认摩洛哥对有争议的西撒哈拉地区的主权，甚至连联合国都拒绝接受该地区为摩洛哥领土。

三是疫情使阿拉伯国家与以色列加快了关系正常化步伐，在全球产业链调整的大背景下，阿拉伯国家与以色列合作抗疫的意愿更加强烈。事实上，虽然除埃及、约旦之外的阿拉伯国家与以色列此前从未建立正式外交关系，但在过去的五年里，以色列和海湾国家尤其是沙特阿拉伯、阿联酋和巴林一直保持着民间接触和交往。例如，以色列运动员与官员多次到访阿联酋参加体育赛事和国际会议；总部设于阿布扎比的国际可再生能源机构在以色列设立了办公室；以色列宣布将参加在阿联酋迪拜举行的世博会。2019 年阿联酋外交事务国务部长安瓦尔·加尔贾什甚至表示，阿拉伯国家几十年前做出的避免与以色列接触的决定是一个错误，二者的关系可能在未来几年发生"战略转变"。①

在达成协议前的几个月里，以色列与阿联酋秘密合作，抗击新冠肺炎疫情。2020 年 5 月 19 日晚，一架从阿布扎比起飞的无标识货机降落在以色列特拉维夫本－古里安国际机场，这是两国有史以来首次民航直飞。6 月 25 日，以色列和阿联酋分别宣布，两国私营企业将在抗击新冠肺炎疫情方面开展研发合作。7 月，以色列航空工业公司（Israel Aerospace Industries）、拉斐尔先进防御系统公司（Rafael Advanced Defense Systems）与阿联酋人工智能公司 42 集团（Group 42）签署协议，探索新冠肺炎疫情的"有效解决方案"。② 8 月 16 日，据阿联酋国家通讯社 WAM 报道，阿联酋艾普士国家投

---

① "UAE Official Says Arab Countries Should Be More Open to Israel", Aljazeera, March 28, 2019, https：//www. aljazeera. com/news/2019/3/28/uae – official – says – arab – countries – should – be – more – open – to – israel, accessed March 25, 2021.

② Danny Zaken, "Israel, UAE Test Potential for Cooperation on COVID – 19", Al – Monitor, July 9, 2020, https：//www. al – monitor. com/originals/2020/07/israel – united – arab – emirates – palestinians – benjamin – netanyahu. html, accessed March 25, 2021.

资公司（APEX National Investment Company）与以色列特拉集团（Tera Group）签署了一项战略商业协议，双方将就新冠肺炎疫情的相关研究开展合作。① 该协议被认为是开启阿联酋和以色列商业部门之间贸易、经济和伙伴关系的首份协议。8 月 24 日，两国卫生部长就两国的第一个卫生合作行动达成一致，共同抗击新冠肺炎疫情，双方将任命一名协调员，负责相互间的沟通。此外，两国已经成立了商人代表团，共同开展业务。疫情结束后，两国还将开展学生交流。②

四是"阿拉伯之春"后中东地缘政治的变化使以色列随之调整外交战略。中东剧变后，美国在中东战略收缩，伊朗强势崛起，政治伊斯兰势力借机发展。削弱穆斯林兄弟会和应对伊朗威胁的共识为以色列加强与沙特等温和派阿拉伯国家的关系提供了契机，部分阿拉伯国家已经在事实上承认了以色列存在的合法性，并把以色列作为潜在的盟友。以色列也随之调整外交政策，与沙特、阿联酋等海湾阿拉伯国家在经济、科技、文化等方面加强合作。另外，由于以色列右翼长期把持政坛，以色列对巴以问题的态度更加强硬。加上巴勒斯坦内部两大主流派别法塔赫和哈马斯之间关系分裂，无法形成统一意见参与巴以和谈。以色列放弃了以和谈为主的争端解决方式，从"以土地换和平"转变为"以经济换和平"，继续以单边主义方式占领巴勒斯坦的土地。

在以色列国内政治方面，内塔尼亚胡希望通过与阿拉伯国家关系正常化来提高自己的支持率。2020 年 3 月以色列议会选举结束后，由于内塔尼亚胡领导的利库德集团和甘茨领导的反内塔尼亚胡集团均未获得组建内阁的 61 个席位，建立联合政府已不可避免。然而，新冠肺炎疫情突如其来，以色列国内陷入严重的卫生危机与经济危机。为了避免以色列议会被迫举行第 4 次选

---

① "UAE, Israeli Companies Sign 'Strategic Commercial Agreement' on Coronavirus R&D", Reuters, August 15, 2020, https://www.reuters.com/article/us－israel－emirates－covid－idUSKCN25B0ZL, accessed March 25, 2021.

② Hannah Brown, "UAE and Israeli Health Ministries to Cooperate on the Coronavirus", The Jerusalem Post, August 24, 2020, https://www.jpost.com/health－science/uae－and－israeli－health－ministries－to－cooperate－on－the－coronavirus－639770, accessed March 26, 2021.

举，在内塔尼亚胡的邀请下，甘茨接受了与内塔尼亚胡组建联合政府的建议。随后，双方围绕权力和利益达成妥协，就组建全国紧急团结政府达成协议。甘茨获得了权力以及走向权力顶峰的机会，内塔尼亚胡则借协议延续了政治生命并获得摆脱腐败嫌疑的机会。2020 年 5 月 17 日，以色列第 35 届政府在议会正式宣誓就职，结束了持续一年多的组阁危机。事实上，尽管受到新冠肺炎疫情冲击，但安全问题仍是以色列民众的主要关注点，相当一部分选民依然支持在安全问题上立场强硬的右翼势力。内塔尼亚胡力推以色列与阿拉伯国家关系正常化，希望在偏袒以色列的美国特朗普政府执政期间取得有利于以色列的实质性外交突破，从而使利库德集团在议会选举中占据有利地位。

内塔尼亚胡在总理任期内仍与甘茨在一系列问题上存在严重分歧。联合政府的财政预算案迟迟未能获得通过，内塔尼亚胡希望通过一份仅涵盖 2020 财年剩余时间的预算案，而蓝白党领导人、副总理兼国防部长甘茨则坚持预算案应涵盖 2021 财年。以色列法律规定，新政府就职后必须在 100 天内通过预算案或推迟通过预算案的截止时间，否则议会将自动解散。[①] 2020 年 12 月 21 日，以色列议会审议了一项再度延长预算案截止时间的议案，但因政府内部分歧以及部分议员缺席，该议案未获通过。由于预算案未能如期通过，以色列第 23 届议会于 12 月 22 日午夜自动解散，并于 2021 年 3 月 23 日举行新的议会选举。

五是美国特朗普政府希望通过主导中东事务，推动以色列和阿拉伯国家关系正常化，打造符合美国利益的"新中东"与"阿拉伯版北约"（中东战略联盟）。这既可以最大限度地保障美国在中东地区的战略利益，还能够提振特朗普萎靡的国内选情。特朗普上台后，奉行"美国优先"战略，在中东地区继续实行战略收缩。一方面，退出伊朗核问题全面协议，恢复并加大对伊制裁，全面遏制伊朗；另一方面，在巴以问题上推出严重偏袒以色列的"世纪协议"，对巴勒斯坦施压，逼迫巴勒斯坦回到谈判桌。特朗普政府于 2017 年

---

① 《以色列议会再解散　政局缘何频波动》，新华网，2020 年 12 月 23 日，http：//www. xinhuanet. com/2020－12/23/c_ 1126898552. htm，最后访问日期：2021 年 3 月 26 日。

提出与阿拉伯盟国建立多边中东战略联盟，希望中东盟国能在安全、政治、经济等方面加强合作，更多地承担起保护自身安全的责任，减少美国在这一地区的战略投入。美国还将对付共同敌人伊朗作为推动以色列与阿拉伯国家关系正常化的重要抓手，推动阿拉伯国家与以色列和解，最终实现地区的和平与繁荣。如此，既可以最大限度地减轻美国的负担，又不会失去美国对中东事务的主导权，从而助推美国全球战略的调整。另外，在美国疫情难以遏制、经济形势不景气和"乔治·弗洛伊德事件"引发的抗议骚乱愈演愈烈等因素影响下，特朗普在各项主流民调中的支持率都落后于拜登。因此，特朗普方面急需一些政策亮点提振信心，通过以色列与阿拉伯国家关系正常化迎合美国福音派选民的宗教理念，巩固福音派选民票仓，并争取犹太财团的支持。

三　阿以关系实现新突破后有关各方的反应

（一）阿联酋与以色列关系正常化后的各方反应

阿联酋与以色列关系正常化后，阿拉伯国家的反应可以分为谨慎支持、强烈反对、表面反对实际暗许和前后矛盾四类。谨慎支持的国家包括巴林、埃及、阿曼、约旦等国，强烈反对的国家包括巴勒斯坦、科威特、叙利亚、伊拉克、突尼斯、也门、利比亚等国，沙特表面反对实际暗许，苏丹和摩洛哥两国的反应前后矛盾。

阿联酋与以色列关系正常化引发了巴勒斯坦一方的强烈抗议，法塔赫与哈马斯分别就关系正常化协议表示强烈谴责。巴勒斯坦总统阿巴斯在一份声明中称这一行为背叛了耶路撒冷、阿克萨清真寺和巴勒斯坦事业，并召回了巴勒斯坦驻阿联酋大使。哈马斯领导人哈尼亚则致电阿巴斯，声称这一协议是"在巴勒斯坦人背后捅刀子"。①

① Khaled Abu Toameh, "What's behind the PA's Muted Response to Israel-Sudan Deal?", The Jerusalem Post, October 24, 2020, https://www.jpost.com/middle-east/whats-behind-the-pas-muted-response-to-israel-sudan-deal-646785, accessed March 28, 2021.

与对"世纪协议"的态度相似，对解决巴以问题有影响的阿拉伯国家表现出谨慎支持。埃及、巴林、阿曼均对"亚伯拉罕协议"表示欢迎，赞扬各方为"实现地区的繁荣和稳定"所做的努力，并希望该协将有助于中东地区实现全面、公正、可持续的和平。[1] 此前对"世纪协议"表示强烈反对的约旦态度也缓和了，约旦外交部长萨法迪表示，在签订协议之后，以色列应该放弃任何吞并约旦河西岸部分地区的计划，如果该协议能够让以色列从巴勒斯坦领土上撤出，那么它将使中东距实现和平更近一步。[2]

与其他海湾阿拉伯国家的谨慎支持态度不同，沙特的特殊国家地位使其不会贸然做出支持阿联酋与以色列关系正常化的表态。沙特阿拉伯外交部长费萨尔在阿联酋与以色列关系正常化之后表示，在以色列与巴勒斯坦签署和平协议之前，沙特与巴勒斯坦不会实现关系正常化，沙特希望能在阿拉伯和平倡议的框架内实现和平。[3] 但事实上，沙特以实际行动默许了阿联酋与以色列关系正常化。在阿联酋与以色列之间开通第一个直飞航班后，沙特阿拉伯民航总局随即宣布允许各国往返阿联酋的航班飞越沙特领空。[4] 有媒体指出，沙特王储小萨勒曼希望与以色列实现关系正常化的想法受到他的父亲萨勒曼国王限制，萨勒曼国王仍然坚定地支持2002年阿拉伯和平倡议中的"土地换和平"和"两国方案"。一旦沙特与以色列关系正常化，将损害沙特作为两圣地监护人、伊斯兰世界领导人的特殊地位，而伊朗和土耳其目前正在争夺这一地位。所以，沙特王储小萨勒曼不得不以更为间接但仍然有效

① "How the World Reacted to Bahrain, Israel Normalising Ties", Aljazeera, September 13, 2020, https://www.aljazeera.com/news/2020/9/13/how-the-world-reacted-to-bahrain-israel-normalising-ties, accessed March 28, 2021.

② "Jordan Says Israel-UAE Deal Should Prod Israel to Accept Palestinian State", Reuters, August 14, 2020, https://www.reuters.com/article/us-israel-emirates-jordan-idUSKCN2592WN, accessed March 28, 2020.

③ "Saudi Arabia Cautiously Welcomes UAE, Israel Normalization", U.S. News, August 19, 2020, https://www.usnews.com/news/world/articles/2020-08-19/saudi-arabia-cautiously-welcomes-uae-israel-normalization, accessed March 28, 2020.

④ 《沙特允许各国往返阿联酋航班飞越沙特领空》，新华网，2020年9月2日，http://m.xinhuanet.com/2020-09/02/c_1126445567.htm，最后访问日期：2021年3月28日。

的方式，暗示沙特对以色列的态度有所软化。例如，在大多数阿拉伯国家仍然否认犹太人大屠杀的背景下，据2020年1月22日报道，伊斯兰世界联盟秘书长穆罕默德·艾萨决定于1月23日访问奥斯威辛集中营，表示了对犹太人大屠杀的承认与同情。①

苏丹与摩洛哥对阿联酋与以色列关系正常化的态度前后矛盾。2020年8月苏丹外交部新闻发言人海达尔·萨迪格（Haidar Sadig）被免职，因为海达尔称赞"亚伯拉罕协议"是"勇敢而大胆的一步"，同时表示苏丹和以色列之间存在秘密接触。②8月25日，苏丹过渡政府总理阿卜杜拉·哈姆杜克（Abdalla Hamdok）告诉时任美国国务卿蓬佩奥，他的过渡政府"没有授权"与以色列建立关系，这种事情只有在选举出一个民主政府后才能决定。③摩洛哥首相萨阿德丁·奥斯曼尼（Saadeddine Othmani）也曾表示，摩洛哥拒绝与以色列实现任何关系正常化，这只会增强对巴勒斯坦人的压迫。④然而，两国先后于2020年10月23日和12月22日与以色列签署关系正常化协议。

（二）巴林与以色列关系正常化后的各方反应

巴林与以色列宣布关系正常化后，阿联酋、阿曼、埃及等国对这一决定表示支持。约旦默许两国关系正常化，同时强调以色列和巴林关系正常化

① Adam Rasgon, "Senior Saudi Religious Leader Set for 'Groundbreaking' Visit to Auschwitz Thurs", January 22, 2020, The Times of Israel, https：//www. timesofisrael. com/senior – saudi – religious – leader – set – to – make – groundbreaking – visit – to – auschwitz/, accessed March 30, 2021.

② Mohammed Amin, "Is Sudan Backtracking on Normalisation with Israel?", Middle East Eye, August 20, 2020, https：//www. middleeasteye. net/news/sudan – israel – normalisation – backtracking, accessed March 30, 2021.

③ "Sudan PM：Government Has 'No Mandate' to Normalise Israel Ties", Aljazeera, August 25, 2020, https：//www. aljazeera. com/news/2020/8/25/sudan – pm – government – has – no – mandate – to – normalise – israel – ties, accessed March 30, 2021.

④ "UAE-Israel Deal：Morocco Officially Rejects Normalisation with Israel", Middle East Eye, August 24, 2020, https：//www. middleeasteye. net/news/uae – israel – deal – morocco – rejects – normalisation – first – reaction, accessed March 31, 2021.

后，以色列应该停止一切破坏"两国方案"的程序，并停止非法占领巴勒斯坦土地。① 而沙特官方媒体在报道中没有提及这一问题，只是表示国王对"持久和公平"解决巴勒斯坦问题的支持。② 巴勒斯坦权力机构和哈马斯随即表示强烈反对，谴责巴林与以色列关系正常化协议是一个阿拉伯国家对巴勒斯坦人民和巴勒斯坦事业又一次"背后捅刀子"和"侵略"行为。同时，巴勒斯坦召回了驻麦纳麦大使。值得注意的是，除也门、黎巴嫩真主党外，在阿联酋与以色列关系正常化时表示强烈反对的科威特、叙利亚、伊拉克、突尼斯、利比亚等阿拉伯国家均未做出官方回应。

（三）苏丹、摩洛哥与以色列关系正常化后的各方反应

苏丹与以色列关系正常化后，除阿联酋、巴林、阿曼、埃及等国依旧表示支持外，公开表示反对的阿拉伯国家越来越少，大多数阿拉伯国家对苏丹与以色列关系正常化保持沉默。同时，为了避免与相关国家的关系进一步恶化，也为了避免与支持关系正常化的埃及和沙特等国发生冲突，巴勒斯坦的言辞与之前相比有所克制，只是重申了对苏丹与以色列关系正常化的谴责，并表示"任何人都无权代表巴勒斯坦人民和巴勒斯坦事业发言"，没有重复之前对阿联酋和巴林"背叛耶路撒冷、阿克萨清真寺和巴勒斯坦事业"的严厉指控，也没有从喀土穆撤回大使。另外，为缓和与阿联酋及巴林的紧张关系，巴勒斯坦领导人已指示其高级官员停止对与以色列关系正常化的阿拉伯国家的攻击，被召回的巴勒斯坦驻阿联酋与巴林大使也悄悄回到使馆。

摩洛哥与以色列关系正常化时，阿拉伯世界的反对声音更加微弱。除阿

---

① "Jordan Says the Necessary Steps to Achieve a Fair Peace Should Come from Israel", Reuters, https：//www. reuters. com/article/uk – israel – bahrain – usa – jordan/jordan – says – the – necessary – steps – to – achieve – a – fair – peace – should – come – from – israel – idUKKBN2622V7, accessed March 31, 2020.

② Anuj Chopra, "'Alternative Normalization' with Saudi Arabia Seen in Bahrain-Israel Deal", The Times of Israel, September 13, 2020, https：//www. timesofisrael. com/alternative – normalization – with – saudi – arabia – seen – in – bahrain – israel – deal/, accessed March 31, 2020.

尔及利亚公开谴责摩洛哥并否认美国承认西撒哈拉的法律效力外，绝大多数阿拉伯国家对此保持沉默。少数阿拉伯国家甚至转变态度，对两国关系正常化表示支持。沙特国王表态支持美国为促进中东和平做出的努力，突尼斯一转之前的反对立场表示尊重摩洛哥的选择。值得注意的是，为避免破坏巴勒斯坦与其他阿拉伯国家的关系，虽然巴勒斯坦其他派系对摩洛哥与以色列关系正常化表示强烈谴责，但巴勒斯坦政府一直保持沉默。

然而，与大部分阿拉伯国家的沉默应对不同，伊朗与土耳其两国始终站在支持巴勒斯坦事业、反对阿拉伯国家与以色列关系正常化的最前线。两国均强烈谴责四个阿拉伯国家与以色列关系正常化，土耳其总统埃尔多安甚至一度表示考虑暂停或切断与阿联酋的外交关系，并召回驻阿布扎比大使。[1]

综上，在四个阿拉伯国家接连与以色列实现关系正常化后，其余阿拉伯国家的反对声音一次比一次微弱。巴勒斯坦面对阿拉伯国家与以色列关系正常化的连带效应，不得不选择以沉默应对。阿拉伯世界与以色列实现关系正常化或是大势所趋。而始终坚持反对立场的伊朗与土耳其则希望借此机会，以反对阿拉伯国家与以色列关系正常化为名占据介入巴以问题的道德高地，为本国势力在中东地区的进一步扩张创造机会。

四　阿以关系的突破对中东地缘政治的影响及前景展望

第一，阿拉伯国家和以色列的经济技术合作将走上快速发展的道路。在发表关系正常化声明和签署"亚伯拉罕协议"后，阿联酋和以色列已签署一系列经济技术合作协议。2020年8月31日，以色列首个直飞阿联酋的商

---

① Daren Butler, Tuvan Gumrukcu, "Turkey May Suspend Ties with UAE over Israel Deal, Erdogan Says", Reuters, https://www.reuters.com/article/us – israel – emirates – turkey/turkey – may – suspend – ties – with – uae – over – israel – deal – erdogan – says – idUSKCN25A0ON, accessed April 5, 2021.

业航班抵达阿联酋首都阿布扎比。2020 年 10 月 20 日，阿联酋的一个代表团访问以色列，签署了涉及投资、科研合作、民航和互免签证的 4 项协议。2021 年 3 月 11 日，阿联酋宣布设立一项价值 100 亿美元的专项基金，用于对以色列国家战略性产业投资。通过该基金，阿联酋将在能源、制造业、水务、太空、医疗保健和农业技术等领域与以色列共同投资，加强两国之间的经贸联系，释放投资与合作机会，推动经济社会发展。2020 年 10 月 25 日，苏丹宣布正式启动与以色列经济和商业往来。2021 年 1 月 17 日，以色列两家最大的贷款机构分别与巴林中央银行签署了谅解备忘录，促进两国的商贸往来。阿拉伯国家与以色列在各领域加强合作，其核心诉求是实现国家的发展，提高国家综合实力。双边的人文、技术、教育交流为今后双边关系的持续发展打下了基础。

第二，阿拉伯国家和以色列的安全合作将更加密切，中东地区格局的阵营化趋势愈加明显，地区局势呈现出更多的不确定性。一方面，"亚伯拉罕协议"的签署扩大了阿以阵营，以色列与逊尼派阿拉伯国家关系日趋缓和，不仅在安全、经济、技术、能源、医疗等关键领域开展深度合作，而且将逐步开展军事安全领域合作。阿联酋本土军工企业 EDGE 集团和以色列航空工业公司达成协议，联合开发针对阿联酋市场需求的反无人机防御系统。以色列和海湾阿拉伯国家的反伊朗联盟逐渐成形，双方将逐步扩大应对伊朗威胁的安全合作。以色列与阿拉伯国家关系的突破性发展或将使中东形成三大阵营，即阿拉伯国家和以色列、伊朗与什叶派力量、土耳其和穆斯林兄弟会，地区局势的不确定性将进一步增加。

第三，阿拉伯民族主义式微，巴以问题的解决向着不利于巴勒斯坦的方向发展。阿拉伯国家不再固守 1967 年阿拉伯喀土穆峰会提出的"三不原则"和 2002 年阿拉伯和平倡议提出的"先巴以，后阿以"的原则，以国家利益为核心，主动加强与以色列、美国的合作，推动经济多元化发展，维护本国政权稳定。巴勒斯坦失去了逊尼派阿拉伯国家这一最重要的支持者，在巴以谈判中将更加孤立无援，巴以问题更趋边缘化。

第四，美国特朗普政府对解决巴以问题的政策调整改变了巴以和平进程

的轨道。特朗普政府的"世纪协议"以及推动阿拉伯国家与以色列关系正常化，完全改变了巴以和谈基础。拜登政府上台后虽然强调继续坚持"两国方案"，恢复同巴勒斯坦方面的联系和为其提供援助，但拜登政府也明确表示不会再将大使馆从耶路撒冷迁回特拉维夫，也肯定了阿拉伯国家与以色列关系正常化。总体上，鉴于巴以问题边缘化趋势和巴以僵局日益难以破解，拜登政府可能不会在该问题上投入过多精力，除政策宣示外，恐难有作为。

第五，阿拉伯国家与以色列关系正常化或将加剧巴勒斯坦内部的矛盾。在哈马斯宣布不再坚持同时举行立法委员会、总统、全国委员会选举后，2021年1月16日，阿巴斯发布总统令，宣布于2021年5月22日、7月31日、8月31日先后举行立法委员会、总统、全国委员会的选举。① 然而，巴勒斯坦选举进程仍然充满变数。首先，以色列控制下的东耶路撒冷民众能否投票成为选举的关键。巴勒斯坦已向以色列提出正式要求，希望以色列能够准许东耶路撒冷居民参加在约旦河西岸和加沙地带举行的巴勒斯坦选举，但以色列迟迟没有做出肯定答复。其次，法塔赫内部分歧严重，阿巴斯的竞选团队面临党内其他派系的激烈竞争，一是巴勒斯坦前总统阿拉法特的侄子、前法塔赫高级官员库德瓦与仍在狱中的法塔赫领导人巴尔古提的竞选联盟，二是被阿巴斯驱逐出法塔赫的达赫兰竞选团队。另外，还有一些法塔赫代表认为法塔赫正在重蹈2006年选举失败的覆辙，宣布退出官方竞选名单。② 最终，巴勒斯坦总统阿巴斯于2021年4月30日凌晨发表全国电视讲话，宣布推迟原定于5月22日举行的全面大选，这无疑会进一步加剧法塔赫与哈马斯的矛盾。

---

① 《巴勒斯坦总统阿巴斯确定全面大选时间表》，新华网，2021年1月16日，http：//www. xinhuanet. com/2021－01/16/c_ 1126988688. htm，最后访问日期：2021年4月15日。

② Khaled Aby Toameh，"Palestinian Elections：Turmoil Hits Abbas's Fatah Ahead of Elections"，The Jerusalem Post，March 31，2021，https：//www. jpost. com/middle－east/palestinian－elections－barghouti－kidwa－form－unified－list－for－plc－vote－663723，accessed April 21，2021.

结　语

　　阿拉伯国家与以色列的关系取得突破，符合双方的国家利益诉求，但损害了巴勒斯坦人的利益。巴勒斯坦未来争取民族权利的斗争将面临更为严峻的困难。在中东地区大国竞相扩大影响力的情况下，阿拉伯国家和以色列改善关系，中东地缘政治竞争将出现新的阵营分化组合，地区局势的不确定性增强。

Y.14
利比亚局势新变化及走向

王金岩　潘晓菁*

摘　要： 2020年，利比亚经历了从两派武力对抗转向趋于稳定统一。
外部干预形式多样。其中，土耳其率先对利比亚实施直接的
军事干预，引发双方支持国家在利比亚加大博弈，导致利比
亚乱局加剧。联合国通过驻利比亚代表加大对其乱局的斡旋
努力，德国等国也通过举办利比亚问题国际会议力促两派和
解。以上努力取得显著收效，对立两派实现停火，此后沿着
既定轨道走向进一步和解。从当前看，利比亚实现统一已是
大势所趋，但仍面临多重挑战，需要较长时间和多方面的共
同努力才能最终实现。

关键词： 利比亚　外部干预　经济复苏　社会秩序

　　2011年，利比亚战争爆发，卡扎菲政权被推翻，战后的过渡政府和临
时政府都试图带领国家走上西方民主道路。然而，西式民主在利比亚"水
土不服"，利比亚不但没有实现预期的繁荣与发展，反而陷入分裂和动荡。
自2019年4月起，利比亚对立两派间的战事升级，国内局势逐渐滑入至暗
时刻。2020年初，多股外部力量加大对利比亚斡旋促和的努力，利比亚对
立双方关系也出现缓和。然而，利比亚战乱十年，国力大伤，多种矛盾因素
复杂交织，实现全面和平与稳定依然需要较长时间。

＊ 王金岩，中国社会科学院西亚非洲研究所副研究员，主要研究方向为阿拉伯国家政治、社会
问题；潘晓菁，新华社的黎波里分社首席记者。

一 2020年利比亚局势新变化

2014年以来，利比亚东、西两个政府割据对峙，双方都受到外部力量的支持。其中，民族团结政府与支持它的武装力量控制包括首都的黎波里在内的西部大部分地区，得到土耳其、意大利、卡塔尔等国支持；国民代表大会在东部城市图卜鲁格另立政府，与退役将领哈夫塔尔领导的国民军结盟，共同控制东部和中部地区、南部主要城市及部分西部城市，得到法国、埃及、阿联酋等国的援助。其中，民族团结政府获得国际承认。2019年4月，国民军对的黎波里发起军事行动，试图从民族团结政府手中夺取首都控制权。自此，利比亚爆发新一轮军事冲突，一直持续至2020年年中。各种力量以各自的方式加大干预力度。在此情况下，利比亚局势在政治、经济、社会等方面都呈现出新变化。

（一）政治和解进程

2020年初，土耳其议会表决通过有关出兵利比亚的议案。土耳其的强势介入使利比亚局势"乱上加乱"，并引发美国、俄罗斯、德国、埃及等多国的强烈关注。在俄罗斯、土耳其的积极斡旋下，利比亚冲突双方开始"脆弱"停火。民族团结政府表示，欢迎土、俄的停火呼吁。国民军也宣布，只要民族团结政府军队停火，国民军也将停止军事行动。[①] 然而，就在停火协议达成后的第二天，冲突双方就指责对方违反了停火承诺。

2020年1月19日，旨在解决利比亚问题的柏林峰会拉开新一轮利比亚政治和谈的序幕。在联合国的主导下，来自12个国家的领导人或高官以及联合国等4个国际组织的领导人参会。利比亚民族团结政府总理萨拉吉与国民军领导人哈夫塔尔都参加了本次峰会，但未实现面对面的直接会谈。本次

---

① Michael Young, "Into the Libya Vortex", Malcolm H. Kerr Carnegie Middle East Center, January 14, 2020, https://carnegie-mec.org/2020/01/14/into-libya-vortex-pub-80776, accessed January 14, 2021.

峰会通过一份包含55点内容的文件，重申对利比亚主权、独立、领土完整和民族团结的承诺。与会各方承诺，避免干涉利比亚内政或武装冲突，利比亚问题没有军事解决方案；呼吁有关各方全面持久停止所有敌对行动，不再进行任何加剧冲突或与联合国安理会武器禁运和停火不符的活动；设立由参会各方参与的国际后续委员会，以便在联合国的主持下保持各方会后协调，并负责查验峰会成果是否得到落实。① 此外，本次峰会也促成利比亚冲突双方各派5名代表组成联合军事委员会（"5 + 5"），就达成下一步停火协议进行谈判。据此，该军事委员会于2020年2月3日在日内瓦举行首次"停火"和谈，但冲突双方并未实现事实上的停火。

土耳其强势军事介入利比亚冲突成为此后民族团结政府军"变被动为主动"的关键因素。在土耳其直接军事介入下，民族团结政府军不断收复"失地"，并于2020年6月4日宣布收复整个的黎波里，国民军从首都地区全部撤离。至此，持续了14个月的首都争夺战落下帷幕。此后，冲突双方高层纷纷出访，意在寻求更多的外部支持。国民军领导人出访埃及，表示愿意在埃及提出的和平倡议下进行停火和谈。② 而民族团结政府方面则拒绝停火，继续向东追击国民军。此后，冲突双方在中部港口城市苏尔特附近形成对峙。

2020年8月21日，萨拉吉宣布在利比亚境内实施全面停火，并呼吁于次年3月举行总统和议会选举。利比亚国民代表大会主席伊萨也于当日发表声明支持停火和举行选举。③ 这是2020年利比亚东、西双方主要政治力量首次主动"齐声"喊停火。此后，利比亚最高国家委员会（代表西部政府）

① "The Berlin Conference on Libya Conference Conclusions", UNSMIL, January 19, 2020, https：// unsmil. unmissions. org/sites/default/files/berlin_ conference_ communique. pdf, accessed January 19, 2021.

② "Egypt's Sisi Says Turkey/Qatar-Backed Assault on Libya's Sirte Is 'Red Line'", The Defense Post, June 21, 2021, https：//www. thedefensepost. com/2020/06/21/egypt – sisi – libya – turkey – sirte/, accessed June, 2021.

③ 《利比亚民族团结政府总理宣布停火》，新华网，2020年8月22日，http：//www. xinhuanet. com/2020 – 08/22/c_ 1126398638. htm，最后访问日期：2020年8月22日。

和国民代表大会分别派出代表于 9 月 6 日和 10 月 5 日先后两次在摩洛哥布兹尼卡举行会谈，就落实柏林峰会成果对话，并最终就利比亚政治进程机制达成协议。联合国利比亚支助特派团临时负责人斯蒂芬妮·威廉姆斯就此表示，两次摩洛哥对话为重启利比亚政治对话做出巨大贡献。①

在联合国的推动下，利比亚两大阵营还先后于 9 月 28 日和 10 月 11 日在埃及的胡尔加达与开罗举行和平对话，确定利比亚问题解决机制，并讨论制宪相关问题。双方同意采取措施确保在 11 月释放所有在押人员；加快开放利比亚不同地区间的运输线；一致同意保护利比亚石油和天然气设施应成为今后对话的优先议题之一，以期完全恢复利比亚产油和出口。②

经过几轮和谈，利比亚冲突双方最终于 2020 年 10 月 23 日在日内瓦签署停火协议，决定在利比亚全境实行"完全和永久"停火。根据该协议，利比亚冲突双方同意组建一个联合机构，监督停火协议的实施，并立即开始对利比亚境内所有武装组织与人员进行识别和归类，以便为未来的全国统一整编铺平道路。同时，要求利比亚境内所有外国雇佣兵和战斗人员在 3 个月内离境。③

2020 年 11 月 3 日，利比亚联合军事委员会在利比亚南部城市古达米斯举行第五轮谈判。冲突双方就停火协议执行条款达成一致，将组建一个军事附属委员会，监督双方部队返回各自军营以及前线外国武装力量的撤退情况。此外，双方就交换全部在押人员、与联合国人员合作移除地雷、恢复古

---

① "Note to Correspondents: Acting Special Representative of the Secretary-General for Libya Stephanie Williams Remarks Following the Closing of the Vote on the New Executive Authority of the Libyan Political Dialogue Forum", United Nations, February 5, 2021, https://www.un.org/sg/en/content/sg/note-correspondents/2021-02-05/note-correspondents%C2%A0acting-special-representative-of-the-secretary-general-for-libya-stephanie-williams-remarks-following-the-closing-of-the-vote-the-new, accessed February 15, 2021.

② 《利比亚对立双方埃及对话达成共识》，新华网，2020 年 10 月 1 日，http://www.xinhuanet.com/world/2020-10/01/c_1210824828.htm，最后访问日期：2020 年 10 月 1 日。

③ "UN Salutes New Libya Ceasefire Agreement that Points to 'A Better, Safer, and More Peaceful Future'", United Nations, October 23, 2020, https://news.un.org/en/story/2020/10/1076012, accessed October 23, 2020.

达米斯等地通航等问题达成一致。① 2020 年 11 月 9～13 日，利比亚政治对话论坛在突尼斯举行。本次会议的总体目标是就国家统一治理框架达成共识，以恢复利比亚主权和机构的民主合法性。冲突双方在本次会议上一致同意于 2021 年 12 月 24 日举行总统和议会选举。② 2020 年 12 月 22 日，由 18 名利比亚政治对话论坛成员组成的法律委员会工作正式启动，为新一轮选举做必要安排。

2021 年 1 月 30 日至 2 月 5 日，在联合国的斡旋下，75 名利比亚各派政治势力的代表、部族首领以及东、西、南三地政要再次在瑞士举行对话，并投票产生总统委员会三名成员及过渡政府总理人选。2021 年 2 月 25 日，利比亚过渡政府总理向国民代表大会提交了新政府组成名单。2021 年 3 月 10 日，国民代表大会在苏尔特批准新的民族团结政府（过渡政府）成立。新一届过渡政府于 2021 年 3 月 15 日在班加西就职，自此至 2021 年底大选前领导国家的过渡政治阶段。③

（二）寻求经济复苏

利比亚是典型的"地租经济"国家，战争爆发前，利比亚财政收入的 80% 以上来自能源出口。利比亚已探明石油储量为 450 亿～500 亿桶，估计总储量可达 1000 亿桶，居全球第 9 位，居非洲第 2 位。利比亚已探明天然气储量为 46.4 万亿立方英尺，估计总储量可达 70 万亿～100 万亿立方英尺。其中大部分尚未开发，一些地块甚至尚未勘探。④ 能源作为利比亚的经济生命线是影响其局势走向的关键因素。

利比亚战后，在联合国的支持下，冲突双方达成石油分配协议，即民族

① 《利比亚新一轮政治对话在突尼斯举行》，新华网，2020 年 11 月 10 日，http://www.xinhuanet.com/world/2020–11/10/c_1126718518.htm，最后访问日期：2020 年 11 月 10 日。
② 《利比亚政治对话论坛法律委员会启动工作》，新华网，2020 年 12 月 22 日，http://www.xinhuanet.com/2020–12/22/c_1126892858.htm，最后访问日期：2020 年 12 月 22 日。
③ 《利比亚国民代表大会批准新的民族团结政府成立》，新华网，2020 年 3 月 11 日，http://www.xinhuanet.com/2021–03/11/c_1127196308.htm，最后访问日期：2021 年 3 月 11 日。
④ 潘蓓英编著《列国志：利比亚》，社会科学文献出版社，2007，第 126 页。

团结政府负责原油的生产和出口，收入交由利比亚中央银行，用于支付全境的公共机构和政府雇员薪资。国家处于动荡乱局时，不同派别将能源作为武器，相互阻挠与破坏生产和运输，这导致国家的能源收入骤减。2020 年初，两派激烈对峙，国家经济也逐渐滑向崩溃的边缘。随着国家政治和解进程深入，利比亚以能源产业为代表的经济出现复苏趋势。

2020 年 1 月 17 日，支持哈夫塔尔的部族武装夺取利比亚东北海岸沿线和南部多个石油出口终端，令利比亚国家石油公司下属 5 个分公司暂停石油出口，共涉及 50 多处油田和多座油港。2020 年 1 月 18 日，利比亚国家石油公司宣称，这一禁令使利比亚石油出口每天减少 80 万桶，损失 5500 万美元收入。① 萨拉吉表示，由于东部部族武装封锁石油出口，民族团结政府的财政收入来源被掐断，预期 2020 年将遭遇严峻的财政危机。2020 年 2 月 15 日，萨拉吉在会见媒体记者时指出，1 月中旬至 2 月中旬，利比亚石油收入损失超过 14 亿美元，"鉴于这些石油设施继续遭到封锁，2020 年肯定会出现预算赤字，财政预算的规模也将跌至最低水平"。② 利比亚国家石油公司数据显示，自东部部族武装封锁石油出口至 2020 年 9 月 15 日，利比亚石油收入损失接近 100 亿美元。③

利比亚战后的原油产出峰值为 120 万桶/日，2020 年两派冲突最激烈时骤跌至仅 10 万桶/日。④ 持续数月的油田停产和出口中断导致利比亚的经济面临崩溃。国有企业和政府机构预算无法正常批复，这导致企业面临大规模债务，多数政府工作及项目停滞；国有企业及政府公职人员工资拖欠数月，

---

① "An Opening in North Africa", Malcolm H. Kerr Carnegie Middle East Center, October 26, 2020, https：//carnegie－mec. org/diwan/83024, accessed October 26, 2020.

② 《石油出口被封锁　利比亚今年将遭遇财政危机》，新华网，2020 年 2 月 18 日，http：//www. xinhuanet. com/world/2020－02/18/c_ 1210478358. htm，最后访问日期：2020 年 2 月 18 日。

③ "Libyan Oil Output down to Less than 100,000 Barrels per Day", Xinhuanet, March 17,2020, http：//www. xinhuanet. com/english/2020－03/17/c_ 138886185. htm, accessed March 17, 2020.

④ "An Opening in North Africa", Malcolm H. Kerr Carnegie Middle East Center, October 26, 2020, https：//carnegie－mec. org/diwan/83024, accessed October 26, 2020.

银行取现困难，引发社会强烈不满。

2020年初，新冠肺炎疫情突发并在全球迅速蔓延。2020年3月24日，利比亚检测出首个确诊病例。截至2020年12月31日，利比亚共确诊新冠肺炎病例10万余例、死亡近1500例。① 截至2021年3月，利比亚每日新增确诊病例数为500~1000例。鉴于利比亚检测能力有限，实际病例数恐远超公布数字。为应对疫情，东、西两个政府分别在各自控制区域内采取了宵禁、封锁、停止聚集活动等措施。限制措施下，利比亚的经济雪上加霜，民众生活物资短缺、物价飞涨。

在联合国多次斡旋下，利比亚冲突双方多次举行有关停火的和谈及政治对话。国民军对油田及港口的封锁逐步解开，多个大型油田经历数次关停后恢复生产，出口港再度开放。2020年10月26日，利比亚国家石油公司宣布，所有油田和港口结束封锁，将陆续恢复石油生产和出口。截至2020年11月8日，利比亚日均原油产出已恢复到100万桶。② 随着能源产业恢复，利比亚其他经济领域也逐步复苏，利比亚与外国的经济合作也开始重启。

（三）寻求社会融合

利比亚战后，国内长期动荡，造成持续的人道主义灾难。自2014年两个政府并立后，人道主义灾难进一步加剧。由于地理、历史等原因，利比亚东、西、南三地区民众都习惯于地区和部族认同，对国家认同感较弱。战后政权分裂进一步弱化了民众对统一国家的认同，社会分裂更加严重。2020年以来，随着对峙派别间的政治和谈取得成果，经济合作不断增多，社会也呈现出趋于融合的势头。

一方面，社会秩序逐渐恢复。2019年4月爆发的新一轮暴力冲突造成严重且持续的人道主义灾难。据利比亚民族团结政府提供的数据，2019年4

---

① 数据来自 National Centre for Disease Control-Libya, https：//ncdc. org. ly/Ar/libyan – covid – 19 – dashboard, accessed Deceber 31, 2020。

② "Libyan Sides Agree Plan on Implementing Ceasefire Deal", United Nations, November 4, 2020, https：//news. un. org/en/story/2020/11/1076852, accessed November 4, 2020.

月至 2020 年 4 月，首都战事共造成 342000 名利比亚民众流离失所，其中包括 90000 名儿童，损毁房屋达 125000 幢。[①] 2020 年 6 月，民族团结政府宣布全面收复首都及周边地区后，大部分被迫离开家园躲避战乱的民众陆续返回。自 2020 年 3 月，在抗击新冠肺炎疫情过程中，两个政府与当地医务人员、社会各界人士齐心协力，共克时艰，社会凝聚力增强。2020 年 8 月底，因疫情而停课的利比亚学校陆续复课，师生配齐防疫装备，保持社交距离。在疫情持续这一新常态之下，利比亚各方面的社会秩序都在向着正常、稳定的方向发展。

另一方面，利比亚空中交通逐步重启。2019 年 4 月，两派开始首都争夺战之后，东部、西部之间的空中交通中断。2020 年 10 月 17 日，从的黎波里到班加西的航班首次恢复，该航班一度被视为从西部飞往东部的和平鸽。2020 年 11 月 14 日，利比亚与突尼斯恢复通航，陆路边境同时重新开放。2021 年 3 月 9 日，利比亚东部城市班加西与西部城市米苏拉塔之间的航班在中断近 7 年之后恢复飞行。自此，利比亚国家航空公司计划在两个城市之间每周飞行四个班次。[②] 虽然当前利比亚境内尚未实现完全及彻底的和平与稳定，但三地间以及利比亚与邻国间的交通正在逐步重新开启。

此外，多种形式的文化活动也开始启动。2020 年 10 月 19 日，由利比亚本地达瓦亚艺术家基金会举办的第五届艺术展在首都的黎波里及多个社交媒体线上线下同时举行。10 月 28 日，来自利比亚多地的青年在的黎波里市中心的皇宫内参加高新技术活动，分享最新数字技术领域的成果。11 月 7 日，在的黎波里西部（Al-Seraj area）举行马术比赛，参赛选手来自利比亚

---

① "Spotlight: Landmines Prevent Displaced Libyans from Returning Home", Xinhuanet, June 17, 2020, http://www.xinhuanet.com/english/2020-06/17/c_139144538.htm, accessed June 17, 2020.

② "Flights Resume between Libya's Rival Cities of Benghazi, Misrata after Seven Years", Arabiya News, July 15, 2017, https://english.alarabiya.net/News/north-africa/2021/03/09/Libya-conflict-Flights-resume-between-Libya-s-rival-cities-of-Benghazi-Misrata-after-seven-years, accessed March 9, 2021.

东部、西部多个城市。[1]

综上，尽管利比亚社会仍面临政治、经济、安全以及疫情持续带来的多重困难和挑战，但从总体看，社会正趋向融合且朝着平稳的方向发展。

二 利比亚局势的影响因素

利比亚战争及战后乱局的形成和长期持续既有国内对立派别间的冲突因素，也有外部干预力量的影响。利比亚国内冲突为外部干预提供可乘之机，随着外部干预的影响力不断提高，利比亚乱局早已演变为外部多国间的代理人战争。从利比亚战后多年的情况看，外部力量对其战后局势的走向有着重要的影响。

（一）一些欧洲大国长期以各自的方式介入利比亚事务

一些欧洲国家与利比亚长期保持极强的关联度，在地理上隔地中海相望，在历史上曾有密切的政治关系，当前仍保持紧密的经济联系和安全关系。利比亚局势对欧洲多国具有直接或间接影响，欧洲多国也以各自的方式参与利比亚事务，对利比亚局势走向起着至关重要的作用。

1. 意大利与法国分别支持冲突的一方

在后卡扎菲时代，在利比亚的两个主要欧洲竞争对手是意大利和法国。两国在利比亚战争中共同致力于推翻卡扎菲政权，但利比亚政权分裂后，两国分别支持对峙的一方。意大利支持西部的民族团结政府，法国支持东部哈夫塔尔的军事力量。

意大利政府在利比亚的主要目标是防止来自非洲的难民取道利比亚进入意大利，维持利比亚对意大利的天然气供应，并确保意大利企业在利比亚的商业利益。意大利在利比亚的利益主要集中在西部地区，其与西部民族团结

---

① "Euqestrian Competition Held in Al-Seraj Area, West of Tripoli", Xinhuanet, December 7, 2020, http://www.xinhuanet.com/english/2020 – 11/07/c_139498103_2. htm, accessed December 7, 2020.

政府长期保持友好合作关系和密切往来。法国则对利比亚东南部地区更加关切，主要原因一是法国道达尔石油公司在利比亚中部和南部油田拥有巨大股份；二是与利比亚南部毗邻的萨赫勒地区多国是法国的势力范围，利比亚南部长期动荡不安给萨赫勒地区带来巨大的安全风险；三是利比亚境内极端恐怖势力的壮大也对法国本土的安全构成威胁。此外，阿联酋是哈夫塔尔力量的重要支持者，阿联酋境内有法国重要的军事基地，也是法国武器的第二大购买国，这促使法国与阿联酋统一立场。因此，意大利和法国在利比亚持续的冲突中支持不同派别，持对立立场。

2. 德国积极斡旋利比亚问题

利比亚战后乱局催生出数十万难民，利比亚也因边境管控疏松而成为非洲难民和移民非法进入欧洲的"优选通道"。2014～2016年，欧洲多国遭遇了第二次世界大战以来最大规模的难民潮，数百万来自非洲国家的难民和移民跨越地中海进入欧洲。其中，进入德国的难民数量就超过百万人，给德国带来巨大的政治、经济和安全压力。德国希望通过积极参与利比亚问题斡旋，从源头上遏制难民潮，保护国家安全。德国也致力于借此契机提高本国在欧盟内的领导力和扩大在国际上的影响力。德国总理默克尔表示，她正致力于在总理任期内让德国在利比亚问题上作为"演员"，而非"看客"。[1] 2020年1月19日，利比亚冲突双方及其支持力量之间胶着，德国政府在柏林主办利比亚问题高级别国际会议。经过艰难磋商，与会各方就冲突双方停火及外部势力停止军事支持达成共识，并同意在政治、经济、安全三条轨道上推进下一阶段和谈，以达成全面和解。

3. 俄罗斯在利比亚的影响力增强

欧盟国家在利比亚问题上存在分歧，不能形成合力，美国对利比亚问题关注和投入不足，为俄罗斯参与利比亚事务创造了空间。俄罗斯支持哈夫塔尔，希望在利比亚建立一个新的卡扎菲式专政，以服务于俄罗斯议程。近年来，俄罗斯主要在军事和外交两条轨道上参与利比亚事务。

---

① 王金岩：《利比亚问题：斡旋者德国》，《环球》2020年第6期。

军事上，自 2019 年俄罗斯加大对国民军的支援力度。俄罗斯派遣了数千名雇佣兵，支持国民军攻占的黎波里的军事行动。这些雇佣兵主要来自私营军事公司瓦格纳集团。国民军失败后，俄罗斯武装人员仍留在利比亚，并未撤离。外交上，俄罗斯积极参与对利比亚冲突的斡旋。2020 年 1 月初，俄罗斯与土耳其在莫斯科共同主持了东、西武装力量之间的停火谈判。尽管此次谈判未能确保交战双方之间达成停火协议，但确立了俄罗斯作为冲突主要利益攸关方和调解者的地位。在此后的柏林峰会期间，俄罗斯总统普京再次展现了在解决利比亚冲突中的领导作用，也向世界宣示利比亚的未来离不开俄罗斯的参与。此后，俄罗斯一直与土耳其就在利比亚实现永久停火和政治解决方案密切协调。

（二）一些地区国家加大对利比亚事务的参与

2020 年，土耳其高调介入利比亚事务。2019 年 11 月 27 日，土耳其与民族团结政府签署了安全与军事合作谅解备忘录。根据这份备忘录，如果民族团结政府提出请求，土耳其可以向利比亚派兵。2019 年 12 月 26 日，土耳其称收到民族团结政府的派兵请求。2020 年 1 月 2 日，土耳其议会以 325 票赞成、184 票反对的投票结果，通过授权政府向利比亚部署军队的议案。[①]此后，土耳其多次向利比亚运送武器、军事人员及武装人员。其中，军事人员为土耳其籍，武装人员为来自叙利亚等战乱国家的民兵和战斗人员。[②]2020 年 12 月 24 日，土耳其大国民议会通过议案，批准将派驻利比亚的土耳其军队驻扎期限延长 18 个月，并表示将根据与民族团结政府签署的安全与军事合作谅解备忘录，继续向利比亚提供军事训练和顾问支持。这表明土耳其将继续干预利比亚的军事事务。

---

① 《土耳其议会批准出兵利比亚 或改变利比亚战局》，《环球时报》2020 年 1 月 3 日。

② Frederic Wehirey, "Among the Syrian Militiamen of Turkey's Intervention in Libya", Carnegie Endowment for International Peace, January 2020, https://carnegieendowment.org/2020/01/24/among-syrian-militiamen-of-turkey-s-intervention-in-libya-pub-80884, accessed January 24, 2020.

在地区国家中，埃及与土耳其持对立立场，在沙特、阿联酋等地区经济强国的支援下支持国民军。埃及与利比亚东部接壤，其在利比亚东部有重大经济利益，两国边界的安全也受到利比亚乱局的影响。为确保经济和安全利益不受侵犯，埃及长期支持利比亚东部武装力量。2020年以来，随着土耳其加大对民族团结政府的军事支持，埃及也加大了对利比亚东部力量的援助，主要体现在军事和外交层面。

　　军事上，埃及长期在与利比亚接壤的西部边界部署军队，确保边界区域安全。自2020年4月，在土耳其的大力支持下，利比亚民族团结政府扭转颓势，反守为攻，国民军则连失几座重镇。2020年6月，民族团结政府与国民军在中部城市苏尔特和朱夫拉对峙。在此情势下，埃及总统塞西于6月20日宣称，不允许任何方面对埃及西部边界的安全构成任何威胁，否则埃及有干涉利比亚事务的合法权利，并指示军队在边境部署，做好军事行动准备。此后，利比亚对峙双方并未在上述两地爆发激烈冲突，埃土军队也未在利比亚境内直接对抗。然而，埃及在与利比亚交界区域部署军队已成常态。

　　外交上，埃及希望在利比亚国内和解中发挥积极作用。除了一直支持东部力量和与东部政府沟通外，埃及自2020年12月也开始与西部政府积极沟通，时隔6年首次派遣由多名高级官员组成的代表团访问的黎波里。该代表团成员包括情报总局副局长艾曼·巴迪亚和外交部、国防部等高级官员，与民族团结政府的内政部长讨论了两国安全领域面临的共同挑战，如何加强安全合作，如何巩固利比亚国内停火与联合军事委员会和谈成果等问题。该代表团在与民族团结政府外长会谈中承诺，将尽快重开2014年关闭的驻利比亚大使馆，双方也一致同意推进恢复的黎波里与开罗之间的航班。当月，埃及情报总局局长也在班加西会晤哈夫塔尔。当前，埃及与两个政府都取得联系和保持沟通，试图在利比亚和解中发挥更大的作用。

　　此外，利比亚的另外两个邻国突尼斯和阿尔及利亚也一直致力于对利比亚冲突双方劝和促谈。利比亚长期乱局导致北非地区安全局势恶化，上述两国是直接的受害者。两国多次以多种方式对利比亚冲突派别劝和促谈，但没有明显收效。本轮土耳其对利比亚军事干预后，国际社会多方斡旋无果，上

述两国开始探索从内部解决利比亚问题的出路。2020年1月23日，阿尔及利亚在首都阿尔及尔主办关于利比亚问题的国际会议，7个周边国家的外长或代表与会，一致呼吁国际社会允许利比亚人民自己解决目前的危机，不要进行任何形式的外来干预。① 2020年2月2日，阿尔及利亚总统阿卜杜勒-马吉德·特本与到访的突尼斯总统凯斯·赛义德讨论利比亚局势时再次呼吁，唯有在利比亚人的主导下，以利比亚人选择的方式才能解决利比亚问题；两国将共同致力于促成利比亚冲突各方的直接会谈。②

三 利比亚局势走向

2020年以来，外部对利比亚乱局的斡旋促和力度加大，内部两派间停战求和意愿上升，利比亚局势呈现出由乱到治的趋势。但利比亚乱局持续时间久，涉及方面多，内外多重因素复杂交织，实现真正、持久的和平仍然面临严峻挑战。

（一）从乱到治已成大势

从利比亚国内看，冲突双方和解意愿上升。政治上，两派开始直接和谈。2014年利比亚政权分裂以后，历任联合国驻利比亚代表不懈努力劝和促谈，但双方间和谈异常艰难。往往在战场上处于劣势的一方要求和谈，而处于优势的一方不同意，继续推进战事。即使开始和谈，也是在利比亚境外且多采取间接方式，即由联合国代表与双方分别沟通，难以实现预期效果。2020年，双方在日内瓦、摩洛哥、突尼斯等多地进行和谈后，11月3日首次实现在利比亚境内的直接和谈，成为双方和解进程中的重要里程碑。此

---

① 《利比亚周边国家外长会议呼吁利比亚冲突各方停火》，新华网，2020年1月6日，http：//www. xinhuanet. com//world/2020 - 01/24/c_ 1125498586. htm，最后访问日期：2020年1月24日。

② "Algeria, Tunisia Discuss Libyan Crisis, Bilateral Cooperation", Xinhuanet, February 3, 2020, http：//www. xinhuanet. com/english/2020 - 02/03/c_ 138750467. htm, accessed February 3, 2020.

后，双方继续就过渡政府组成、过渡阶段的政治安排、经济发展计划、监督停火机制等多方面议题直接沟通，确保共同执行。

经济上，两派致力于实现统一发展。2020 年 12 月 16 日，利比亚央行董事会决定，利比亚境内统一汇率，并把汇率从 1.4 利比亚第纳尔兑换 1 美元调整为 4.48 利比亚第纳尔兑换 1 美元。① 上述决议是解决利比亚当时经济危机的重要一步。根据双方商定，未来还将采取统一预算、统一公共部门工资、统一管控基础设施建设项目等多项经济措施，以尽快恢复国家经济的协调、统一发展。

安全上，自 2014 年至今，虽然冲突双方曾多次达成停火协议，但每次停火协议都会在达成后的几日内被双方或一方的冲突行为破坏。2020 年 10 月 23 日达成停火协议后，双方恪守协议，没有发生暴力冲突。2021 年 2 月 11 日，双方的军事工程人员开始启动沿海公路清除地雷和战争遗留物的行动。此项工作完成后，国家将在军事重地统一重新部署部队。

自 2020 年底至今，利比亚国内两派间在政治、经济、安全等多领域显示出和解诚意增强。

从外部看，促和因素上升，"拉偏架"力量下降。利比亚战后乱局的干预力量众多，既有世界大国，也有地区强国。这些力量长期以自己的方式支持对峙的一方，导致利比亚乱局更加复杂难解。2020 年，外部促和力量显著增加，斡旋促和方式多样并举，取得良好收效。2020 年 1 月，德国主办利比亚问题高级别国际会议，制定此后双方和谈的政治、经济、安全三条轨道。联合国驻利比亚特别代表以多种方式斡旋，先后在多地促成双方和谈，并促成双方达成"永久停火协议"，以及对举行总统大选、议会选举的时间及形式达成一致。同时，外部干预力量中的"拉偏架"力量下降。法国、意大利、埃及等国对利比亚的干预主要是预防性且有限的，旨在维护它们在利比亚的利益。在确保自身利益不受影响的前提下，它们不会对利比亚事务

---

① "Statement of Central Bank of Libya Regarding Exchange Rate Modification", Central Bank of Libya, December 17, 2020.

进行直接和深入的干预。土耳其的干预力度则更大，自2020年初至今一直在利比亚部署军队，在必要时实施直接的军事干预。自2020年9月27日起，亚美尼亚和阿塞拜疆在纳卡地区爆发军事冲突，土耳其强势介入，支持阿塞拜疆。这分散了土耳其对利比亚事务的关注度和投入度。土耳其正在寻求与俄罗斯在纳卡冲突中实现合作，如果合作成功，也有利于利比亚对立双方的和解。

（二）多重挑战仍然存在

虽然利比亚对立两派间已实现停火，并就未来的政治安排基本达成一致，外部直接干预力量也明显弱化。但两派间在各方面呈现出的和平与合作景象，以及外部干预程度都具有不稳定性，仍存在情况突变的可能性。

从国内看，过渡政治阶段的稳定性仍面临挑战。东、西两派在总统委员会组成人员和临时政府人选等问题上一度存在严重的分歧和激烈的争夺。当时，为了暂时平息矛盾、尽快组建过渡政权，尽可能吸纳不同派系的代表，过渡政府成员数量多、机构庞杂。过渡政府成员来自不同地区，代表不同的政治力量，并且普遍缺乏执政经验。他们共同确定统一、可行的政治目标并非易事，对境内武装力量的统一整编和掌控更是难题。经济上，虽然国家的经济支柱能源产业已在两派的合作之下逐步恢复生产，但双方之间脆弱的和平与暂时的妥协使合作的持续性充满不确定性。安全上，两派间自2020年10月底停火至今都在保持克制，但双方间仍存在多方面的矛盾，一旦矛盾激化，不排除再次爆发武力对抗的可能。此外，新冠肺炎疫情仍在利比亚肆虐，截至2021年3月，每日新增确诊病例仍有1000例左右。这成为恢复社会秩序、促进社会融合的阻碍因素。

从外部看，多种因素仍对利比亚局势具有影响作用。联合国安理会关于停止外部干预利比亚的相关规定未得到切实执行。2020年，联合国安理会多次发表声明，表示根据各方先前达成的协议，所有外国武装人员和雇佣兵都应从利比亚撤出。然而，以土耳其、俄罗斯为代表的冲突双方的支持力量都没有切实遵守协议。联合国安理会关于外部国家对利比亚武器禁运的决议也未能有效实施。埃及、土耳其、阿联酋等地区强国仍在以维护利比亚稳定为由向各自支持的派别提供多种形式的援助。此外，从世界范围看，纳卡冲突、美国新政府上台等多国政局以及国际关系的变化都对利比亚局势有着直接或间接的影响。

已持续十年之久的利比亚战后乱局在 2020 年年中出现向好拐点。利比亚暴力冲突基本平息，国家经济开始恢复，过渡政权完成构建。利比亚正处于过渡政治阶段，为 2021 年底的大选做准备。由于利比亚国内外都仍存在不稳定因素，其动荡乱局的平复不会一蹴而就，仍需要披荆斩棘。

对外经济合作

Foreign Economic Relation

Y.15

2020年西亚外贸
及对中国贸易发展态势

徐 强[*]

摘 要： 2019年，西亚出口额增速大幅低于世界平均增速，不过非原油主导国出口额显著增长。经推算，受新冠肺炎疫情冲击，2020年西亚10个原油主导国出口额、进口额月度指数于5月降至谷底，相比2019年降幅为59.1%、28.5%；非原油主导国出口额、进口额月度指数在4月降低谷底，相比2019年降幅分别为35.6%、28.3%。2010~2019年，大部分原油主导国制造品本地出口额持续显著增长，表明其产业多元化取得进展。除部分受安全局势及其他因素影响的西亚国家之外，中国和大部分西亚国家的出口额、进口额增长，且增速一直高于中国出口额、进口额整体增速；2008年以前增速更高，2008年以后

---

* 徐强，商务部国际贸易经济合作研究院副研究员，主要研究方向为世界经济和国际经济合作。

保持一般性增速。建议从加强医药贸易、关注产业多元化进程、关注乱后重建、加强与非原油生产大国贸易等方面，进一步拓展中国与西亚地区贸易。

关键词： 西亚　原油出口　产业多元化　贸易伙伴

一　2019年西亚主要原油主导国出口额大幅下降

为方便叙述，本文主要依据原油出口是否在出口总额中占据主导地位，将西亚16国划分为原油主导国（10国）、非原油主导国（6国），其中原油主导国包括阿联酋、沙特、伊拉克、卡塔尔、伊朗、科威特、阿曼、巴林、叙利亚、也门，非原油主导国包括土耳其、以色列、约旦、黎巴嫩、塞浦路斯、巴勒斯坦。

2019年，主要由于原油主导国出口额大幅下降，西亚出口额增速大幅低于世界平均增速，非原油主导国出口额则显著增长。2010～2019年，除部分国家因战乱和局势动荡之外，大部分西亚国家出口额和进口额表现出增长态势，但增速相对不高，总体上西亚地区国际贸易增长总体稍弱于全球平均水平。大部分西亚国家贸易盈余格局大体稳定，少数国家盈余额或逆差额有显著变动。

（一）2010年以来西亚国际贸易增长总体弱于全球平均水平

如表1所示，2019年，西亚16国出口额为1.18万亿美元，同比增长率为 -7.5%，显著低于当年世界出口额年增长率（ -2.7%）；进口总额为0.95万亿美元，同比增长率为 -1.9%，稍高于当年世界进口额年增长率（ -2.8%）。总体上，2019年西亚国际贸易增长弱于全球平均水平。

2010年是全球贸易从美国次贷危机冲击走出来的第一年。如表1所示，2010～2019年，西亚地区出口额年均增速为1.8%，稍低于世界出口总额的

中东黄皮书

年均增长率（2.4%）；西亚地区进口额年均增长率为2.3%，与世界进口额年均增长率（2.5%）大体相当。

表1　2010～2019年西亚地区国际贸易金额和盈余情况

范围	出口额（亿美元）	增速（%）		进口额（亿美元）	增速（%）		贸易盈余（亿美元）	
	2019年	2019年	年均	2019年	2019年	年均	2010年	2019年
世界	189239	-2.7	2.4	191611	-2.8	2.5	-1144	-2372
西亚	11776	-7.5	1.8	9464	-1.9	2.3	2271	2312

资料来源：UNCTAD Statistics，https：//unctad. org/en/Pages/statistics. aspx。

（二）2019年西亚原油主导国出口额大幅下降

1. 10个原油主导国整体情况

如表2所示，2019年，西亚10个原油主导国出口额、进口额分别同比下降10.2%、0.5%，即出口额大幅下降、进口额略微下降。

2010～2019年，10个原油主导国出口额、进口额年均增速分别为1.4%、2.5%，即出口额、进口额的年均变动都表现出增长，但增速幅度相对不大。

2. 2019年原油主导国国际贸易增长的国别情况

2019年，除巴林、叙利亚、也门三国之外，其他大部分原油主导国出口额呈现出大幅负增长，其中伊朗、卡塔尔、伊拉克、沙特、科威特出口额降幅超10%。2019年，出口额未出现负增长的三个国家都有其相对特定的原因。其中，巴林（增速为0.4%）是原油生产和出口后起步国家，叙利亚（增速为5%）、也门（增速为5.6%）则是在战乱导致大幅负增长之后开始呈现弱恢复增长。

2019年，原油主导国进口额增速主要与出口大幅下降相关联，大部分原油主导国的进口额也呈现出较大幅度的负增长，进口额实现正增长的只有也门（26.7%）、沙特（11.7%）、阿联酋（2.4%）。

表2　2010～2019年西亚原油主导国国际贸易金额和盈余情况

国家	出口额（亿美元）	增速（%）		进口额（亿美元）	增速（%）		贸易盈余（亿美元）	
	2019年	2019年	年均	2019年	2019年	年均	2010年	2019年
阿联酋	3159	-1.6	5.3	2506	2.4	4.8	334	653
沙特	2617	-11.1	0.5	1511	11.7	4.3	1470	1107
伊拉克	769	-11.3	4.3	463	-18.7	0.6	86	307
卡塔尔	729	-13.5	-0.3	292	-7.9	2.6	517	438
伊朗	657	-36.5	-4.7	436	-15.2	-4.4	359	221
科威特	645	-10.4	0.3	336	-6.4	4.5	400	309
阿曼	410	-1.9	1.3	232	-9.9	1.8	168	178
巴林	181	0.4	1.4	116	-9.7	-0.6	38.0	64.7
叙利亚	21.0	5.0	-18.2	49	0.0	-13.2	-47.7	-28.0
也门	14.3	5.6	-17.5	104	26.7	1.3	-11.6	-89.7
合计	9204	-10.2	1.4	6045	-0.5	2.5	3312	3159

资料来源：UNCTAD Statistics，https：//unctad. org/en/Pages/statistics. aspx。

3. 2010～2019年原油主导国国际贸易增长的国别情况

从2010～2019年出口额年均增速看，卡塔尔、伊朗、叙利亚、也门表现为年均负增长。其中，卡塔尔年均负增长幅度不大，伊朗、叙利亚、也门年均增速则分别低至 -4.7%、-18.2%、-17.5%，这种持续显著的负增长均与三国各自国内安全形势动荡有关联。其余国家2010～2019年出口额年均增速为正，但增长幅度不大。不过，即使出口额年均增速相对较高的国家，如阿联酋、伊拉克，年均增速也只是分别达到5.3%、4.3%。

从2010～2019年进口额年均增速看，伊朗、叙利亚、巴林三国表现出年均负增长，年均增速分别为 -4.4%、-13.2%、-0.6%，上述三国的国内安全局势相对动荡；其余国家年均进口额均表现出正增长，阿联酋、科威特、沙特的进口额年均增速分别高至4.8%、4.5%、4.3%。

（三）2019年西亚非原油主导国出口额显著增长

1. 非原油主导国整体情况

如表3所示，2019年，西亚6个非原油主导国出口额同比增长3.8%、进口额同比下降4.3%；2010～2019年，6个非原油主导国出口额、进口额年均增速分别为3.6%、1.8%。不论是2019年还是2010～2019年9年期，6个非原油主导国出口额增速都相对显著。

表3　2010～2019年西亚非原油主导国国际贸易金额和盈余情况

国家	出口额（亿美元）	增速（%）		进口额（亿美元）	增速（%）		贸易盈余（亿美元）	
	2019年	2019年	年均	2019年	2019年	年均	2010年	2019年
土耳其	1808	7.6	5.3	2103	-5.7	1.4	-717	-295
以色列	585	-5.5	0.0	766	0.0	2.9	-7.81	-181
约旦	83.1	7.3	1.9	193	-4.8	2.7	-82	-110
黎巴嫩	48.3	26.1	-0.4	192	-3.7	0.8	-129	-144
塞浦路斯	35.3	-30.3	9.9	92.2	-14.7	0.7	-71.4	-56.9
巴勒斯坦	12.4	7.0	8.9	71.5	9.4	6.8	-33.8	-59.2
合计	2572	3.8	3.6	3419	-4.3	1.8	-1042	-846

资料来源：UNCTAD Statistics，https：//unctad.org/en/Pages/statistics.aspx。

2. 2019年非原油主导国国际贸易增长的国别情况

从2019年出口额增速看，如表3所示，除塞浦路斯（-30.3%，为持续显著增长之后的大幅下降）、以色列（-5.5%）之外，其余4国2019年出口额增速都在5%以上。黎巴嫩出口额增速达26.1%，属于出口多年大幅下降之后的恢复性增长。

从2019年进口额增速看，只有巴勒斯坦表现出显著正增长，其他国家都表现出显著负增长。

3. 2010～2019年非原油主导国国际贸易增长的国别情况

从2010～2019年出口额年均增速看，只有黎巴嫩表现出略微负增长

（-0.4%），其出口额大幅下降主要发生在2014~2018年，主要受到黎叙边境骚乱、国内政局不稳、真主党问题引发的旅行禁令等多方面因素影响；以色列出口额年均增速为0；其他国家年均出口额都是正增速，其中巴勒斯坦、土耳其的出口额年均增速分别高至8.9%、5.3%。

从2010~2019年进口额年均增速看，6个非原油主导国都表现为一定幅度正增长，其中巴勒斯坦年均正增速高至6.8%，而其他国家年均正增速都在3%以下。

（四）西亚国家国际贸易盈余总体保持稳定

如表1所示，2010~2019年，西亚16国整体国际贸易盈余额从2271亿美元变动至2312亿美元，总体保持稳定。

如表2所示，2010~2019年，西亚10个原油主导国的国际贸易盈余额从3312亿美元变动至3159亿美元。除发生战乱的叙利亚、也门之外，其他原油主导国既是西亚原油出口大国，也是贸易盈余大国。其中，沙特年度贸易盈余额一直超过千亿美元。2010~2019年，贸易盈余额增幅较大的有阿联酋（从334亿美元增至653亿美元）、伊拉克（从86万美元大幅增加至307亿美元）、巴林（从38亿美元增至64.7亿美元）。

如表3所示，2010~2019年，西亚6个非原油主导国的国际贸易盈余额从-1042亿美元变动至-846亿美元。所有西亚非原油主导国均出现大额贸易逆差。2010~2019年，逆差额变动幅度较大的有以色列（逆差额从7.81亿美元大幅增加至181亿美元）、巴勒斯坦（逆差额从33.8亿美元增至59.2亿美元）、土耳其（逆差额从717亿美元减少至295亿美元）。

二 西亚原油主导国产业多元化取得一定进展

基于统计指标数据的整理分析，可以看到，大部分西亚国家的制造品出口额中包含较大比重的转口出口。2010~2019年，大部分原油主导国原油

出口额增长态势和全球原油贸易额增长态势大体相当，大部分安全局势相对平稳的原油主导国的制造品本地出口额的正增速显著且持久；原油主导国的机电制造业生产和出口发展步伐相对平缓，而非机电制造品出口增速在一定程度上强于机电制造品。这些情况表明西亚原油主导国的产业多元化战略正在不断取得进展。不过各原油主导国的工业化仍表现出较明显的油气资源加工产品占主体份额的特征。

（一）大部分西亚国家制造品出口额中存在较大份额的转口贸易

由于西亚国家位于欧亚大陆的连接部，并且大部分国家有较为完备的海港条件，西亚国家的出口中有相当大部分是转口贸易。不过，需指出，当前各国际机构采用的各国贸易数据是各国海关报送数据，但各国官方贸易统计能力参差不齐，特别是各国转口贸易统计的完整程度不同，数据准确性也存在较为明显差异。

如果根据 UN Comtrade 数据计算 2010～2019 年西亚国家原油转口贸易出口额占全部原油出口额的比重，塞浦路斯、约旦 2019 年的比重分别为33%、19.4%，巴勒斯坦 2014 年的比重为 40.1%，其余国家的比重均在5% 以内。大部分国家发布的原油出口转口贸易数据在年度上不具有连续性。考虑到上述基础数据情况，本文认为，除塞浦路斯、约旦、巴勒斯坦之外，对于其他国家，近似将其原油的"全部出口额"作为原油"本地出口额"（Domestic Export）数据。

不过，就制造品转口贸易而言，有较多国家提供转口贸易数据，并且转口贸易占总出口额比重较高；而叙利亚、也门两国在一定程度上仍处于战乱，伊朗、伊拉克、黎巴嫩、土耳其的海关统计没有提供连续的制造品转口贸易数据。叙利亚、也门的非自然资源制造业发展接近空白，因此不对其产业多元化做对比观察；对于伊朗、伊拉克、黎巴嫩、土耳其，则近似将其制造品全部出口额数据作为"本地出口额"数据。除上述国家，其他国家的本地出口额数据则通过"总出口额 - 转口出口额"的计算方法获得。以最近 1 年能够获得的制造品（制造品口径为 SITC 3 分类下的第 5、

6、7、8 大类减去第 68、667 子类）转口贸易数据计算，结果如表 4 所示，其中也门、阿联酋、塞浦路斯转口贸易占比超 77%，科威特、阿曼、卡塔尔、巴林的转口贸易占比为 30% ~ 42%，而约旦、沙特转口贸易低于 20%。

表 4　西亚部分国家近年制造品转口贸易出口占全部出口的比重

单位：%

年份	2019	2019	2019	2019	2018	2019	2018	2014	2019	2018
国家	也门	阿联酋	塞浦路斯	科威特	阿曼	卡塔尔	巴林	巴勒斯坦	约旦	沙特
占比	85.7	81.7	77.4	41.8	33.4	31.0	30.7	24.2	16.8	14.8

资料来源：基于 UN Comtrade 数据库数据计算。

（二）近年西亚原油出口增长步调总体上与全球原油交易总额步调一致

如表 2 所示，2019 年，西亚主要原油主导国总出口额大幅下降，原因何在？如表 5 所示，原因在于 2019 年这些主要原油主导国的原油出口额大幅下降。其中，伊朗（-43.3%）、卡塔尔（-15.1）、伊拉克（-12.8）、沙特（-11.8%）、巴林（-11.7%）、科威特（-10.8%）的原油出口额同比降幅都超过 10%，阿曼（-7.3%）、阿联酋（-0.3%）的原油出口额同比降幅在 10% 以内。

表 5　2019 年西亚国家原油出口额及 2010 ~ 2019 年年均增速

单位：亿美元，%

范围	金额	增速		范围	金额	增速		范围	金额	增速	
		2019 年	年均			2019 年	年均			2019 年	年均
世界	22474	-9.4	-0.5	以色列	12	-14.3	10.1	沙特	1893	-11.8	-0.5
西亚	5872	-12.3	0.03	约旦	1.4	26.7	9.4	巴勒斯坦	0.015	80.3	-5.8
巴林	57	-11.7	1.1	科威特	553	-10.8	0.2	叙利亚	2.5	12.4	-28

续表

范围	金额	增速		范围	金额	增速		范围	金额	增速	
		2019 年	年均			2019 年	年均			2019 年	年均
塞浦路斯	3.8	-50.0	203.3	黎巴嫩	0.17	61.3	9.2	土耳其	81	96.3	7.1
伊朗	381	-43.3	-6.6	阿曼	239	-7.3	-1.3	阿联酋	1292	-0.3	3.4
伊拉克	739	-12.8	4.4	卡塔尔	610	-15.1	-1.1	也门	7.10	1.9	-22.8

资料来源：塞浦路斯、约旦两国基于 UN Comtrade 数据库数据，为本地出口额；其余国家基于 UNCTAD 数据库数据，为全部出口额。

2010～2019 年，西亚原油出口总额年均增速为 0.03%，与世界原油出口总额年均增速大致相当。从西亚原油出口大国的原油出口年均增速看，伊拉克（4.4%）、阿联酋（3.4%）、巴林（1.1%）呈现出相对显著的正增速，伊朗（-6.6%）、阿曼（-1.3%）、卡塔尔（-1.1%）呈现出较明显的负增速。沙特（-0.5%）、科威特（0.2%）年均增速为 0 左右。处于战乱的也门、叙利亚原油出口额年均增速大幅下降，分别为 -22.8%、-28%。因战乱和动荡未结束，预计也门、叙利亚原油出口增速态势仍会弱于其他西亚国家。

塞浦路斯、巴勒斯坦、约旦原本并不是原油出口大国，但 2010～2019 年 3 国的原油出口额呈现出爆发式增长。其中，塞浦路斯本地原油出口额从接近于无飙升至 3.8 亿美元；巴勒斯坦本地原油出口额从接近于无上升至接近 150 万美元；约旦本地原油出口额从 0.6 亿美元上升至 1.4 亿美元。预计未来原油产销会在上述三国社会收入构成中发挥重要作用。

（三）近年原油主导国制造品本地出口额增长迅速

如表 6 所示，除仍处于战乱或战乱恢复期的叙利亚和也门之外，西亚 14 国之中，年度制造品本地出口额低于 1 亿美元的只有 2015 年的伊拉克，为 0.91 亿美元，2015 年后伊拉克的制造品本地出口额还在继续下降；其余 13 国近年制造品本地年度出口额绝大多数超过 13 亿美元。其中，制造品本地出口额较高者由高至低依次是土耳其、以色列、沙特、阿联酋，上述 4 国

2019 年的制造品本地出口额分别达到 1413 亿美元、429 亿美元、417 亿美元、220 亿美元。其中，土耳其、以色列是非原油主导国，而沙特、阿联酋则一直都是原油出口大国，但由于它们的制造业发展较快，其本地生产的制造品出口规模已经追赶到和以色列一个数量级。由此看到，由于产业多元化取得进展，从经济发展的产业风格来看，沙特、阿联酋已从原来以原油资源为特色的经济体转变为资源和制造混合风格经济体。

如表 6 显示，非原油出口大国之中，除相对特殊（经济一直处于重建过程中）的巴勒斯坦，其 2010~2019 年制造品本地出口额年均增速高至 20.5%；其他国家由于本国制造产业格局已经相对稳定，大部分国家的制造品本地出口额年均增速为 0~5%，土耳其、塞浦路斯、约旦、以色列的年均增速分别为 5%、2.4%、2.2%、1.3%。而黎巴嫩受到多重动荡因素影响，制造品本地出口额年均增速只有 -6.3%。

表 6 西亚 14 国制造品本地出口额规模和增长态势

单位：亿美元，%

期末年份	国家	出口额	年均增速	期末年份	国家	出口额	年均增速	期末年份	国家	出口额	年均增速
2019	巴勒斯坦	14.7	20.5	2018	伊朗	211.3	6.2	2019	以色列	429.1	1.3
2018	巴林	26.3	14.7	2019	沙特	417.3	5.0	2015	伊拉克	0.91	-6.0
2019	卡塔尔	48.8	14.6	2019	土耳其	1412.9	5.0	2019	科威特	29.4	-6.2
2019	阿联酋	220.3	13.6	2019	塞浦路斯	4.7	2.4	2018	黎巴嫩	13.8	-6.3
2018	阿曼	58.3	7.3	2019	约旦	52.2	2.2				

注：本地出口额属于期末年，年均增速属于 2010 年至期末年。
资料来源：基于 UN Comtrade 数据库数据计算。

在原油出口大国之中，伊拉克和科威特在本地制造业发展上是退步的，即 2019 年制造品本地出口额相比 2010 年大幅下降。即使如此，科威特 2019 年制造品本地出口额仍为 29 亿美元。除上述两国之外，其他原油出口大国制造品本地出口额的年均增速都高于 5%。其中，巴林、卡塔尔、阿联酋制造品本地出口额更是高至 14.7%、14.6%、13.6%。在这种增长速度的支

持下，巴林2018年、卡塔尔和阿联酋2019年的制造品本地出口额分别相当于2010年的3倍、3.1倍、3.1倍。

（四）西亚国家制造品本地出口额内部结构反映工业化风格差异

如表7所示，2010~2019年，除土耳其、以色列两个非原油出口大国外，西亚大部分国家机电产品在制造品本地出口额中的占比呈下降趋势。不过，2019年，在西亚原油主导国之中，阿联酋、阿曼、伊朗机电产品在制造品本地出口额中的占比仍在5%以上，其中阿联酋的占比更是高至18.4%。

表7　2010年和2019年西亚16国机电产品在制造品本地出口额中的占比

单位：%

国家	2010年	2019年	国家	2010年	2019年	国家	2010年	2019年	国家	2010年	2019年
土耳其	34.8	39.6	塞浦路斯	37.3	16.5	巴林	15.1	4.5[a]	卡塔尔	0.3	0.9
以色列	38.4	38.6	阿曼	8.7	12.9[a]	约旦	7.6	4.1	伊拉克	0	0[b]
黎巴嫩	32.3	24.7[a]	伊朗	11.6	7.6[a]	沙特	3.8	2.7	也门	6	0
阿联酋	29.7	18.4	巴勒斯坦	1.9	6.6	科威特	20.4	1.5	叙利亚[c]	—	—

注：a. 2018年数据；b. 2016年数据；c. 因缺乏转口贸易数据无法计算。
资料来源：基于UN Comtrade数据库数据计算。

需要指出，2010~2019年，机电制造品占比下降只是因为非机电制造品增速较快。实际上就某些原油主导国而言，由于机电产业已形成较大规模，机电产业本地出口额的规模总体或保持稳定，或稍有下降，或有所上升。举例言之，巴林机电制造品本地出口额在2010年、2018年分别为1.32亿美元、1.17亿美元，只是稍有下降；沙特机电制造品本地出口额在2010年、2019年分别为10.2亿美元、11.3亿美元，稍有上升；阿联酋机电制造品本地出口额在2010年、2019年分别为20.8亿美元、40.5亿美元，大幅上升。

关于原油主导国出口额的机电产品、非机电产品结构，还有两点值得关注。

其一，相比非原油主导国，所有原油主导国本地生产的机电制造品占比更低。如表 7 所示，原油主导国机电制造品本地出口额占比一直以来均低于 30%，也都低于土耳其、以色列和黎巴嫩等非原油主导国的机电制造品本地出口额占比。

其二，2010 年以来，大部分原油主导国机电制造品本地出口额增速都赶不上非机电制造品本地出口额增速。原因在于，在这些国家，化工、塑料等与油气资源直接关联的非机电制造品开发力度更大。这表明，即使原油主导国大力推进工业化，其工业化风格和不具备油气资源优势的其他国家相比也有所不同。

三 2020年西亚国家国际贸易深受新冠肺炎疫情冲击

2019 年，欧盟、日本、美国、中国四大关税区在西亚各国出口伙伴、进口伙伴中的占比总和分别为 42.0%、50.4%，西亚各国对各大伙伴的贸易额占比差异较大。考虑到转口贸易在西亚各国贸易中都占很大比重，可设想，如果除去各国面向西亚本地区的出口额、进口额，欧盟、日本、美国、中国四大关税区的占比要高得多，因此欧盟、日本、美国、中国四大关税区是西亚各国的主要贸易伙伴。

经推算，受新冠肺炎疫情冲击，2020 年西亚 10 个原油主导国对四大伙伴的出口额、进口额月度指数（2019 = 1）都在 5 月降至谷底，相比 2019 年比较基准的总体降幅分别为 59.1%、28.5%；5 个非原油主导国的出口额、进口额月度指数都在 4 月降至谷底，总体降幅分别为 35.6%、28.3%。其中，原油主导国出口额衰退程度远高于世界大型关税区的出口衰退程度。预计，2020 年全年西亚 10 个原油主导国出口额、进口额整体衰退幅度大致分别为 40%、20%。

（一）西亚各国贸易伙伴格局差异显著

1. 出口目的地占比

如表 8 所示，1995 年，就西亚 16 国整体出口额而言，欧盟、日本、美

国、中国作为目的地的占比分别为23.9%、19.4%、10.8%、1.3%，四者占比总和为55.4%；2019年，欧盟、中国、日本、美国的出口额占比分别为16.2%、13.4%、7.3%、5.1%，四者占比总和为42.0%。其中，中国占比上升12.1个百分点。

表8 1995年和2019年世界四大关税区作为西亚各国出口目的地的出口额占比

单位：%

范围	欧盟		中国		美国		日本	
	1995年	2019年	1995年	2019年	1995年	2019年	1995年	2019年
西亚	23.9	16.2	1.3	13.4	10.8	5.1	19.4	7.3
巴林	8.5	8.2	0.9	2.6	6.3	8.3	12.6	5.8
塞浦路斯	47.9	41.0	0.1	1.1	1.2	2.2	0.2	0.0
伊朗	41.0	4.5	1.2	29.9	1.2	0	18.0	3.3
伊拉克	1.4	20.7	0.1	25.8	0	8.7	0.2	1.3
以色列	29.1	29.6	0.4	7.6	30.1	27.3	6.9	1.5
约旦	9.8	3.7	1.4	3.1	2.5	23.2	1.5	0.3
科威特	13.0	6.1	1.6	19.0	11.7	3.8	21.6	9.6
黎巴嫩	21.1	10.1	0.1	2.9	6.0	1.8	0.6	0.1
阿曼	1.6	0.8	9.0	41.8	4.3	1.6	30.6	3.7
卡塔尔	1.3	10.9	2.4	11.8	2.6	1.9	55.6	17.5
沙特	19.6	12.9	0.9	19.9	16.8	5.2	17.4	10.4
巴勒斯坦	0	1.6	0	0	0	0.7	0	0
叙利亚	62.9	8.2	0.0	0.1	1.3	0.8	0.2	0.1
土耳其	55.4	49.4	0.3	1.5	7.0	5.0	0.8	0.3
阿联酋	4.3	5.0	0.5	6.4	2.2	2.1	45.6	10.5
也门	2.7	2.9	20.1	31.7	1.6	0.4	14.3	2.9

资料来源：UNCTAD Statistics，https：//unctad.org/en/Pages/statistics.aspx。

虽然处在同一地理区域，西亚各国的出口伙伴格局差异很大，以下以部分典型国家说明情况。

① 2019年，土耳其出口额中欧盟、美国、中国、日本占比分别为49.4%、5%、1.5%、0.3%，欧盟的占比仍接近一半。1995~2019年，中国占比从0.3%上升至1.5%。

② 2019 年，以色列出口额中欧盟、美国、中国、日本占比分别为
29.6%、27.3%、7.6%、1.5%。

③ 2019 年，阿联酋的出口额中欧盟、美国、中国、日本占比分别为
5%、2.1%、6.4%、10.5%。之所以大型关税区在阿联酋出口目的地中的
占比都不高，原因主要在于阿联酋转口贸易占比较高，而转口贸易的目的地
绝大部分位于西亚地区。

④ 2019 年，沙特的出口额中欧盟、美国、中国、日本占比分别为
12.9%、5.2%、19.9%、10.4%。

⑤ 2019 年，伊朗的出口额中欧盟、美国、中国、日本占比分别为
4.5%、0、29.9%、3.3%。

⑥ 2019 年，阿曼的出口额中欧盟、美国、中国、日本占比分别为
0.8%、1.6%、41.8%、3.7%。在所有西亚国家之中，中国在阿曼的出口
额中占比最高。

2. 进口来源地占比

如表 9 所示，1995 年，就西亚 16 国整体进口额而言，欧盟、美国、日
本、中国作为来源地的占比分别为 39.7%、13.2%、6.3%、2.3%，四者
占比总和为 61.5%；2019 年，欧盟、中国、美国、日本的占比分别为
24.8%、14.3%、8.3%、3%，四者占比总和为 50.4%。其中，中国占比
上升 12 个百分点。

西亚各国进口伙伴格局的差异也很大，以下以部分典型国家情况说明。

① 2019 年，土耳其的进口额中欧盟、中国、美国、日本占比分别为
35%、9.1%、5.6%、1.7%。

② 2019 年，以色列的进口额中欧盟、中国、美国、日本占比分别为
30.8%、11.1%、16.6%、2.1%。

③ 2019 年，阿联酋的进口额中欧盟、中国、美国、日本占比分别为
19.3%、15.4%、8.4%、4.4%。

④ 2019 年，沙特的进口额中欧盟、中国、美国、日本占比分别为
23.2%、19.1%、11.7%、4.6%。

⑤ 2019 年，伊朗进口额中欧盟、中国、美国、日本占比分别为 17.8%、25.3%、0.4%、0.2%。在所有西亚国家中，中国作为进口来源地在伊朗的进口额中的占比最高。

⑥ 2019 年，阿曼的进口额中欧盟、中国、美国、日本占比分别为 11.9%、5.5%、1.9%、0.9%。

表9　1995 年和 2019 年世界四大关税区作为西亚各国进口来源地的进口额占比

单位：%

范围	欧盟		中国		美国		日本	
	1995 年	2019 年	1995 年	2019 年	1995 年	2019 年	1995 年	2019 年
西亚	39.7	24.8	2.3	14.3	13.2	8.3	6.3	3.0
巴林	20.9	15.2	0.8	8.5	8.2	7.2	3.9	3.9
塞浦路斯	51.6	66.0	1.9	5.0	13.0	1.6	6.7	1.2
伊朗	32.8	17.8	2.8	25.3	0.3	0.4	6.2	0.2
伊拉克	12.6	11.6	0.0	20.6	0.0	4.2	0.1	1.8
以色列	49.3	30.8	0.7	11.1	24.4	16.6	4.3	2.1
约旦	33.4	19.9	2.3	16.0	9.3	8.3	3.5	2.1
科威特	37.9	23.4	2.3	16.4	16.1	9.2	9.4	5.7
黎巴嫩	53.0	40.4	2.7	9.1	9.7	7.6	2.9	2.1
阿曼	32.1	11.9	0.6	5.5	5.8	1.9	15.9	0.9
卡塔尔	47.0	29.6	1.1	11.9	11.4	18.7	11.2	3.0
沙特	34.0	23.2	2.7	19.1	21.5	11.7	8.9	4.6
巴勒斯坦	0	10.6	0	4.7	0	0.7	0	0.2
叙利亚	31.7	21.9	3.8	11.0	6.8	3.2	4.4	1.5
土耳其	48.0	35.0	1.5	9.1	10.4	5.6	3.9	1.7
阿联酋	32.1	19.3	5.2	15.4	8.0	8.4	8.7	4.4
也门	26.9	7.0	4.4	18.7	8.6	2.5	3.5	1.7

资料来源：UNCTAD Statistics，https：// unctad. org/en/Pages/statistics. aspx。

（二）西亚原油主导国出口受疫情重创

1. 出口额月度指数和进口额月度指数的计算方法

为度量 2020 年各月新冠肺炎疫情对西亚各国出口额、进口额的影响，在本节，拟以各关税主体 2019 年的日均出口额（进口额）作为对比尺度

（相对值1），计算其2020年各月日均出口额、日均进口额的指数值。其中，2019年的日均出口额、日均进口额为年出口额、年进口额分别除以365；2020年各月日均出口额、日均进口额为各月出口额、进口额分别除以各月天数。

关于西亚各国2020年各月的进口额、出口额数据来源，以色列、塞浦路斯的月度进口额和出口额数据来自UN Comtrade，分别截至10月、7月。

西亚其他国家2020年月度出口额、进口额数据不能直接获得，可考虑通过以下方法对其出口额指数、进口额指数进行近似推算。如前文所述，欧盟、美国、中国、日本是西亚国家前四大贸易伙伴（以下简称"四大伙伴"），对四大伙伴的贸易额是西亚地区和西亚各国贸易额的主体部分。上述四大伙伴的月度国别贸易额能够通过UN Comtrade和中国海关数据库获得。近似认为某月西亚某国对某大伙伴的月度出口额（进口额）指数，就是当月该大伙伴自西亚某国的进口额（出口额）指数；在此基础上近似推算该月该国对某大伙伴的月度出口额（进口额）；根据各种贸易伙伴口径下的出口额（进口额）加总，计算相应口径的出口额（进口额）指数。具体计算过程从略。

以下基于计算结果分析2020年各月西亚国家国际贸易受新冠肺炎疫情影响的情况。

2. 西亚原油主导国整体出口额、进口额月度指数的国际比较

（1）出口额月度指数国际比较

如表10所示，2020年2月，西亚10个原油主导国对四大伙伴出口额月度指数明显受到疫情冲击，开始持续下降，5月是谷底月，4月、5月指数值分别为0.428、0.409，即2020年4月、5月的日均出口额相比2019年日均出口额的衰退程度分别高达57.2%、59.1%。虽然后来有所回升，但10月衰退程度仍高达41%。

从出口伙伴比较角度看，10个原油主导国对中国的出口额衰退程度相对温和。2020年5月和10月，西亚10个原油主导国对中国出口额指数分别为0.559、0.756，衰退程度分别为44.1%、24.4%。

表10 2020年1~10月西亚10个原油主导国整体的出口额、
进口额月度指数 （2019＝1）

Id	贸易主体	伙伴	1月	2月	3月	4月	5月	6月	7月	8月	9月	10月
出口额月度指数	西亚10国	四大伙伴	1.110	0.805	0.666	0.428	0.409	0.613	0.513	0.518	0.503	0.590
	西亚10国	中国	1.050	1.050	0.839	0.623	0.559	0.623	0.660	0.747	0.876	0.756
	欧盟	世界	0.910	1.025	0.889	0.723	0.663	0.825	0.997	0.755	0.895	0.967
	美国	世界	0.924	1.010	0.962	0.708	0.649	0.777	0.806	0.845	0.898	0.948
	中国	世界	0.712	0.712	0.872	0.975	0.974	1.040	1.120	1.108	1.167	1.117
进口额月度指数	西亚10国	四大伙伴	0.816	0.863	0.849	0.787	0.715	0.794	0.800	0.794	0.839	0.894
	西亚10国	中国	0.770	0.770	0.875	1.079	1.027	1.114	1.068	1.089	1.076	1.039
	欧盟	世界	1.012	0.880	0.787	0.714	0.644	0.742	0.835	0.728	0.791	0.849
	美国	世界	0.927	0.898	0.915	0.808	0.775	0.876	0.947	0.960	1.007	1.037
	中国	世界	0.877	0.877	0.937	0.907	0.816	0.979	0.994	1.000	1.188	1.013

资料来源：基于 UN Comtrade 数据库和中国海关数据库数据计算。

从西亚原油主导国作为出口主体和世界其他大型主体的比较来看，中国出口额月度指数谷底是1月、2月的0.712，欧盟、美国分别是5月的0.663、0.649，均显著高于西亚10个原油主导国对四大伙伴出口额月度指数值谷底值0.409。再考虑疫情冲击，2020年4~10月，西亚10个原油主导国对世界非四大关税区范围的出口额月度指数会比其对四大伙伴的出口额月度指数更低，西亚10个原油主导国对世界出口额月度指数在5月的衰退程度估计为65%左右。

（2）进口额月度指数的国际比较

表10显示，2020年前10个月西亚10个原油主导国自四大伙伴进口额月度指数一直都低于0.9，谷底是5月的0.715，衰退程度28.5%。对比来看，自中国进口额月度指数在1月、2月最低，为0.770，此后回升并持续保持在1以上。

从西亚原油主导国作为进口主体和世界其他大型主体的比较来看，2020年各月西亚自四大伙伴进口额月度指数总体稍高于欧盟自世界进口额月度指数，稍低于美国自世界进口额月度指数，显著低于中国自世界进口额月度指数。

3.各原油主导国出口额和进口额月度指数比较

（1）出口额月度指数国别比较

表 11 显示，西亚 10 个原油主导国出口额月度指数谷底月、谷底值分别如下：阿联酋 5 月谷底值 0.453，阿曼 5 月谷底值 0.518，巴林 5 月谷底值 0.406，卡塔尔 5 月谷底值 0.456，科威特 5 月谷底值 0.355，沙特 7 月谷底值 0.493，叙利亚 8 月谷底值 0.663，也门 9 月谷底值 0.251，伊拉克 4 月谷底值 0.417，伊朗 5 月谷底值 0.320。就谷底值的发生月份而言，去掉情况相对特殊的最低值（也门）0.251 和最高值（叙利亚）0.663，总体上分布在 0.32～0.518；并且大部分发生在 5 月。

表 11　2020 年 1～10 月西亚原油主导国出口额月度指数（2019＝1）

贸易主体	伙伴	1 月	2 月	3 月	4 月	5 月	6 月	7 月	8 月	9 月	10 月
阿联酋	四大伙伴	1.008	0.950	0.855	0.702	0.453	0.571	0.790	1.259	1.547	1.506
阿曼	四大伙伴	1.083	1.035	0.681	0.871	0.518	0.567	0.628	0.618	0.923	0.772
巴林	四大伙伴	1.117	0.800	0.659	0.420	0.406	0.616	0.510	0.512	0.491	0.583
卡塔尔	四大伙伴	1.072	0.941	0.856	0.565	0.456	0.542	0.553	0.753	0.842	0.653
科威特	四大伙伴	1.126	0.970	0.819	0.473	0.355	0.563	0.548	0.653	0.508	0.549
沙特	四大伙伴	0.963	0.878	0.777	0.522	0.510	0.626	0.493	0.530	0.662	0.578
叙利亚	四大伙伴	0.847	1.671	0.894	0.967	1.006	0.849	1.098	0.663	1.250	1.061
也门	四大伙伴	1.648	1.587	0.633	0.974	0.384	0.300	0.302	2.057	0.251	1.096
伊拉克	四大伙伴	1.011	0.910	0.792	0.417	0.496	0.433	0.554	0.557	0.417	0.556
伊朗	四大伙伴	0.575	0.628	0.588	0.420	0.320	0.449	0.475	0.376	0.729	0.578

资料来源：基于 UN Comtrade 数据库数据计算。

（2）进口额月度指数国别比较

如表 12 所示，10 个原油主导国进口额指数谷底月、谷底值分别如下：阿联酋 5 月谷底值 0.602，阿曼 5 月谷底值 0.644，巴林 7 月谷底值 0.612，卡塔尔 6 月谷底值 0.504，科威特 5 月谷底值 0.614，沙特 5 月谷底值 0.804，叙利亚 8 月谷底值 0.368，也门 3 月谷底值 0.783，伊拉克 2 月谷底值 0.731，伊朗 6 月谷底值 0.785。就谷底值的发生月份而言，去掉情况相对特殊的最低值（叙利亚）0.368 和最高值（沙特）0.804，分布在 0.504～0.785，大部分发生在 5～7 月。

表12 2020年1～10月西亚原油主导国进口额月度指数（2019 = 1）

贸易主体	伙伴	1月	2月	3月	4月	5月	6月	7月	8月	9月	10月
阿联酋	四大伙伴	0.827	0.834	0.829	0.709	0.602	0.692	0.706	0.750	0.757	0.832
阿曼	四大伙伴	0.764	0.748	0.949	0.742	0.644	0.754	0.775	0.723	0.804	0.967
巴林	四大伙伴	0.710	0.773	0.757	0.759	0.656	0.723	0.612	1.035	0.723	0.707
卡塔尔	四大伙伴	0.651	0.715	0.529	0.669	0.508	0.504	0.648	0.508	0.677	0.612
科威特	四大伙伴	0.866	0.926	0.819	0.703	0.614	0.763	0.705	0.728	0.810	1.166
沙特	四大伙伴	0.853	0.961	0.956	0.895	0.804	0.941	0.923	0.872	0.955	0.996
叙利亚	四大伙伴	0.474	0.493	0.640	0.500	0.592	0.692	0.513	0.368	0.459	0.417
也门	四大伙伴	0.802	0.841	0.783	1.108	1.241	1.044	0.981	1.051	0.834	0.976
伊拉克	四大伙伴	0.732	0.731	0.833	0.854	1.104	1.077	0.927	0.933	1.101	1.017
伊朗	四大伙伴	0.843	0.876	0.852	0.895	0.896	0.785	0.975	0.876	0.806	0.766

资料来源：基于 UN Comtrade 数据库数据计算。

（三）西亚非原油主导国国际贸易受疫情冲击程度不如原油主导国那样剧烈

因巴勒斯坦80%以上对外贸易通过以色列转口，本节的分析忽略巴勒斯坦情况，由此西亚非原油主导国包括土耳其、约旦、黎巴嫩、以色列、塞浦路斯。关于上述5国整体，以下简称"西亚5国"。

1. 出口额月度指数比较

如表13所示，西亚5国整体对世界出口额月度指数谷底发生在4月，谷底值为0.644，谷底衰退程度为35.6%。

表13 2020年1～10月西亚土耳其等5国的出口额和进口额月度指数（2019 = 1）

Id	贸易主体	伙伴	1月	2月	3月	4月	5月	6月	7月	8月	9月	10月
出口额月度指数	土耳其	四大伙伴	0.988	0.884	0.822	0.564	0.570	0.751	0.889	0.745	0.894	1.016
	约旦	四大伙伴	0.983	1.130	1.053	0.747	0.514	0.615	0.878	0.997	1.187	1.082
	黎巴嫩	四大伙伴	1.031	0.961	1.027	1.058	0.767	0.929	1.159	1.140	0.982	1.134
	以色列	世界	0.967	1.033	0.781	0.626	0.779	0.842	0.737	0.759	0.910	0.862
	塞浦路斯	世界	0.820	0.852	1.099	0.951	1.013	1.072	0.814	—	—	—
	西亚5国	世界[a]	0.958	1.023	0.799	0.644	0.792	0.855	0.741	0.759	0.910	0.862
	西亚5国	中国	0.754	0.731	0.846	1.108	1.071	0.928	0.960	0.901	1.005	1.005

续表

Id	贸易主体	伙伴	1月	2月	3月	4月	5月	6月	7月	8月	9月	10月
进口额月度指数	土耳其	四大伙伴	1.052	1.039	1.041	0.755	0.716	0.915	1.030	0.885	1.105	1.191
	约旦	四大伙伴	0.983	1.130	1.053	0.747	0.514	0.615	0.878	0.997	1.187	1.082
	黎巴嫩	四大伙伴	1.031	0.961	1.027	1.058	0.767	0.929	1.159	1.140	0.982	1.134
	以色列	世界	0.970	1.027	0.931	0.731	0.733	0.893	0.903	0.903	0.862	0.885
	塞浦路斯	世界	1.008	1.139	0.900	0.599	0.657	0.998	0.920	—	—	—
	西亚5国	世界[a]	0.974	1.039	0.928	0.717	0.725	0.904	0.905	0.903	0.862	0.886
	西亚5国	中国	1.114	1.078	0.684	1.027	1.043	1.236	1.274	1.239	1.045	1.284

注：a. 这里的对"世界"的贸易额是加总形成的，不过对土耳其、约旦、黎巴嫩而言，"伙伴"采用的加总口径是"四大伙伴"。

资料来源：基于 UN Comtrade 数据库数据计算。

从出口额月度指数的国际比较来看，西亚5国的谷底衰退程度显著低于西亚原油主导国出口额的谷底衰退程度（59.1%）。

从出口伙伴比较角度看，西亚5国对中国出口额月度指数走势相对特殊。2020年，西亚5国对中国出口额月度指数谷底值为2月的0.731，大部分月度指数大于1。

从各国出口额月度指数谷底情况看：土耳其4月谷底指数值0.564，约旦5月谷底指数值0.514，黎巴嫩5月谷底指数值0.767，以色列4月谷底指数值0.626，塞浦路斯7月谷底指数值0.814。

2. 进口额月度指数比较

西亚5国整体自世界进口额月度指数谷底发生在4月，谷底值为0.717。

从进口额月度指数国际比较上看，西亚5国整体进口额谷底衰退程度（28.3%）和西亚原油主导国进口额的谷底衰退程度（28.5%）大致相同；西亚5国自欧盟、美国进口额月度指数谷底分别发生在4月、5月，谷底衰退程度分别为29.6%、22.5%，差距也不大。

从各国进口额月度指数谷底情况看：土耳其5月谷底指数值0.716，约旦5月谷底指数值0.514，黎巴嫩5月谷底指数值0.767，以色列4月谷底

指数值 0.731，塞浦路斯 4 月谷底指数值 0.599。

从进口伙伴比较角度看，西亚 5 国自中国进口额月度指数谷底值为 3 月的 0.684，比西亚 5 国自世界进口额月度指数谷底值略低。但是，2020 年 3 月以后，西亚 5 国自中国进口额月度指数值在所有月份都大于 1，远远高于西亚 5 国自世界进口额月度指数值，有 3 个月份更是超过 1.20，这表明 2020 年 3 月后，西亚 5 国自中国进口强劲复苏。

（四）全球原油市场低迷是西亚原油主导国出口大幅衰退的主要原因

如上文估算所显示，以 2019 年平均水平为比较基准，西亚原油主导国 2020 年 4 月、5 月出口额衰退幅度大致为 60%，主要原因是新冠肺炎疫情导致全球原油贸易数量和价格都大幅下降。根据联合国贸易和发展会议发布的全球贸易最新动态，2020 年第二季度，全球能源产品贸易额同比降幅为 52%。[①]

不过，由于西亚原油主导国普遍有较高储备财力，主要原油主导国进口国际购买力受影响程度相对不大，西业原油主导国进口额受疫情冲击的步调和程度大体与欧盟、美国相当。

本文预计，相比 2019 年，2020 年全年西亚 10 个原油主导国出口额、进口额整体衰退幅度大致分别为 40%、20%；西亚原油主导国对中国出口额、进口额表现分别为衰退 26.9%、上升 2.8%。不以原油为出口主导产品的土耳其等西亚 5 国的出口额、进口额整体衰退幅度分别为 16%、11%；上述 5 国对中国的出口额、进口额则都表现出正增速，大致分别为 6.6%、11.5%。由于西亚和中国贸易增长显著高于世界其他地区，预计 2020 年中国作为西亚地区贸易伙伴在西亚出口额、进口额中的占比会有显著提高。

---

① UNCTAD, *Global Trade Update* (*October 2020*), https：//unctad. org/publications.

四 安全局势是影响中国与西亚各国贸易的重要因素

如前文所述，基于西亚国家国际贸易数据，中国是西亚出口、进口的第二大贸易伙伴，仅次于欧盟。2020年中国在西亚出口伙伴、进口伙伴中的份额将显著上升。这是从西亚地区及西亚各国贸易视角，分析中国与西亚整体及各国贸易得到的结论。本节则转换贸易主体视角，即以中国为贸易主体，基于中国海关数据，就中国与西亚整体及各国贸易发展的态势和趋势做相关分析。

根据分析，从单年情况看，2020年，中国和西亚地区大部分国家的出口额、进口额表现出大升或大降，其中，中国自大部分原油主导国的进口额大降。从长期趋势看，2008年前，中国和绝大部分西亚国家的出口额、进口额增长态势显著强于中国整体出口额、进口额的增长；2008年后，中国和大部分西亚国家的出口额、进口额增速在一定程度上仍高于中国整体出口额、进口额增速；部分国家受安全局势等因素影响，情况例外。整体而言，2008年后，西亚及各国作为中国贸易伙伴的份额以稳为主，部分方面有程度不大的调整。

（一）2020年中国对西亚出口额缓增，自西亚进口额大降

如表14所示，按中国海关统计数据，2020年，中国对西亚16国的出口总额、进口总额分别为13071亿美元、12740亿美元，出口总额比上年略增5.3%，进口总额比上年大降19.9%。其中，中国对西亚的出口总额年增速稍高于中国对世界出口总额年增速（3.6%）；中国自西亚进口总额年增速大大低于中国自世界进口总额年均增速（-1.1%）。

表14 2020年中国和西亚及各国出口额、进口额及其年增长率

范围	金额（亿美元）		年增长率（%）		范围	金额（亿美元）		年增长率（%）	
	出口额	进口额	出口额	进口额		出口额	进口额	出口额	进口额
世界	259065	205561	3.6	-1.1	黎巴嫩	94.58	3.18	-43.7	22.2
西亚	13071	12740	5.3	-19.9	阿曼	309	1555	2.3	-20.9
巴林	112	14.61	-24.5	-25.2	巴勒斯坦	10.06	0.00	22.4	-93.8

续表

范围	金额(亿美元)		年增长率(%)		范围	金额(亿美元)		年增长率(%)	
	出口额	进口额	出口额	进口额		出口额	进口额	出口额	进口额
塞浦路斯	89.31	2.52	53.8	-54.4	卡塔尔	263	827	9.3	-5.1
伊朗	851	640	-11.3	-52.4	沙特	2810	3903	17.7	-28
伊拉克	1092	1925	15.5	-19.5	叙利亚	83.36	0.13	-36.6	-5.5
以色列	1126	629	17.1	21.9	土耳其	2036	372	17.5	6.3
约旦	318	42.57	-13.5	-1.9	阿联酋	3231	1687	-3.3	10
科威特	358	1071	-6.7	-20.4	也门	288	67.79	2.2	-21.8

资料来源：基于中国海关月度数据计算。

从国别来看，2020 年，中国对塞浦路斯（53.8%）、巴勒斯坦（22.4%）、沙特阿拉伯（17.7%）、土耳其（17.5%）、以色列（17.1%）、伊拉克（15.5%）的出口额年增速高于 10%；中国对黎巴嫩（-43.7%）、叙利亚（-36.6%）、巴林（-24.5%）、约旦（-13.5%）、伊朗（-11.3%）的出口额年增速低于 -10%。中国对其余 5 国出口额年增速为 -10% ~ 10%。

2020 年，中国自巴勒斯坦（-93.8%）、塞浦路斯（-54.4%）、伊朗（-52.4%）、沙特阿拉伯（-28%）、巴林（-25.2%）、也门（-21.8%）、阿曼（-20.9%）、科威特（-20.4%）进口额年增速低于 -20%，除转口贸易经济体塞浦路斯和特殊经济体巴勒斯坦之外，中国自其他原油主导国进口额大降。中国自黎巴嫩（22.2%）、以色列（21.9%）、阿联酋（10%）进口额年增速高于 0，其中只有阿联酋是原油主导国，但可以想见，主要是转口贸易支持了中国自阿联酋进口额的上述增速。除上述 11 国之外，中国自其余 5 国进口额年增速为 -20% ~ 10%。

总体来看，2020 年中国对西亚大部分国家的出口、进口贸易不是大升，就是大降，其中自大部分原油主导国的进口额是大降。

（二）2008 年以来西亚地区作为中国贸易伙伴的份额以稳为主

如图 1 所示，1995 ~ 2008 年，中国自西亚地区进口额在中国进口总额中的占比总体保持持续攀升态势，从1.7%上升至7.2%。2008年以后，西亚地区在中国进口额来源地中的占比呈现出上下调整态势，但通常年度调整幅度在1个百分点之内，2014年的占比曾达到历史最大值8.4%。2020年，由于疫情导致西亚地区原油主导国出口额大跌，该占比从上年的8.2%大降至6.2%，属于比较特殊的情况。

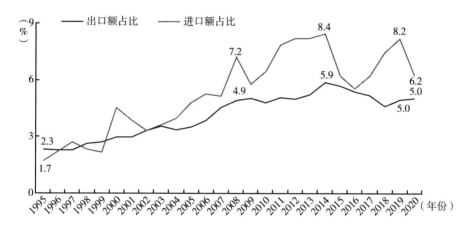

图1　西亚在中国出口额和进口额中的占比

资料来源：综合联合国贸易和发展会议数据库的数据和中国海关2020年月度贸易数据。

1995~2008年，中国对西亚地区出口额在中国出口总额中的占比总体保持攀升态势，从2.3%上升至4.9%。2008年以后，西亚地区在中国出口额中的占比表现出小幅调整态势，年度调整幅度通常在0.3%以内。目前的最高值是2014年的5.9%。由于2020年中国出口只是在1~2月稍稍受到疫情影响，随后则持续反弹，相比2019年，2020年该占比没有变动，大致为5%。

（三）中国对大部分西亚国家出口额增速快于中国出口总额增速

为比较中国对西亚国家出口增速和中国总出口增速，这里设计出口相对增速指标，计算方法如公式（1）、公式（2）所示：

$$某时期中国对西亚(或某国)出口额相对发展指数$$
$$= \frac{某时期中国对西亚(或某国)出口额发展指数}{某时期中国对世界出口额发展指数} \qquad (1)$$

$$某时期中国对西亚(或某国)出口额相对增长速度$$
$$= \left[(某时期出口额相对发展指数)^{\frac{1}{n}} - 1\right] \times 100\% \qquad (2)$$

从定量分析的意义来看，"相对增长速度"实际意义是"中国对西亚（或某国）出口额增长速度"高出"西亚对全世界出口额增长速度"的幅度，只不过这种"速度差"是借助复利发展指数方法获得的，而不是简单的速度相减。根据图 1，表 15 分为 1995～2008 年、2008～2020 年两个时段 [计算公式（2）中的 n 分别取 13、12]，观察在上述两时段中国对西亚及各国出口年均增速的相对强劲程度。

在依托表 15 的数据展开对比分析前，需要先建立的一个基本认识是，1995～2008 年，中国对世界出口额年均增速高达 19%，属于超高增速；而 2008～2020 年中国对世界出口额年均增速降至 5.1%，属于一般性高增速。

表 15　1995～2008 年和 2008～2020 年中国对西亚及各国出口额相对增速[a]

单位：%

范围	1995～2008 年	2008～2020 年	范围	1995～2008 年	2008～2020 年	范围	1995～2008 年	2008～2020 年
西亚	6.0	0.2	约旦	4.1	-0.3	巴勒斯坦	—	2.6
巴林	13.1	-0.5	科威特	4.3	1.0	叙利亚	3.3	-12.5
塞浦路斯	7.7	-6.6	黎巴嫩	-1.7	-5.9	土耳其	7.5	0.5
伊朗	9.0	-4.5	阿曼	14.1	6.6	阿联酋	6.4	-2.3
伊拉克	59.8	13.9	卡塔尔	20.8	2.6	也门	1.0	2.5
以色列	6.9	3.2	沙特	3.3	3.0			

注：a. 出口额相对增速指相对于中国整体出口额的增速。
资料来源：综合联合国贸易和发展会议数据库的数据和中国海关 2020 年月度贸易数据。

如表 15 所示，1995～2008 年，中国对整个西亚地区出口额相对增速为 6%。从国别情况看，中国对黎巴嫩、也门两国出口额增速在 0 附近，分别为 -1.7%、1%；中国对其余国家的出口额相对增速为 3.3% 或高于 3.3%，中国对伊拉克、卡塔尔出口额相对增速更是高达59.8%、20.8%。总体情况是，中国对安全局势相对稳定或趋向稳定的国家出口额相对增速较高，而对安全局势相对动荡的国家出口额相对增速较低。

2008～2020年，中国对整个西亚地区出口额相对增速为0.2%，这意味着在这一时期中国对西亚整体出口增速与全球平均水平相当。不过，从国别来看，中国对叙利亚（-12.5%）、塞浦路斯（-6.6%）、黎巴嫩（-5.9%）、伊朗（-4.5%）、阿联酋（-2.3%）的出口额相对增速相对明显地低于0，这些国家或是局势动荡（如叙利亚、黎巴嫩、伊朗），或是转口贸易占很大部分（如塞浦路斯、阿联酋）。显然，正是这些国家的大幅度相对负增速拉低了中国对整个西亚地区出口额相对增速。中国对其他西亚国家出口额相对增速接近0或大于0，其中中国对伊拉克、阿曼出口额相对增速高达13.9%、6.6%。

总体情况为，中国对安全局势相对稳定的西亚国家的出口额增速通常高于中国出口额整体增速或与后者相当。另外，2008年以后，中国对转口贸易大国的出口增速弱于中国出口额整体增速。

（四）安全局势是影响中国自西亚国家进口增长态势的重要原因

为比较中国自西亚国家进口增速和中国总进口增速，这里设计进口相对增速指标，计算方法如公式（3）、公式（4）所示：

$$某时期中国自西亚（或某国）进口额相对发展指数 = \frac{某时期中国自西亚（或某国）进口额发展指数}{某时期中国自世界进口额发展指数} \tag{3}$$

$$某时期中国自西亚（或某国）进口额相对增长速度 = \left[（某时期出口额相对发展指数）^{\frac{1}{n}} - 1\right] \times 100\% \tag{4}$$

根据图1，表16分为1995～2008年、2008～2020年两个时段［计算公式（4）中的n分别取13、12］，观察在上述两时段中国自西亚及各国进口年均增速的相对强劲程度。

表16 1995~2008年和2008~2020年中国自西亚及各国进口额相对增速[a]

单位：%

范围	1995~2008年	2008~2020年	范围	1995~2008年	2008~2020年	范围	1995~2008年	2008~2020年
西亚	11.8	-1.3	约旦	-3.7	5.5	巴勒斯坦	—	-27.9
巴林	-1.6	-4.0	科威特	12.7	1.3	叙利亚	-3.0	-19.5
塞浦路斯	-5.6	2.3	黎巴嫩	9.3	2.3	土耳其	3.6	0.4
伊朗	19.5	-13.3	阿曼	8.3	-2.5	阿联酋	12.3	6.0
伊拉克	53.6	18.5	卡塔尔	4.2	10.9	也门	0.6	-16.4
以色列	4.3	5.6	沙特	15.6	-3.0			

注：a. 进口额相对增速指相对于中国整体进口额的增速。

资料来源：综合联合国贸易和发展会议数据库的数据和中国海关2020年月度贸易数据。

在依托表16中的数据展开对比分析前，需要建立的一个基本认识是，1995~2008年，中国自世界进口额年均增速高至18%，属于超高增速；而2008~2020年中国自世界进口额年均增速降至5.1%，属于一般性高增速。

如表16所示，1995~2008年，中国自整个西亚地区进口额相对增速高达11.8%，主要原因是中国经济高速增长，原油进口以更快速度增长。在此期间，中国自塞浦路斯（-5.6%，转口港经济体）、约旦（-3.7%，非原油出口大国）、叙利亚（-3%，原油生产和出口后起步国家）、巴林（-1.6%，原油生产和出口后起步国家）进口额相对增速低于0。对照来看，中国自西亚传统石油出口大国进口额相对增速都超过12%。

2008~2020年，中国自整个西亚地区进口额相对增速为-1.3%，即中国自西亚地区进口额年均增速稍弱于中国进口总额的年均增速。对比可以发现，主要是安全局势动荡影响了中国自部分西亚国家的进口，并由此拖累了中国自整个西亚地区进口额增速的相对强劲程度。这一时段中国自巴勒斯坦（-27.9%，尚未完成正常建国）、叙利亚（-19.5%，发生战乱）、也门（-16.4%，发生战乱）、伊朗（-13.3%，安全局势相对动荡）进口额相对增速低于-5%。

总体情况为，在2008年以前，中国自传统石油出口大国进口额超高速增长，这使中国自西亚地区进口额增速大幅高于中国进口总额增速；2008年以后，既受到部分西亚国家安全局势拖累，也受到2020年疫情冲击，中国自西亚地区进口额增速稍弱于中国进口额整体增速。

五　中国和西亚地区贸易发展展望

2021年，全球新冠肺炎疫情尚未结束，预计西亚原油主导国的出口额未来1~2年增速仍不高，并影响其进口额增长；非原油主导国国际贸易和经济增长也将持续受疫情影响。另外，由于宗教纷争、地缘政治、大国博弈等多重因素影响，西亚地区各国仍然存在程度不一的社会安全隐患，这些隐患仍对中国和西亚国家的贸易往来造成不利影响。

为此，在"后疫情"时代，本文建议从以下方面积极发掘中国与西亚贸易的增长点，并推动中国与西亚贸易继续取得新成就。

一是加强与西亚各国的医疗合作和医药贸易。随着中国新冠疫苗进入推广阶段，中国积极向西亚各国推介新冠疫苗产品。以此为契机，中国应积极向非洲各国推介各类中医药产品，引导中国西药与中成药、中草药企业在西亚各国设立销售和售后服务机构，促进中国国内制造的西药、中成药、中草药产品在西亚各国的销售。

二是积极关注和参与西亚原油出口大国的产业多元化进程。目前，沙特、阿联酋的机电、非机电产品制造业都取得很大成就，阿联酋的迪拜还是西亚地区机电产品贸易中心所在地，其他原油主导国的非油气产业发展也在稳步推进。因此，中国政府和企业应密切关注西亚原油出口大国的产业多元化进程，并通过贸易展会、官商参访、贸易机构建设等多种形式，促进就中国和原油出口大国的制造品贸易持续增长。

三是关注动乱国家重建带来的贸易市场机遇。西亚部分国家安全局势具有很大不确定性。当动荡地区局势走向稳定，可积极参与乱后重建，获得新市场机遇。在这方面，近十多年来中国和伊拉克、科威特的双向贸易高速增长就是很好的例证。现阶段，则可积极关注和把握叙利亚、也门、黎巴嫩等

国局势稳定后的贸易机会。

四是加强和非原油出口大国的贸易合作。总体上，中国和以色列、土耳其、约旦等非原油出口大国的双向贸易一直相对平稳增长。随着中欧班列发车频次和辐射范围扩大，可逐渐考虑将西亚各国纳入中欧班列辐射范围，并由此拓展中国与西亚国家制造品贸易交换的广度和深度。

Y.16
2020年西亚国家的国际投资

摘　要：　2019年，西亚国家的国际投资整体呈现下降态势，双向投资
规模和全球占比都有所下降。相比而言，中国企业对西亚国
家投资踊跃，投资的全球占比继续上升。油气产业成为2019
年西亚国家外资流入的重点，但多国的经济多元化战略为包
括外资在内的企业创造了不少新的发展机会。阿联酋、沙
特、土耳其和以色列等国仍是外资关注和流入的重点国家，
吸引的外国投资既有共性，又有各自的特点。2020年，新冠
肺炎疫情对西亚国家的国际投资造成严重影响，中国与西亚
国家应加强合作，巩固基础并积极开拓新的领域。

关键词：　西亚　国际投资　经济多元化

西亚14个国家在2019年的国际投资整体呈现下降态势，但各国情况有
所不同。油气产业既是多个主要西亚国家的重要支柱，也在一定程度上影响
了这些国家经济多元化战略的有效实施。

一　西亚国家整体的国际投资变化态势

2019年，西亚国家的国际投资呈现下降态势，无论是外资流入还是对

---

* 周密，商务部国际贸易经济合作研究院研究员，主要研究方向为对外投资合作、服务贸易、
国际规则与协定。

外投资都比上年有明显的下降。但整体来看,过去10年西亚国家的国际投资仍保持较为明确的发展趋势,能源革命和对气候变化的共识可能推动传统能源投资的进一步下滑,而经济多元化则驱使西亚国家以对外投资在全球范围寻求更广泛和可持续的发展动力。

(一)2019年国际投资流入量有所下降

2019年,伴随贸易保护主义兴起和经济刺激措施边际效应下降,全球经济已经开始减速,跨国投资者整体上仍然相对乐观。全球范围的外资流入量同比略有增长(3.0%),但发展中国家整体和西亚国家的外资流入量均有所下降。经济活动放缓对大宗商品市场产生压力,而动荡的局势也增加了风险因素在国际投资者对西亚投资决策中的权重。西亚国家的外资流入量为461.4亿美元①,同比下降9.5%,降幅大于发展中国家(2.1%)和发展中亚洲国家(4.9%),说明西亚国家对外资的吸引力在2019年出现明显下降。事实上,西亚国家外资流入额的下降既有外部大环境因素的影响,又保持着相对温和的下行态势,并未出现大幅下挫的情况。如图1所示,过去10年间,西亚国家的外资流入在2010~2014年大幅走低后进入盘整回升阶段,年流入量由300亿美元向400亿美元回升,2019年西亚的外资流入量为过去10年平均水平的90.5%。西亚国家吸引外资的各项因素变化有限,对投资额的影响相对可控。但是,2020年的新冠肺炎疫情对西亚国家的冲击仍不可忽视。联合国贸易和发展会议预判全球外资流动将出现大幅跳水,加之疫情发生后市场需求萎缩和金融市场影响造成的国际油价闪崩,对石油产业在国家经济中占据重要地位的西亚国家将产生直接冲击,投资者对西亚国家的投资意愿可能出现更大幅度的下探。尽管西亚国家重视公共卫生的应对措施,一些国家大力推动新冠疫苗接种,但地缘政治冲突引发的地区局势不稳,隔离或封锁措施导致的劳动力跨境流动成本上升,对外部市场劳动力依赖性较强的西亚国家将面临更大的挑战。

---

① 包括发展中西亚国家和以色列。

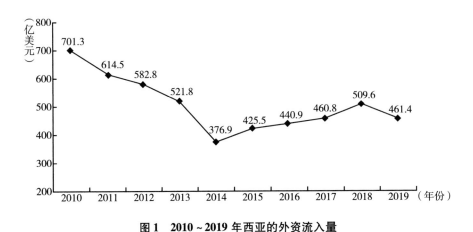

图1　2010～2019年西亚的外资流入量

资料来源：UNCTAD，*World Investment Report 2020*，United Nations，2020。

（二）西亚国家跨国投资明显减少但仍高于平均水平

跨国投资往往具有联动性，对外投资的变化在不少情况下也受到外资流入的联动影响。2019年，西亚国家的外资流出量为440.7亿美元，为上年的78.0%。与之相比，2019年全球的外资流出量同比增长了33.2%，达到1.31万亿美元。发展中国家和发展中亚洲国家的外资流出量分别出现同比71.7%的增长和19.5%的下降，表现均好于西亚国家。一增一减，显示出西亚国家对外投资能力并不够强，经济下行引起的市场需求下降可能使西亚国家难以继续将原本充足的资金投向海外市场，部分西亚国家主权财富基金的明显缩水正是这一态势的体现。尽管如此，西亚国家的对外投资能力依旧保持增强趋势。如图2所示，在过去10年里，西亚国家的外资流出量整体呈现上升态势。2019年西亚国家的外资流出量为过去10年均值的105.6%。2020年，突如其来的新冠肺炎疫情显著增加了西亚国家经济发展的挑战，可能导致外资流出量继续下降。

图3显示，2019年西亚国家的外资流入量和流出量之和比上年有所下降，但跨国直接投资的不平衡有所改善。2010～2019年、2010～2014年以及2017年和2019年，西亚国家外资均呈现出净流入状态，其余年份为资本净流出。

255

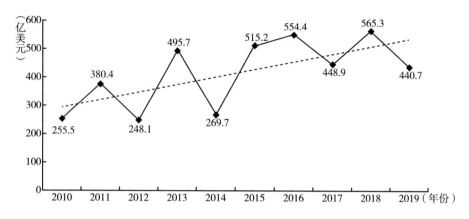

图2　2010～2019年西亚的外资流出量

资料来源：UNCTAD，*World Investment Report 2020*，United Nations，2020。

2019年，西亚国家的资本净流入为20.7亿美元，主要由对外投资更快速的下降引起。2010～2019年，只有3年（2015年、2016年和2018年）为资本流入量小于流出量，其余年份的资本流入量均大于流出量。与2018年相比，2019年的对外投资增速下降，资本净流出转为资本净流入，净投资额的规模比2018年（-55.8亿美元）增加了76.4亿美元。

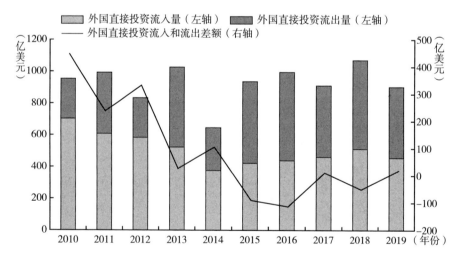

图3　2010～2019年西亚的外资流入量和流出量

资料来源：UNCTAD，*World Investment Report 2020*，United Nations，2020。

（三）2019年西亚国家国际投资流量的全球占比基本稳定

一国或地区对全球投资者的吸引力还表现为其投资规模的全球占比。西亚国家整体经济体量不大，市场较小，产业体系相对集中，在全球跨国投资中所占份额较为有限。在区域内经济要素市场不够发达、经贸合作制度性安排不足、跨境资源配置成本较高的情况下，投资者寻求的市场规模效应难以有效发挥。2019年，流入西亚的外资占全球外资流入量的3.0%。这一比重高于2014年（2.7%）、2015年（2.1%）、2016年（2.2%）和2017年（2.7%），比2018年低0.4个百分点。但是，2010年，西亚国家的外资流入量占全球外资流入量的5.0%。2010~2019年，除上述年份，西亚国家其他年份的外资流入量占比也都高于2019年的水平。占比的下降反映出西亚国家对全球投资者吸引力减弱，既是全球能源结构多元化发展的结果，也与其他非能源产业的发展有关。与外资流入量相比，西亚国家对外投资的全球占比较高。2019年，西亚国家的对外投资全球占比为3.4%，比外资流入量的占比高0.4个百分点。2010~2019年，西亚国家对外投资的最高全球占比出现在2018年（5.7%），其次为2016年（3.6%）、2013年（3.5%），2019年的占比高于其余年份。由此可见，尽管2019年西亚对外投资占比与上年相比有所下降，西亚国家在全球对外投资中的重要性仍然处于其历史上的较高位置。将西亚国家的外资流入量和流出量放在一起可以发现，外资流出量的占比与流入量占比间的差距总体呈现扩大态势。

（四）西亚国家的双向国际投资年末存量波动变化

投资存量反映了投资活动的累积效果，投资者需要基于对未来发展收益与风险的综合考量确定投资模式和投资方向。西亚国家2019年末外资流入存量为9485.3亿美元，比上年末增加了6.9%。2010~2019年，西亚国家的外资流入年末存量曾多次出现上升和下降交替变化，年增速在0上下波动。如图4所示，在2011年末、2013年末和2018年末，西亚国家的外资流入存量比上年有所下降，2015年末的外资存量与上年末相同。全球范围的

图4　2010～2019 年西亚的外资流入量和流出量全球占比

资料来源：UNCTAD，*World Investment Report 2020*，United Nations，2020。

外资流入年末存量在 2019 年达到 36.5 万亿美元，同比增长 10.7%，比西亚国家高 3.8 个百分点。与此同时，西亚国家 2019 年的对外投资年末存量为 5660.9 亿美元，尽管仍远低于外资流入存量，但同比增幅高达 9.7%，与 2019 年全球对外投资年末存量同比增幅相同。伴随西亚国家对外投资能力的增强和外资对其投资兴趣的改变，西亚国家外资流入年末存量超出流出年末存量的数额从 2010 年的 4193.7 亿美元逐渐降至 2019 年的 3824.4 亿美元。

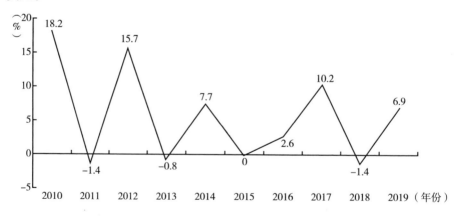

图5　2010～2019 年西亚的外资流入年末存量和流出年末存量同比变化率

资料来源：UNCTAD，*World Investment Report 2020*，United Nations，2020。

二 西亚国家吸收国际投资的特点

2019 年，西亚国家因流向油气产业的投资而得以支撑。石油出口国成为最主要的外资流入目的地。除此以外，土耳其和以色列等西亚国家也凭借各自要素和环境优势，吸引了外资流入。尽管如此，2019 年西亚国家在吸引外资上已经开始面临压力，而 2020 年的新冠肺炎疫情和国际油价的大幅下挫进一步增加了外资的担忧。

（一）石油出口国仍是外资流入西亚国家的重点

2019 年，流入西亚国家的外国直接投资中，有 33.3% 流入了石油输出国组织（OPEC）中的西亚国家，合计 153.8 亿美元，比上年增长 54.5%。西亚国家中的 OPEC 成员成为外资流入的亮点。卡塔尔宣布自 2019 年 1 月 1 日退出 OPEC，OPEC 中的西亚国家仅包括伊拉克、科威特、沙特阿拉伯和阿联酋。若不计算卡塔尔，2018 年，OPEC 中的西亚国家的外资流入仅占西亚全部外资流入的 19.5%。2019 年，外资继续从卡塔尔流出，从上年的 21.9 亿美元增加至 28.13 亿美元。2010 年以来，OPEC 中的西亚国家在西亚的外资流入中的占比持续下滑，从 2010 年的 66.2% 逐步降至 2017 年的 17.5%；2018 年有所回升，重新成为西亚国家的外资流入重点。近年来，西亚国家中的 OPEC 成员大多努力推动经济多元化发展，外资流入除了油气开采和化工冶炼领域外，也涉及旅游等其他产业。根据联合国贸易和发展会议的判断，2020 年的新冠肺炎疫情可能导致全球跨国投资下降 35% ~ 40%。西亚国家同样受到严重影响，吸收外资的油气、旅游、航空和金融服务等主要产业都会受到巨大冲击。沙特阿拉伯和阿联酋的跨国公司分别将其收入下调 67% 和 21%。而西亚国家在 2020 年第一季度宣布的绿地投资项目额和项目数量则分别环比下降 56% 和 34%。OPEC 国家中，阿联酋继续保持第一大外资流入国地位。2019 年，有 137.88 亿美元的外资流入阿联酋，同比增长 32.8%。美国黑石公司和 KKR 全球基础设施公司以 40 亿美元收购了阿布

扎比国家石油公司的输油管线资产。意大利 Eni S. p. A 公司以 30 亿美元收购了阿布扎比石油炼化公司 20% 的股份。沙特的外资流入规模则基本保持稳定，外资流入量为 45.6 亿美元，比上年增长 7.4%。2010～2019 年，阿联酋的外资流入量年均增长 4.6%，沙特外资流入量则年均减少 17.0%。

阿联酋虽然油气资源丰富，但主要集中于阿布扎比，迪拜等酋长国注重发展非油气产业，铝业、塑料、纺织服装等传统产业与金融、旅游、航空等服务业都取得了长足发展。非油气产业为阿联酋创造了 70% 的经济产值，也为外国投资者提供了更多发展机会，在一定程度上减弱了对全球大宗商品市场的依赖性。2019 年，阿联酋推出全球首个虚拟行政部门"可能性部"，阿布扎比、迪拜等酋长国扩大对民生、教育和医疗领域的财政投入。阿联酋持续改善外商投资环境，在世界银行的营商环境报告中连续 7 年居阿拉伯国家首位。2019 年，阿联酋在 Ghadan 21 项目下设立了阿布扎比投资办公室，改善商业生态环境，颁布了新的外资法正面清单，允许外商在农业、制造业、运输和仓储业、招待和食品服务业、信息和通信业、科学和技术行业、卫生保健行业、教育行业、艺术和娱乐业以及建筑业等领域独资，减免了 1500 项服务收费，批准向符合条件的外籍人士发放 10 年期签证，但设定了制造业的最低投资额。沙特经济仍以石油和石化工业为主，在"2030 愿景"社会经济转型计划的框架下，沙特大力发展钢铁、炼铝、水泥、海水淡化、电力工业、农业和服务业，促进经济多元化发展。2019 年，沙特举办了国家工业和物流发展规划大会，希望将沙特打造为全球领先的工业强国和物流中心，重点发展工业、矿业、能源和物流四大产业，到 2030 年前希望吸引 1.7 万亿里亚尔的投资，将非油气出口规模扩大到 1 万亿里亚尔以上。2019 年有不少非油气领域的大投资。美国 Tronox 以超过 20 亿美元收购了沙特国家二氧化钛公司，阿联酋 RAM 控股公司投资 6 亿美元增加在沙特弗朗西银行的股权，卢森堡 Tenaris 公司以 1.44 亿美元收购了沙特钢管公司。新冠肺炎疫情及油价闪崩对沙特造成双重打击，导致 2020 年沙特的经济动能明显减弱。伊拉克的安全形势依旧不容乐观，"伊斯兰国"残余势力依旧存在且因化整为零更不易防范。2019 年，伊拉克近 5000 人在各类暴恐活动中丧生。虽然伊拉克有巨大的重建资金需求并拥有丰富的油气资源，但外资流入意愿较弱。2019年，伊拉克的外资流出为30.8亿美元，连续第7年出现外资流出。

表1　2019年西亚国家外资流入量和年末存量

单位：亿美元，%

序号	国家	投资流量	占比	投资存量	占比
1	巴林	9.41	2.0	300.77	3.2
2	伊拉克	−30.76	−6.7	—	—
3	约旦	9.16	2.0	362.03	3.8
4	科威特	1.04	0.2	149.04	1.6
5	黎巴嫩	21.28	4.6	680.89	7.2
6	阿曼	31.25	6.8	313.32	3.3
7	卡塔尔	−28.13	−6.1	310.61	3.3
8	沙特阿拉伯	45.62	9.9	2361.66	24.9
9	巴勒斯坦	1.76	0.4	27.77	0.3
10	叙利亚	—	—	107.43	1.1
11	土耳其	84.34	18.3	1649.06	17.4
12	阿联酋	137.88	29.9	1541.07	16.2
13	也门	−3.71	−0.8	19.42	0.2
14	以色列	182.24	39.5	1662.29	17.5
	合计	461.39	100	9485.35	100

资料来源：根据联合国贸易和发展会议《2020年世界投资报告》测算，参见 UNCTAD, *World Investment Report 2020*, United Nations, 2020。

（二）土耳其采取积极政策吸引外国直接投资

与其他主要西亚国家不同，土耳其的自然资源相对缺乏，对外部经济的依赖性较强。2019年，土耳其在西亚国家中对外资的吸引力较强，外资流入为84.34亿美元，在西亚国家中的排名比上年下降一位，排在第3位。与2018年相比，土耳其的外资流入量减少了35%，占西亚国家当年外资流入

量的30.2%。跨国并购项目中，2019年土耳其企业扩大对外并购，投资额为1.0亿美元，但外国企业对土耳其并购则出现撤资，投资额为－27.5亿美元。绿地投资中，土耳其企业对转型经济体的投资项目数从上年的1664个增加至3828个，而转型经济体对土耳其的投资项目数则从6348个锐减为109个。作为"新钻国家"，土耳其经济体量大且发展迅速，为包括外国投资者在内的企业创造了不少投资机会。即便在新冠肺炎疫情冲击和本币贬值的恶劣条件下，土耳其仍是OECD和G20成员中发展最迅速的经济体之一。土耳其与多个伙伴推进自由贸易协定谈判。除纺织服装、汽车制造、农业、旅游业、钢铁、建材、化工、机械和传播等传统行业外，外资也看重土耳其处于亚欧路口的重要地理位置，通过便利的物流满足市场需求。2019年，埃尔多安总统在上年末土耳其实施总统制新内阁后提出"百日工作计划"，100天内重点推动涵盖金融、能源、基建、外贸、国防、旅游等领域的400多个最优先项目，为土耳其经济发展提供了不少机会，也有利于优化外商投资发展环境。土耳其国库与财政部长发布的2019～2021中期经济规划则提出了平衡经济、重视财政纪律和实现经济转型三个主要经济发展目标。2020年，土耳其提出了主题为"新稳定、新常态、新经济"的2021～2023年新经济计划。尽管旅游业收入在2020年下降了2/3，土耳其里拉兑美元汇率接近历史最低点，但土耳其经济收缩幅度在2020年下半年明显变小，减轻了外国投资者撤离的压力。

（三）外国投资者对以色列知识密集型行业领域兴趣浓厚

按照联合国贸易和发展会议的分类，以色列是西亚国家中唯一的发达经济体。2019年，以色列虽然在全球外资流入榜单排名从上年的第16位下滑至第20位，但仍然保持了西亚第一大外资流入国地位。2019年，以色列的外资流入额为182.2亿美元，比上年减少12.3%，超出西亚排名第2位的阿联酋的投资额也从2018年的100亿美元降至约50亿美元。以色列重视教育和创新体系建设，通过高水平研发机构与高技术孵化区的配合，吸引了大量知识密集型企业。良好的创新发展环境成为以色列吸引外资的重要优势。世界知识产权组织（WIOP）发布的2019年全球创新指数显示，以色列在创新体系、研发人员、研发强度、企业研发人才、信息通信服务出口和移动App这6个指标上居于全球首位。2019年3月，英伟达宣布以69亿美元收购以色列芯片设计公司Mellanox。外国公司还完成了对以色列生物科技公司、高科技公司的收购，在软件、信息技术、科学工程、数值分析、硬件、人工智能、医疗健康、互联网服务、隐私和安全、金融服务十大热门行业领域表现活跃。以色列建立了顾问委员会，评估外资带来的国家安全问题。新冠肺炎疫情对以色列的外资也造成冲击。2020年3月31日，卢森堡公司的下属企业HOT电信系统，以金融市场低迷导致资金紧张为由撤回了对以色列伙伴通信公司9亿美元的投资出价。

（四）其他西亚国家的外国直接投资

卡塔尔在遭遇沙特等国的断交冲击后，采取了积极的经济多元化举措。通过与土耳其、印度、俄罗斯和美欧的投资合作，卡塔尔保障了基本经济需求。美国投资者恢复对卡塔尔的投资，但投资者总体上依旧相对谨慎。2019年，卡塔尔的外资流入为-28.13亿美元，与上年规模基本一致。黎巴嫩是与欧洲国家发展较为相似的西亚国家，对外资准入的限制性措施较少。2019年，黎巴嫩的外资流入同比下降了20%，为21.28亿美元，政治不稳定、宏观经济失衡以及货币危机是主要的原因。大多数外资流向黎巴嫩服务业，占比近1/3。传统上，黎巴嫩与阿联酋经贸关系密切，2018年来自阿联酋的投资占黎巴嫩吸引外资总额的11%。黎巴嫩总理在2019年末举行的两国投资论坛上表示，希望阿联酋加大对黎巴嫩公共事业、电信和能源领域的投资。2019年，约旦的外资流入同比下降了4%，投资额为9.16美元，仅为2017年规模的一半。流入约旦的外资较为分散化，主要项目分布于制造业、房地产和服务业。约旦政府实施新的便利外资措施，包括在约旦投资委员会下设立单一申请窗口，为投资者提供服务。同时，为了弥补油气资源及燃料短缺的问题，减少政府在能源进口上的开支，约旦在2019年制订了国家绿色增长计划（NGGP），支持消费者使用电动汽车，为相关领域的外资流入提供了动力。尽

管 2019 年巴林政府非石油收入增长了 63%，政府支出减少 3%，财政赤字下降了 24%，但外资流入仍下降了 43%，低于 10 亿美元。巴林的投资以轻工业和服务业为主，对全球和地区经济较为敏感。巴林积极鼓励非传统领域的外资流入，包括健康医疗和数字经济等。财政赤字的减少为巴林政府提供了更多的可支配资源，有可能采取更有吸引力的措施鼓励外资流入。

三 中国对西亚国家的双向直接投资

2019 年，中国与西亚国家的双向直接投资保持稳定，中国对西亚投资继续保持增长。阿联酋、伊拉克和沙特成为 2019 年投资额排名前 3 位的西亚国家。2020 年，中国与西亚国家开展了积极有效的国际抗疫合作，而多个西亚国家持续推动的经济多元化发展战略为中国企业的投资提供了新的重要可能性。

（一）中国企业对西亚国家的投资态势

2019 年，中国企业对西亚的投资继续保持增长。2019 年的投资额为 28.6 亿美元，同比增长 30.2%。虽然与 2018 年 152.8% 的增速相比有所下降，但 2019 年中国企业对西亚国家的投资额已与中国对外直接投资统计公报发布的 2003 年全国对外投资规模相近，反映出十几年来中国企业对外投资能力的显著提高。值得关注的是，中国企业对西亚投资规模的增长是在对外投资总量出现 4.3% 下降的基础上发生的，说明中国企业对西亚更感兴趣。如图 6 所示，2010～2019 年，中国企业对西亚国家的投资流量比重从 0.8% 较为稳定地上升至 2.1%。与此同时，中国企业在西亚国家的投资存量也相应持续增加，中国企业对东道国的经济发展、进出口、就业创造和税收都提供了重要支撑。截至 2019 年末，中国企业在西亚国家的投资存量为 195.4 亿美元，同比增长 5.6%。中国企业在西亚国家的年末投资存量占中国企业对外投资总存量的比重在 2010～2019 年基本保持稳定。2016 年占比最高，为 1.1%，而 2019 年的占比与 2010 年相同，均为 0.9%。

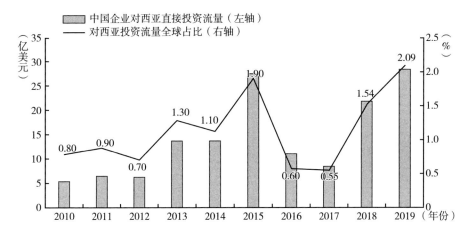

图6　2010～2019年中国企业对西亚国家的投资流量和全球占比

资料来源：笔者根据《2019年度中国对外直接投资统计公报》测算，参见中华人民共和国商务部、国家统计局和国家外汇管理局编《2019年度中国对外直接投资统计公报》，中国商务出版社，2020。

（二）中国对西亚投资国别分布

中国对西亚国家的投资分布较为集中，少数国家受到中国企业的重点关注（见表2），对产业领域的偏好、安全局势和地缘关系特点，成为企业选择投资目的地的主要影响因素。2019年，阿联酋依旧是中国企业投资最多的西亚国家，投资额为12.1亿美元，占中国企业对西亚投资额的42.2%，比上年低7个百分点。伊拉克在2019年超过以色列，成为吸引中国投资排名第2位的国家，当年中国企业对伊拉克的投资额为8.9亿美元，占中国企业对西亚国家投资总量的31.0%。沙特阿拉伯在2019年中国企业对西亚投资中排名第3位，投资额为6.5亿美元，占到中国企业对西亚投资总量的22.9%。2019年第一季度，沙特新批外商许可同比增长70%，来自英国和中国的申请数量分别增长86%和71%，成为主要动力。而2018年中国企业投资较多的土耳其和以色列在2019年并未获得较多投资，投资额分别为2883万美元和1.9亿美元，分别占中国企业对西亚投资总额的1.0%和6.7%。投资存量更能反映西亚国家在中国企业对外投资中的重要性。截至

2019 年末，中国企业在阿联酋的投资存量为 76.4 亿美元，占中国企业在西亚投资存量总额的 39.1%。以色列和沙特分别居第 2 位和第 3 位，投资存量分别为 37.8 亿美元和 25.3 亿美元，占比分别为 19.3% 和 12.9%。排名前 3 位的国家的投资存量合计占中国企业对西亚投资存量总额的 71.3%。除巴勒斯坦没有数据外，在黎巴嫩、叙利亚、巴林和阿曼的投资存量也仅分别为 222 万美元、1357 万美元、7074 万美元和 1.2 亿美元，在 2019 年末投资存量中的占比均不足 1%。

表 2 2019 年中国企业对西亚国家投资流量和年末存量

单位：万美元，%

序号	国家	投资流量	占比	投资存量	占比
1	阿联酋	120741	42.2	763567	39.1
2	阿曼	−315	−0.1	11634	0.6
3	巴勒斯坦	—	—	—	—
4	巴林	−34	0	7074	0.4
5	卡塔尔	2932	1.0	45892	2.3
6	科威特	−10052	−3.5	83451	4.3
7	黎巴嫩	—	—	222	0
8	沙特阿拉伯	65437	22.9	252773	12.9
9	土耳其	2883	1.0	186786	9.6
10	叙利亚	1270	0.4	1357	0.1
11	也门	−7881	−2.8	54419	2.8
12	伊拉克	88709	31.0	137752	7.1
13	以色列	19168	6.7	377502	19.3
14	约旦	3093	1.1	31173	1.6
	合计	285951	100	1953602	100

资料来源：笔者根据《2019 年度中国对外直接投资统计公报》测算，参见中华人民共和国商务部、国家统计局和国家外汇管理局编《2019 年度中国对外直接投资统计公报》，中国商务出版社，2020。

（三）中国对西亚投资的重点领域和项目

作为西亚的第一投资目的地，中国企业对阿联酋投资的主要领域为能源、钢铁、建材、工程机械、五金和化工等。中国企业在阿联酋投资油气相关基础设施和开发，也在对阿联酋经济有着广泛影响的生产和生活领域把握机会。2020年7月首届中国－阿联酋经济贸易数字博览会吸引了2100家中国企业和阿联酋企业参展。9月，阿联酋与以色列实现关系正常化，随即表示期盼与中国及以色列开展三方科技创新合作。2019年，中国塑料瓶生产企业泛亚聚酯有限公司在沙特贾赞开展绿地投资，投资额约为10亿美元。2019年中国－沙特投资合作论坛上，两国代表在石油化工、电子信息、数字经济、智慧城市、文化、旅游、教育、医疗等10个重点领域进行了项目对接。阿里巴巴收购以色列增强现实公司Infinity AR，为购物和手机游戏提供更好的支持。

（四）西亚国家对华直接投资

与中国企业对西亚投资相比，西亚国家对华投资仍不够稳定，大项目的年度波动对投资额产生了不小影响。2019年，在沙特王储穆罕默德访华期间，沙特阿美、中国北方工业集团、辽宁盘锦鑫诚集团共同出资695亿元（约合100.9亿美元），在辽宁盘锦成立华锦阿美石油化工有限公司，该公司成为中沙两国截至目前最大的合资企业。同时签署的35份协议和谅解备忘录的签约总金额超过280亿美元，涉及石油化工、制造业、新能源、通信等各行业。阿联酋是对华投资额最大的阿拉伯国家。2019年，阿联酋在中国投资新设企业36个，实际投资额为2141万美元。

四　加强投资合作，增强中国与西亚
国家经济发展韧性

面临外部的巨大不确定性，中国与西亚国家只有通过合作才能增强自身发展动能，增强经济发展韧性，在变化中形成优势和主动权。

第一，把握后疫情时期经济社会发展新特点和投资合作发展机遇。中国与西亚国家应加强对疫情冲击的研判。除了公共卫生领域的合作外，疫情下

经济社会的组织模式也可能发生较大的改变。改变往往不仅意味着风险，也蕴含机遇。把握后疫情时期的发展机遇，中国与西亚国家的合作空间广泛。新冠肺炎疫情的发生，既是一次挑战，也给国际社会敲响了警钟。即便广泛接种新冠疫苗可以控制疫情的扩散，逐步恢复正常的经济秩序，类似的全球性疫病未来可能还会出现。中国与西亚国家应开展更多合作，为企业投资相关领域提供良好的环境和保障，增强社会发展的韧性。

第二，继续推进中国与西亚国家共建"一带一路"合作。西亚国家与中国在共建"一带一路"合作中有着广泛共识。多个西亚国家在历次高层交往中提出了加强共建"一带一路"合作的议题。不少西亚产油国重视经济发展的多元化，与中国企业在非石油领域的合作空间广阔。阿联酋提出在数字经济、人工智能、生物医药和可再生能源等新领域加大发展力度，中国企业具备一定的优势和经验。发挥各自优势，促进经济产业的多元发展，对企业利润的可持续和东道国经济社会的转型升级都有重要的基础性作用。共建"一带一路"合作是各方意愿的共同反映，中国与西亚国家应继续做深做实。

第三，加大金融与实体经济融合发展及创新合作。西亚国家的金融体系以伊斯兰金融为主，中国金融机构在西亚也加大了网络建设和服务提供。以有效的金融措施增强经济社会发展的动能，减少金融资源缺乏对中小企业创新的制约是各国都面临的挑战。中国与西亚国家应以金融为引导和支持，吸引和鼓励符合可持续发展要求的经济产业模式，在绿色低碳、智慧城市等领域增强发展动力。阿拉伯国家与以色列关系的改善为区域内的知识扩散和技术创新合作创造了新的条件，应把握这一历史机遇，以合作促进相互理解、减少冲突和对抗，使创新合作参与各方都能够获利。

第四，继续推动中国与西亚国家自由贸易区等制度性建设。稳定的经贸制度是企业开展投资合作的重要保障。2020年区域全面经济伙伴关系协定的签署与中欧全面投资协议谈判完成彰显出中国积极参与国际经贸协定的决心和行动，也为进一步扩大自贸伙伴圈，在"十四五"期间推动自贸区升级创造了条件。除继续在中国-海合会平台上以及中国-以色列双边推动自由贸易协定谈判外，还可以探索中国与西亚国家各种形式的经贸合作制度性安排。自贸区为中国与西亚开展合作，便利中国投资形成良好的社会预期，提供充分、有效的保障，有利于减少外部环境变化对投资的影响。

第五，协同发力，共同提高能源可持续保障能力。西亚是全球最为重要的油气资源提供者，经过几十年的发展已形成了较为稳定的发展格局。近年来，气候变化给各国都造成了严重的冲击和负面影响，西亚国家和中国都在积极采取措施加强应对。从生产、供应和消费端，中国与西亚都可能开展更多、更富成效的合作，调整能源的供应方式，降低化石能源在生产、生活中使用的比重，减少经济社会活动对环境的破坏。中国近年来不断提高可再生能源产业能力，可以为西亚国家实现相关目标提供支持。中国与西亚国家在可再生能源的生产、运输、传输、再利用等各领域有着广泛的合作空间。

文 献 资 料

Documentation

Y.17

2020年国内外中东研究新进展

朱泉钢*

2020 年，国内外中东研究成果丰硕，围绕中东政治、经济、国际关系、社会、文化、宗教、民族等问题出版了一系列专著，并有大量论文发表。新冠肺炎疫情虽然影响了正常的学术交流，但学界仍举行了多场学术会议。国内中东学界虽然在研究议题、方法和观点上有所进步，但是在议题的广度和深度、研究的理论化水平、成果的国际影响力等方面仍有巨大的发展空间。

一 国外中东研究新进展

国外中东研究具有较好的研究基础，学科体系和学术体系比较完善。

---

* 朱泉钢，中国社会科学院西亚非洲研究所助理研究员，主要研究方向为中东政治、中东国际关系。

2020 年，国外中东学界的中东问题研究成果展现出高体系化、高理论化、高争鸣性等特点，但其研究中存在的"西方中心主义"问题不容忽视。

（一）中东政治研究

国外中东政治研究成果主要集中于政治制度、政治意识形态、阿拉伯剧变等议题。①中东政治制度。中东政治制度研究呈现出两个新动向，一是更加深入地探讨国家、政府、政党等政治制度问题。《中东政党》一书为理解中东国家的政党发展历史、角色作用、发展前景提供了一个分析框架。① 二是采用制度主义理论，讨论制度与政治事件和政治发展的关系。伊恩·凯利使用制度主义理论，讨论了政治精英在阿拉伯剧变中不再支持政权的原因。②

②中东政治意识形态。中东地区的政治意识形态十分多元，民族、宗教、教派等身份认同与政治意识形态复杂交织，影响着地区的政治发展。乔治斯·科姆将阿拉伯思想家及其作品置于阿拉伯世界 200 年的动荡进程中，展示了阿拉伯政治思想的活力及其主要争端。③ 法纳尔·哈达德指出，阿拉伯世界逊尼派和什叶派的身份构建是复杂互动的，并与其他身份相互影响。④《中东北非的政治叙事：秩序的概念和不稳定的感知》一书采用语言学、政治学、国际关系学等跨学科的方法，探讨政治叙事在理解中东和北非国家复杂性方面的重要性。⑤

③阿拉伯剧变。哈佛大学教授诺厄·费尔德曼反对完全消极否定"阿

---

① Siavush Randjbar-Daemi, Eskandar Sadeghi-Boroujerdi, Lauren Banko, eds., *Political Parties in the Middle East*, London：Routledge, 2020.

② Ian Kelly, *Elites and Arab Politics：New Perspectives on Popular Protest*, London：Routledge, 2020.

③ Georges Corm, *Arab Political Thought：Past and Present*, London：Hurst, 2020.

④ Fanar Haddad, *Understanding "Sectarianism"：Sunni-Shi'a Relations in the Modern Arab World*, Oxford：Oxford University Press, 2020.

⑤ Wolfgang Mühlberger, Toni Alaranta, eds., *Political Narratives in the Middle East and North Africa：Conceptions of Order and Perceptions of Instability*, Cham, Switzerland：Springer, 2020.

拉伯之春"的观点。① 法蒂玛·伊萨维等学者使用案例研究法，指出不应低估民众通过公共领域进行政治抗议的影响。② 梅拉尼·卡米特等人讨论了安全形势变化对中东民众的政治价值观和中东民主化进程的影响。③

④中东政治研究工具书。《劳特里奇中东政治手册》集合了 44 位中东政治研究领域的优秀学者，通过跨学科的棱镜研究中东政治问题的方方面面。④《中东北非政府与政治：发展、民主和独裁》是享誉西方的重要中东政治教科书和工具书，2020 年出版了第 9 版。⑤

（二）中东经济研究

国外中东经济研究主要聚焦中东发展道路和经济改革问题。①中东经济发展。罗伯特·普林斯堡运用政治经济学的方法，基于路径依赖理论，认为中东国家出于历史和当代的结构原因，发展前景并不乐观。⑥ 詹姆斯·劳赫主要分析了中东国家经济的差异性及不同类型中东国家经济社会发展的独特性。⑦ 此外，伊雷妮·魏佩特－芬内尔等学者采用跨地区比较视角，详细分析阿拉伯剧变中的埃及和突尼斯民众对社会经济不满在大规模动员中所起的关键作用。⑧

②中东经济改革研究。一是油气资源改革。中东地区作为全球油气资源

① Noah Feldman, *The Arab Winter*：*A Tragedy*, Princeton：Princeton University Press，2020.

② Fatima El-Issawi and Francesco Cavatorta, eds., *The Unfinished Arab Spring*：*Micro-dynamics of Revolts between Change and Continuity*, London：Gingko, 2020.

③ Melani Cammett, Ishac Diwan, Irina Vartanova, "Insecurity and Political Values in the Arab World", *Democratization*, Vol. 27, No. 5, 2020, pp. 699 – 716.

④ Larbi Sadiki, ed., *Routledge Handbook of Middle East Politics*, London：Routledge, 2020.

⑤ Sean Yom, ed., *Government and Politics of the Middle East and North Africa*：*Development*, *Democracy*, *and Dictatorship*, 9th Edition, London：Routledge, 2020.

⑥ Robert Springborg, *Political Economies of the Middle East and North Africa*, Cambridge：Polity Press, 2020.

⑦ James E. Rauch, *The Economics of the Middle East*：*A Comparative Approach*, New York：Oxford University Press, 2020.

⑧ Irene Weipert-Fenner, Jonas Wolff, eds., *Socioeconomic Protests in MENA and Latin America*：*Egypt and Tunisia in Interregional Comparison*, Cham, Switzerland：Springer, 2020.

富集地，多数国家的经济与能源市场息息相关。贾南·阿萨迪梳理了伊拉克战争后伊拉克油气资源相关法律制定、协议签署和各方获益情况等。马哈茂德·法尔德·卡德尔指出，伊朗应当修改宪法或自然资源法，以吸引国际石油公司。① 二是财政和金融改革。哈利斯·基拉通过分析土耳其财政的资产负债表、土耳其政府与其他国家的财政关系等，指出土耳其面临的挑战和改革方向。② 阿卜杜拉赫曼·埃扎希·赛义德·阿里等人论述了伊斯兰金融产品改革对中东国家发展的意义。③

（三）中东国际关系研究

国外中东国际关系研究除了继续关注大国与中东关系、中东国家对外关系、中东安全等传统议题外，还关注新冠肺炎疫情对中东国际关系的影响。①大国与中东国际关系。美欧与中东的关系仍是研究热点，吉勒斯·凯佩尔从极端主义视角考察了中东与西方世界的关系。④ 安德烈亚·泰蒂等学者指出，欧盟关于民主促进和经济发展的话语及实践与中东普通民众的偏好之间存在差异，这是欧盟在中东推进民主化失败的重要原因。⑤ 此外，俄罗斯、中国与中东的关系也得到更多关注。⑥

②中东地区对外关系。阿拉伯剧变以来，中东地区国家的自主性增强，

---

① Janan Al-Asady, *Iraq's Oil and Gas Industry*：*The Legal and Contractual Framework*, New York：Routledge, 2020; Mahmoud Fard Kardel, *The Development of Iran's Upstream Oil and Gas Industry*：*The Potential Role of New Concession Contracts*, New York：Routledge, 2020.

② Halis Kiral, eds., *Public Financial Management Reforms in Turkey*, Singapore：Springer, 2020.

③ Abdelrahman Elzahi Saaid Ali, Khalifa Mohamed Ali and Muhammad Khaleequzzaman, eds., *Enhancing Financial Inclusion through Islamic Finance*, Cham, Switzerland：Palgrave Macmillan, 2020.

④ Gilles Kepel, *Away from Chaos*：*The Middle East and the Challenge to the West*, New York：Columbia University Press, 2020.

⑤ Andrea Teti et al., *Democratisation against Democracy*：*How EU Foreign Policy Fails the Middle East*, Cham, Switzerland：Springer, 2020.

⑥ Samuel Ramani, "Russia and the UAE：An Ideational Partnership", *Middle East Policy*, Volume 27, Issue 1, Spring 2020; Jordi Quero, "China's Impact on the Middle East and North Africa's Regional Order：Unfolding Regional Effects of Challenging the Global Order", *Contemporary Arab Affairs*, Volume 13, Issue 1, March 2020.

它们之间的权力竞争更趋激烈，这些现象受到持续关注。一是研究中东国家对外政策的成果增多。奥菲拉·塞利克塔等学者考察了伊朗在中东的代理人网络及相关的代理人战争①，哈扎·帕普楚拉尔等学者从泛民族主义视角研究了土耳其的外交政策②。二是中东国家间关系的研究增多。其中，沙特与伊朗的对抗是重要热点问题。金·加塔斯追溯了沙特与伊朗的40年敌对，指出1979年之后双方使用宗教工具相互攻击具有深远影响。③ 易卜拉欣·弗赖哈特则认为伊朗与沙特能够实现和平。④

③中东安全问题。一是地区传统安全问题研究持续推进。《南亚与中东研究》杂志组织专刊讨论巴以和平进程问题，认为其前景不太乐观。⑤ 阿拉丁·阿拉法特深入考察了波斯湾面临的安全挑战，并认为未来的海湾之争是伊朗与土耳其之争。⑥ 二是国内冲突研究逐渐增多。坚吉兹·钱达尔考察了土耳其与库尔德人的战和问题；沃尔弗拉姆·拉谢研究了阿拉伯剧变以来的利比亚国内冲突；斯蒂芬·W. 戴等学者研究了也门冲突的多重动力。⑦ 三是在非传统安全问题研究中，极端主义问题是研究热点。罗歇·瓦朗讨论了阿拉伯外籍战士卷入恐怖主义的问题；金旭起等学者以全球视野考察了

① Ofira Seliktar, Farhad Rezaei, *Iran, Revolution, and Proxy Wars*, Cham, Switzerland: Palgrave Macmillan, 2020.

② Hazal Papuççular, Deniz Kuru, *A Transnational Account of Turkish Foreign Policy*, Cham, Switzerland: Palgrave Macmillan, 2020.

③ Kim Ghattas, *Black Wave: Saudi Arabia, Iran, and the Forty-Year Rivalry that Unraveled Culture, Religion, and Collective Memory in the Middle East*, New York: Henry Holt & Company, 2020.

④ Ibrahim Fraihat, *Iran and Saudi Arabia: Taming a Chaotic Conflict*, Edinburgh: Edinburgh University Press, 2020.

⑤ Saliba Sarsar, ed., *Journal of South Asian and Middle Eastern Studies*, Vol. 43, No. 3, Spring 2020.

⑥ Alaa Al-Din Arafat, *Regional and International Powers in the Gulf Security*, Cham, Switzerland: Palgrave Macmillan, 2020.

⑦ Cengiz Çandar, *Turkey's Mission Impossible: War and Peace with the Kurds*, Lanham, Maryland: Lexington Books, 2020; Wolfram Lacher, *Libya's Fragmentation: Structure and Process in Violent Conflict*, London: I. B. Tauris, 2020; Stephen W. Day, Noel Brehony, eds., *Global, Regional, and Local Dynamics in the Yemen Crisis*, Cham, Switzerland: Palgrave Macmillan, 2020.

2002～2018 年的中东和北非恐怖活动。①

④新冠肺炎疫情对中东国际关系的影响。马克·林奇等学者认为，新冠肺炎疫情影响了中东地区的冲突、敌对和战争，尤其是增加了地区的软性权力竞争。②

（四）中东宗教、族群和社会问题研究

中东宗教、族群和社会问题研究成果丰硕，其中一些视角值得关注。①宗教问题。一是宗教教法研究。安东尼娅·博赞基特讨论了前现代时期穆斯林与非穆斯林在神学上和空间想象上的关系及宗教层级地图。③ 二是宗教学者研究。容·胡佛出版了关于伊本·泰米耶研究的最新成果，该书是"伊斯兰世界的缔造者"系列的一部。④ 三是宗教与政治关系问题。政治伊斯兰问题仍然是学界关注的热点，穆罕默德·阿尤布等学者对此进行了深入讨论。⑤ 雷杰普·多甘分析了土耳其正义与发展党和居伦运动之间的关系、双方关系紧张的原因。⑥ 沃克·罗宾斯探寻了美南浸信会对巴勒斯坦问题的介入。⑦

②族群问题。罗伯特·斯蒂尔采用民族主义视角，驳斥了巴列维国王举行纪念波斯帝国 2500 周年活动导致政权倒台的传统叙事。⑧ 穆罕默德·古

---

① Roger Warren, *Terrorist Movements and the Recruitment of Arab Foreign Fighters: A History from 1980s Afghanistan to ISIS*, London: I. B. Tauris, 2020; Wukki Kim, Todd Sandler, "Middle East and North Africa: Terrorism and Conflicts", *Global Policy*, Vol. 11, No. 4, 2020.

② Marc Lynch, *The COVID - 19 Pandemic in the Middle East and North Africa*, Washington D. C.: POMEPS, 2020.

③ Antonia Bosanquet, *Minding Their Place: Space and Religious Hierarchy in Ibn al-Qayyim's Aḥkām ahl al-dhimma*, Leiden: BRILL, 2020.

④ Jon Hoover, *Ibn Taymiyya*, London: Oneworld Academic, 2020.

⑤ Mohammed Ayoob, Danielle Nicole Lussier, *The Many Faces of Political Islam: Religion and Politics in Muslim Societies*, Michigan: University of Michigan Press, 2020; François Burgat, *Understanding Political Islam*, Manchester: Manchester University Press, 2020.

⑥ Recep Dogan, *Political Islamists in Turkey and Gülen Movement*, Cham, Switzerland: Palgrave Macmillan, 2020.

⑦ Walker Robins, *Between Dixie and Zion: Southern Baptists and Palestine before Israel*, Alabama: University of Alabama Press, 2020.

⑧ Robert Steele, *The Shah's Imperial Celebrations of 1971: Nationalism, Culture and Politics in Late Pahlavi Iran*, London: I. B. Tauris, 2020.

尔斯等学者指出，尽管中东剧变为库尔德人争取承认提供了重要机会，但库尔德民族运动仍面临严重阻碍。① 斯特凡·斯泰特尔等学者采用世界社会理论和历史社会学理论，系统考察了中东基督徒的过去、现在和未来，强调了全球现代性中本地实践与后殖民主义之间的相互作用。② 保罗·马焦利尼等学者采用动态、关系和历史的视角研究了约旦的少数族群与国家构建之间的关系。③

③社会问题。丽塔·斯蒂芬等学者运用社会行动主义理论，描绘了16个中东国家的女性在阿拉伯剧变开始之前、剧变中和剧变后的政治抵抗情况。④ 卡罗琳·鲁尼采用创造性激进主义的分析框架，研究了阿拉伯文化左派如何批评中东地区政治霸权。⑤ 阿德南·巴德兰等学者讨论了阿拉伯世界的高等教育及其对阿拉伯国家创新和开拓精神的影响。⑥ 马哈福德·阿马拉研究了国家的政治、文化建构和经济变革如何影响中东国家参加奥运会。⑦

（五）国外学术交流活动

受新冠肺炎疫情在全球肆虐影响，国外中东学界学术正常交流受到阻碍，一些国际会议被迫延期。例如，在全球中东研究领域有重要影响的北美中东学会2020年年会被迫推迟到2021年以线上方式举行。疫情下，一些学

---

① Mehmet Gurses et al. , *The Kurds in the Middle East*：*Enduring Problems and New Dynamics*，Lanham，Maryland：Lexington Books，2020.

② Stephan Stetter，Mitra Moussa Nabo，*Middle East Christianity*：*Local Practices*，*World Societal Entanglements*，Cham，Switzerland：Springer，2020.

③ Paolo Maggiolini，Idir Ouahes，*Minorities and State-Building in the Middle East*：*The Case of Jordan*，Cham，Switzerland：Palgrave Macmillan，2020.

④ Rita Stephan and Mounira M. Charrad，*Women Rising*：*In and Beyond the Arab Spring*，New York：New York University Press，2020.

⑤ Caroline Rooney，*Creative Radicalism in the Middle East*：*Culture and the Arab Left after the Uprisings*，London：I. B. Tauris，2020.

⑥ Adnan Badran et al. , *Higher Education in the Arab World*：*Building a Culture of Innovation and Entrepreneurship*，Cham，Switzerland：Springer，2020.

⑦ Mahfoud Amara，*The Olympic Movement and the Middle East and North Africa Region Sport in the Global Sociaty-Historical Perspectives*，New York：Routlege，2020.

276

术交流转到线上进行。一是基础研究领域的会议。例如，美国学者马克·林奇主持的中东政治科学项目在 2020 年举办了两次"年轻学者研究工作坊"，学者在活动中就中东研究中的一些经典问题进行了深入交流。二是现实问题领域的会议。例如，卡内基基金会就利比亚、也门、黎巴嫩、美国大选与中东等议题举行了多场研讨会。

二 国内中东研究新进展

2020 年，国内中东研究除了继续深化中东政治、国际关系等领域的研究，在中东社会、文化等研究领域也出现一些高质量成果。此外，对某些问题的理论化探索有所推进。国内关于中东区域和国别的研究期刊数量较少，不少高校和研究机构通过出版发展报告的方式展现研究成果。

（一）中东政治研究

国内中东政治研究议题主要集中在中东剧变、中东政治运动、中东政治制度和中东政治思潮等。①中东剧变。2020 年是中东剧变 10 周年，为探究剧变以来的中东地区和剧变国家的政治发展进程，由王林聪主编的《中东发展报告 No. 22 （2019～2020）》对中东剧变十年进行了反思和展望。① 唐志超指出，阿拉伯剧变以来，中东政治在秩序、意识形态、模式三个维度发生了深刻变化，中东国家在政治上开启自我否定与自我重建的新进程。② 此外，王林聪和高松林深入讨论了近两年中东地区爆发的抗议运动。③

②中东政治运动。在国内中东政治运动研究中，左翼政治运动尤其是左翼政党政治一直是重要的关注点。王泽壮系统研究了 1917～1924 年共产主

---

①　王林聪主编《中东发展报告 No. 22 （2019～2020）》，社会科学文献出版社，2020。
②　唐志超：《秩序、意识形态和模式之转换——中东剧变以来的地区政治发展》，《西亚非洲》2020 年第 5 期。
③　高松林、王林聪：《中东地区新一轮抗议潮爆发的原因及特点》，《当代世界》2020 年第 5 期。

义运动在中东的发展;① 易小明讨论了中东左翼政党的地区交流与合作问题;孙晓雯考察了埃及共产主义运动的发展、影响和困境;吴诗尧研究了以色列工党的兴衰问题。②

③中东政治制度。朱泉钢讨论了阿拉伯共和制国家的军政关系制度,指出阿拉伯国家军政关系具有多变性和多样性,其演变受到结构、制度和观念三个因素的共同影响,阿拉伯剧变中军队行为选择符合"军官团理性主义假说"。③ 韩志斌和薛亦凡认为,在约旦国家构建中,部落一直发挥着重要作用。④ 段九州认为,埃及的国家制度建设存在国家能力衰弱和国家自主性缺失的问题。⑤

④中东政治意识形态。丁隆和妥福良研究了萨拉菲主义对"忠诚与抗拒"原则的政治化诠释。赵希对阿弗拉克与纳赛尔的阿拉伯社会主义思想进行了比较。艾仁贵发现,自20世纪90年代以来,以色列政治意识形态碎片化导致政治身份极化。吕耀军和张红娟讨论了近年中东政治思潮中的一股新力量,即民粹主义。⑥

(二)中东经济研究

国内中东经济研究主要聚焦能源、经济发展道路和经济改革问题等。

① 王泽壮:《共产主义运动在中东(1917~1924)》,社会科学文献出版社,2020。
② 易小明:《当前中东左翼政党的地区性交流与合作:主要特征及其评价》,《当代世界社会主义问题》2020年第2期;孙晓雯:《对埃及共产主义运动的历史考察》,《当代世界与社会主义》2020年第3期;吴诗尧:《政党意识形态视角下的以色列工党兴衰分析》,《阿拉伯世界研究》2020年第5期。
③ 朱泉钢:《阿拉伯国家军政关系研究:以埃及、伊拉克、也门、黎巴嫩等共和制国家为例》,社会科学文献出版社,2020。
④ 韩志斌、薛亦凡:《约旦国家建构中的部落问题及其影响》,《西亚非洲》2020年第1期。
⑤ 段九州:《"弱国家"困境和埃及的再工业化前景》,《文化纵横》2020年第5期。
⑥ 丁隆、妥福良:《萨拉菲主义对"忠诚与抗拒"原则的政治化诠释》,《阿拉伯世界研究》2020年第1期;赵希:《阿弗拉克与纳赛尔的阿拉伯社会主义思想比较》,《阿拉伯世界研究》2020年第2期;艾仁贵:《一个还是多个:认同极化与当代以色列的身份政治困境》,《西亚非洲》2020年第4期;吕耀军、张红娟:《中东民粹主义的特点及其影响》,《西亚非洲》2020年第4期。

①中东能源问题。一是中东国家能源改革问题。吴磊、杨泽榆指出，中东国家能源补贴改革势在必行，但难以一蹴而就。[①] 陈沫认为，石油供过于求和亚洲市场竞争的加剧是国际油气市场的大趋势，这将推动海湾国家深化与中国的能源合作。[②] 二是国际能源问题。曹峰毓考察了"欧佩克＋"机制下的俄罗斯、沙特、美国的能源博弈，陆如泉则从全球能源体系角度研究了美国、沙特和阿美公司的三角关系。[③]

②中东国家的发展道路与经济外交。姜英梅指出，中东经济在体量上虽然处于世界经济体系边缘，但因其能源、地理因素而影响重大。[④] 李鑫均深入分析了凯末尔时代土耳其经济发展中的"国家主义"。[⑤] 魏敏指出，俄罗斯充分发挥经济外交的优势，全力塑造与中东国家的关系。[⑥]

③地区国家的经济改革。邹志强考察了《2030 年可持续发展议程》与阿拉伯国家发展转型；陈天社、胡睿智指出，塞西政府并未从根本上解决埃及长期积累的就业难题；刘冬认为，埃及近年来制定了制造业发展战略，但其进展有限，中埃产能合作的推进并非易事；陆怡玮指出，萨勒曼国王执政以来，沙特施行了诸多经济改革措施，但经济改革仍面临不少制约。[⑦]

---

① 吴磊、杨泽榆：《中东国家的能源补贴及其改革》，《西亚非洲》2020 年第 1 期。
② 陈沫：《论国际油气市场大趋势与中海能源合作》，《宁夏社会科学》2020 年第 2 期；Chen Mo，"Reflections of New Trends in the Oil Market and China-Saudi Arabia Energy Cooperation"，*Journal of Middle Eastern and Islamic Studies*，Vol. 14，No. 4，2020。
③ 曹峰毓：《"欧佩克＋"机制与俄罗斯、沙特、美国的能源博弈》，《阿拉伯世界》2020 年第 3 期；陆如泉：《变化中的世界石油体系与石油权力：兼论美国、沙特、阿美石油公司的三角关系》，《阿拉伯世界研究》2020 年第 3 期。
④ 姜英梅：《世界经济体系下的中东经济地位》，《中东研究》2020 年第 1 期。
⑤ 李鑫均：《凯末尔时代土耳其经济发展中的"国家主义"》，《阿拉伯世界研究》2020 年第 6 期。
⑥ 魏敏：《俄罗斯对中东国家的经济外交与大国地位塑造》，《阿拉伯世界研究》2020 年第 2 期。
⑦ 邹志强：《2030 年可持续发展议程与阿拉伯国家发展转型》，《阿拉伯世界研究》2020 年第 3 期；陈天社、胡睿智：《穆巴拉克时期埃及就业困境及其成因：兼论当前埃及就业问题的解决途径》，《阿拉伯世界研究》2020 年第 6 期；刘冬：《埃及制造业发展战略与中埃产能合作》，《西亚非洲》2020 年第 3 期；陆怡玮：《萨勒曼执政以来的沙特经济改革述评》，《阿拉伯世界研究》2020 年第 4 期。

（三）中东国际关系研究

国内中东国际关系研究取得了较大进展，成果主要集中在以下领域：①中东地区秩序转变。王林聪认为，中东地区当前局势特点是整体性危机加深，地区秩序重塑步伐加快。① 田文林认为，三次国际权力体系的变化影响了国际体系因素对中东政治的干预程度和方式。② 唐志超指出，中东持续十年动荡的根本原因是中东国家在西方主导的全球化与信息化时代遭遇的巨大挑战及不成功的应对和转型。③

②大国与中东关系。美国与中东关系研究成果丰硕，牛新春、樊吉社、马晓霖、秦天、王晋分别讨论了美国的中东战略调整，美国对伊核问题、巴以冲突、海湾安全和以色列外交的影响。④ 王金岩、田文林、唐志超、王琼分别深度研究了外部力量干预利比亚、英国在中东的"分而治之"、俄罗斯重返中东、俄罗斯在阿尔及利亚的外交布局等问题。⑤

③地区国家的对外关系。陈杰、王霆懿、刘中民和赵跃晨分别从整体、家族政治、教派问题安全化的角度考察了沙特的外交转向。⑥ 陈双庆分析了

---

① 王林聪：《当前中东局势新变化及其影响》，《人民论坛》2020 年第 8 期。

② 田文林：《国际权力体系的三大类型变迁及对中东的影响》，《国别和区域研究》2020 年第 5 期。

③ 唐志超：《中东乱局的根源及影响》，《当代世界》2020 年第 3 期。

④ 牛新春：《美国中东战略：转型期的迷惑》，《当代世界》2020 年第 3 期；樊吉社：《伊核问题与美国政策：历史演进与经验教训》，《西亚非洲》2020 年第 4 期；马晓霖：《美国解决巴以冲突的新方案：基于"世纪协议"的文本解读》，《西亚非洲》2020 年第 3 期；秦天：《美国与伊朗在波斯湾地区的安全博弈及其新进展》，《国际研究参考》2020 年第 6 期；王晋：《美国在中东的战略收缩与以色列的应对》，《当代世界》2020 年第 2 期。

⑤ 王金岩：《利比亚战后乱局中的外部干预》，《现代国际关系》2020 年第 3 期；田文林：《英国在中东的"分而治之"政策及其后果》，《西亚非洲》2020 年第 3 期；唐志超：《从配角到主角：俄罗斯中东政策的转变》，《俄罗斯东欧中亚研究》2020 年第 2 期；王琼：《俄罗斯对阿尔及利亚的外交布局》，《阿拉伯世界研究》2020 年第 4 期。

⑥ 陈杰：《萨勒曼执政以来沙特的外交转型：志向、政策与手段》，《阿拉伯世界研究》2020 年第 1 期；王霆懿：《沙特外交政策转向中的家族政治动因》，《阿拉伯世界研究》2020 年第 4 期；刘中民、赵跃晨：《教派问题安全化形塑中东地区格局——以沙特阿拉伯外交为例》，《国际展望》2020 年第 5 期。

以色列大选及其对巴以问题的影响。① 李秉忠认为，土耳其近年地区外交转向了"人道主义"取向，具有潜在风险。② 刘华清认为，实力优势和威慑可信度变化对埃及与以色列双边关系会产生影响。③

④中国的中东外交。外交部前副部长杨福昌所著《中东热点回眸与评析》收录各类文章 39 篇，有助于读者了解中国同地区国家关系的发展脉络。④《西亚非洲》2020 年第 6 期专门讨论了中国与中东国家在农业、科技和数字领域的创新合作。⑤ 仝菲和李意从"一带一路"视角，分别讨论了中国与阿联酋关系和阿拉伯智库问题。⑥ 刘胜湘、高瀚讨论了中东剧变背景下的中国中东大国外交。孙德刚和吴思科等深度讨论了当前中国中东外交的特征。⑦ 此外，郭筠考察了阿拉伯典籍中的对中国认识。⑧

（四）中东社会、民族和宗教研究

国内关于中东社会、民族、宗教问题的研究成果比较丰富。①社会问题。詹晋洁深度考察了当代阿拉伯国家的社会结构问题。孙慧敏和李茜系统考察了约旦的社会结构问题。冯璐璐采用治理视角，考察中东社会发展

---

① 陈双庆：《以色列大选与以巴和平进程》，《国际研究参考》2020 年第 6 期。
② 李秉忠：《土耳其外交的"人道主义"取向》，《现代国际关系》2020 年第 4 期。
③ 刘华清：《"累积威慑"与埃及和以色列关系的演变》，《阿拉伯世界研究》2020 年第 4 期。
④ 杨福昌：《中东热点回眸与评析》，世界知识出版社，2020。
⑤ 张帅：《中阿合作论坛框架下的农业合作：特征、动因与挑战》，《西亚非洲》2020 年第 6 期；孙德刚、武桐雨：《第四次工业革命与中国对阿拉伯国家的科技外交》，《西亚非洲》2020 年第 6 期；姜志达、王睿：《中国与中东共建数字"一带一路"：基础、挑战与建议》，《西亚非洲》2020 年第 6 期。
⑥ 仝菲：《"一带一路"倡议与中国—阿联酋关系新变化》，《中东研究》2020 年第 1 期；李意：《"一带一路"背景下阿拉伯智库研究》，时事出版社出版，2020。
⑦ 刘胜湘、高瀚：《中东剧变背景下中国中东大国外交论析》，《西亚非洲》2020 年第 5 期；孙德刚、吴思科：《新时代中国参与中东安全事务：理念主张与实践探索》，《国际问题研究》2020 年第 4 期；孙德刚：《从顺势到谋势：论中国特色的中东安全治理观》，《复旦学报》（社会科学版）2020 年第 5 期；孙德刚、王亚庆：《整体对接：论中国与沙特全面战略伙伴关系》，《阿拉伯世界研究》2020 年第 4 期。
⑧ 郭筠：《阿拉伯地理典籍中的中国》，商务印书馆，2020。

问题。①译著《变化的中东部落与国家》展现了部落问题在中东国家中的不同表现。② 此外，王宇洁和黄婧怡、余国庆和陈瑶、王方和闫伟、陈勇和毕健康、王锋等学者分别研究了伊斯兰女权主义知识分子、黎巴嫩的毒品、海湾外籍移民、埃及私营部门发展、伊朗教育问题。③

②民族问题。昝涛、张腾欢和赵军分别讨论了土耳其关于库尔德问题的话语演变，爱因斯坦、卡勒与希提在犹太人对巴勒斯坦民族权力问题上的论争，埃及亚美尼亚人面临的困境等问题。④

③宗教和文学问题。丁俊、李福泉和宋立宏分别考察了伊斯兰"中间主义"思潮、伊朗什叶派宗教网络、以色列极端正统派犹太人问题。⑤ 仲跻昆先生的《阿拉伯文学史》（四卷本）填补了国内阿拉伯文学史研究的重要空白。⑥ 钟志清讨论了《圣经》中最重要的文类之一神话。⑦

（五）中东区域和国别研究报告

近年来，随着国家对国别区域研究的重视，除中国社会科学院西亚非洲

---

① 詹晋洁：《当代阿拉伯国家社会结构研究》，社会科学文献出版社，2020；孙慧敏、李茜：《约旦现代化进程中的社会结构变化》，《阿拉伯世界研究》2020 年第 1 期；冯璐璐：《中东社会发展问题及其治理方案综论》，《阿拉伯世界研究》2020 年第 5 期。

② 〔以〕乌兹·拉比主编《变化的中东部落与国家》，王方、王铁铮译，社会科学文献出版社，2020。

③ 王宇洁、黄婧怡：《伊斯兰女权主义：问题、方法与能动性》，《阿拉伯世界研究》2020 年第 1 期；余国庆、陈瑶：《内部脆弱与外部冲击下的黎巴嫩毒品问题》，《西亚非洲》2020 年第 5 期；王方、闫伟：《海湾国家的外籍移民问题与劳工本土化的探索》，《西亚非洲》2020 年第 1 期；陈勇、毕健康：《当代埃及私营部门与社会阶层结构问题评析》，《阿拉伯世界研究》2020 年第 2 期；王锋等：《伊朗教育制度与政策研究》，人民出版社，2020。

④ 昝涛：《奥斯曼帝国晚期与现代土耳其官方关于"库尔德问题"话语的嬗变》，《阿拉伯世界研究》2020 年第 6 期；张腾欢：《谁拥有巴勒斯坦：爱因斯坦、卡勒与希提关于犹太民族权利的争论》，《阿拉伯世界研究》2020 年第 5 期；赵军：《埃及亚美尼亚人的族群维系及其现实困境》，《阿拉伯世界研究》2020 年第 6 期。

⑤ 丁俊：《当代伊斯兰文明的思想危机与理论重建》，《阿拉伯世界研究》2020 年第 1 期；李福泉：《什叶派宗教网络视角下的中东政治与伊朗外交》，《世界宗教研究》2020 年第 6 期；宋立宏：《坚守与妥协：以色列极端正统派犹太人的基要主义》，《阿拉伯世界研究》2020 年第 5 期。

⑥ 仲跻昆：《阿拉伯文学史》（四卷本），北京大学出版社，2020。

⑦ 钟志清：《圣经神话与古代近东传统》，《世界宗教文化》2020 年第 3 期。

研究所主办的《中东发展报告》，不少高校也积极出版关于中东地区或中东国家的发展报告。2020年出版的相关报告包括李绍先等主编《阿拉伯国家研究报告（2019/2020）》、罗林主编《阿拉伯发展报告（2018～2019）》、中国－阿拉伯国家博览会秘书处编《中阿经贸关系发展进程2019年度报告》、张倩红主编《以色列发展报告（2020）》、冀开运主编《伊朗发展报告（2018～2019）》、王新刚主编《叙利亚发展报告（2019）》。

（六）国内学术交流

虽然受到新冠肺炎疫情的影响，但是国内中东学界仍然开展了丰富多彩的交流活动。一是常规性的中东学界会议如期举行。2020年10月24日和25日，由中国中东学会和中国社会科学院西亚非洲研究所主办的"2020中国中东学会年会暨'全球性问题与中东'学术研讨会""中国中东学会青年论坛暨'中东区域和国别研究的问题、理论与方法'研讨会"先后在北京举行。2020年11月21日，第四届上海中东学暨首届长三角中东学论坛在上海大学举行，论坛主题为"中东形势新变化与中国中东合作"。二是围绕新冠肺炎疫情与中东问题举行了多场研讨会。2020年4月30日和5月20日，中国社会科学院西亚非洲研究所先后举行"新冠疫情对中东的战略影响""新冠疫情下的中东国家对华舆情"视频研讨会。2020年7月11日，中国社会科学院国家高端智库、中国非洲研究院、阿联酋沙迦大学共同主办的"新冠疫情下中国与中东合作：传统友谊与共创未来"线上论坛举行。三是举行了一些特定议题的研讨会。例如，2020年8月20日，中国社会科学院西亚非洲研究所举行"阿以问题新动向及其影响"学术研讨会。2020年9月18日，中国社会科学院西亚非洲研究所政治研究室和中东发展与治理研究中心、中国－非洲总商会联合举办的首届"西亚非洲国家治理论坛"在北京召开。2020年10月17日，浙江外国语学院环地中海研究院土耳其研究中心举行第一届"土耳其研究"学术研讨会。2020年11月7日，"中东变局十年：回顾、反思与前瞻"学术研讨会在西北大学举行。2020年11月26日，中国外交部委托中阿改革发展研究中心举办中阿改革发展专家视

频会，与会嘉宾围绕"共建中阿命运共同体""搭建海湾地区多边对话平台"等话题展开讨论。2020 年 12 月 29 日，中国社会科学院西亚非洲研究所、社会科学文献出版社、中国社会科学院海湾研究中心联合主办"2021 年中东形势走向及前瞻"研讨会。

三 国内外中东研究进展评价

2020 年，国内外中东研究既有相似点，又有差异性。就国内中东研究而言，仍需要拓展研究议题的广度和深度、运用多元化的研究方法、提高研究的理论化水平、加强话语影响力等。

第一，研究议题。2020 年国内外中东学界选取研究议题的共同点在于，都继续深化对中东"百年未有之大变局"所带来的政治、经济、社会、国际关系等一系列相关问题的探讨，尤其关注中东剧变的反思、中东国家的经济改革、中东地区秩序的重塑、地区国家的宗教与政治关系等。国内与国外中东学界研究议题的区别主要表现在以下两点：一是国外学界的研究议题更加多元，学科脉络更加明显，研究成果更加丰富；二是国内学界更加关注与中国利益密切相关的中东国家政治发展、中东能源格局、中国的中东外交等。值得一提的是，国内中东研究除了继续深化对中东政治、国际关系、民族、宗教、经济等问题的研究外，在研究长期薄弱的中东社会、文化等问题上有一些高质量的成果。

第二，研究方法。研究方法问题，既是方法论层面的深层哲学问题，也是相对可操作的具体方法问题。一方面，国内外中东学界主流研究方法仍然是政治学、历史学、经济学、国际关系学、社会学、文化学等。另一方面，一些新的研究方法被越来越多地采用，包括政治经济学、田野调查、定量研究、话语分析等。中国学界对研究方法的运用有两个特点：一是马克思主义的辩证唯物主义和历史唯物主义方法的运用十分普遍，这对于中东研究有重要帮助；二是案例法和描述法的运用多，研究的理论化水平有待提高。

第三，研究观点。国外中东研究中，一些学者具有浓厚的意识形态色彩，表现在惯用西式民主、自由等视角观察中东问题，并以"西方中心主义"居高临下地看待中东问题。中国国内中东学界在响应习近平主席提出的加强哲学、社会、科学三大体系建设工作的号召下，更多地考虑非西方模式的发展经验，更加自信地对西方的学术观点进行反思和扬弃。例如，在反思阿拉伯剧变的问题上，相较西方学者强调民主因素和"西方中心主义"视角，中国学者强调治理因素和多元现代化视角。这对于更加客观地观察中东问题，加强中国中东研究的学科体系、学术体系和话语体系建设具有重要意义。

展望未来，中国的中东研究需要在以下几方面继续努力：做好基础研究和应用研究的结合，做好理论研究和田野调查的结合，做好本土研究和国际交流的结合，从而推动中国的中东研究不断深化。

Y.18
2020年中东地区大事记

成 红*

1月

1月3日 美国总统特朗普下令空袭伊拉克巴格达国际机场，伊朗伊斯兰革命卫队下属"圣城旅"指挥官苏莱曼尼在袭击中身亡。此举引发美伊紧张关系再度升级。伊朗方面誓言将对美军打死伊朗高级将领进行"强硬复仇"。伊朗随后宣布举行为期3天的全国哀悼。

据《人民日报》报道，科威特外交部日前发表声明，科威特和沙特阿拉伯签署了恢复两国中立区石油生产的相关协议。

1月4日 中国国务委员兼外交部部长王毅应约同伊朗外长扎里夫通电话。扎里夫通报了伊方对伊朗将领遭袭事件的立场。扎里夫强烈谴责美方的粗暴行径，表示美方所为势将产生严重后果。伊朗已就此向联合国秘书长致函，希望中方能为防止地区紧张局势升级发挥重要作用。王毅表示，美方的军事冒险行为，违背了国际关系基本准则，将加剧地区局势的紧张动荡。中方反对在国际关系中使用武力，军事手段没有出路，极限施压更行不通。中方敦促美方不要滥用武力，通过对话寻求问题的解决。中方将秉持客观公正立场，为维护中东海湾地区和平安全发挥建设性作用。

1月5日 伊拉克国民议会举行特别会议，通过了有关结束外国军队驻扎的决议。根据决议内容，伊拉克政府取消先前向国际联盟发出的与极端组

---

* 成红，中国社会科学院西亚非洲研究所科研处处长、研究馆员。

织"伊斯兰国"作战的援助请求。伊拉克政府应致力于结束任何外国军队在其领土上驻扎，并禁止外国军队出于任何原因使用伊拉克领陆、领水和领空。

1月7日 俄罗斯总统普京抵达叙利亚首都大马士革，对叙利亚进行访问并与叙利亚总统巴沙尔举行会谈。这是2011年叙利亚危机爆发以来普京首次访问大马士革。访问期间，普京与巴沙尔举行会谈，双方共同听取了驻叙俄军指挥官的汇报，并讨论了叙利亚局势、近期地区局势，涉及伊德利卜地区和叙利亚北部局势、打击恐怖主义和推进叙利亚政治进程等议题。

1月8日 埃及总统塞西在开罗会见了来访的中国国务委员兼外交部部长王毅。访问期间，国务委员兼外交部部长王毅还会见了埃及总理马德布利，同埃及外长舒克里共同主持中埃外交战略对话并共同会见记者。

据《人民日报》报道，近日，中国国家电网公司下属中国电力技术装备公司与沙特阿拉伯电力公司签署智能电表项目合同。该项目是沙特为节能减排实施的重点项目之一，也是沙特建设智能电网和智慧城市的重要组成部分。

1月11日 伊朗总统鲁哈尼与乌克兰总统泽连斯基通电话，鲁哈尼对"非故意"击落乌航客机表示道歉，并表示将依法处理相关责任人。1月8日早晨，乌克兰国际航空公司一架波音737-800客机从伊朗首都德黑兰的霍梅尼国际机场起飞前往乌克兰首都基辅，但起飞后不久坠毁，机上167名乘客和9名机组人员无一生还。1月11日，伊朗军方发表声明说，客机是被伊朗军方"非故意"击落，事故系"人为错误"。

据阿联酋《国民报》报道，也门政府与南方过渡委员会的和解进程进入第二阶段，即冲突双方将按计划在15天内从也门南部的亚丁、阿比扬和舍卜沃撤出各自军队。这是继2019年11月也门冲突双方在沙特首都利雅得签署新的权力分配协议后的进一步和解举措。

1月12日 中国国家主席习近平就阿曼苏丹卡布斯不幸逝世向阿曼新任苏丹海赛姆致唁电。

中国国家主席习近平致电海赛姆·本·塔里克·赛义德，祝贺他继任阿

曼苏丹国新任苏丹。

1月13日 中国国务委员、国家禁毒委员会主任赵克志在北京会见来访的伊朗禁毒总部秘书伊斯坎德尔·莫梅尼。

据叙利亚通讯社报道，叙利亚政府在西北部伊德利卜省、阿勒颇省开通3条人道走廊，接待愿意从反对派武装控制区撤至政府军控制区的平民。

1月14日 埃及议会批准总统塞西日前签署的总统令，将全国范围的紧急状态再次延长3个月。这标志着埃及全国范围内的紧急状态已持续近3年。

英国、法国、德国三国外长在巴黎发表联合声明，宣布启动伊核协议争端解决机制。

1月19日 利比亚问题柏林峰会在德国举行。习近平主席特别代表、中共中央政治局委员、中央外事工作委员会办公室主任杨洁篪出席峰会。来自12个国家的领导人或高官以及联合国等4个国际组织的领导人参会。与会各方同意以政治方式而非军事方式解决利比亚问题，遵守对利比亚的武器禁运，共同促使利比亚冲突各方将停火转化为长久和平。此次峰会通过了一份包含55点成果的文件，重申对利比亚主权、独立、领土完整和民族团结的承诺。与会各方承诺，避免干涉利比亚内政或武装冲突，利比亚问题没有军事解决方案；呼吁有关各方全面持久停止所有敌对行动，不要进行任何加剧冲突或与联合国安理会武器禁运、停火不符的活动；设立由与会各方参与的国际跟踪委员会，并设立安全和军事、政治、经济以及人道主义问题4个工作组，推进利比亚问题的解决，并负责查验峰会成果的落实情况。

1月21日 据《人民日报》报道，塞浦路斯旅游部副部长萨瓦斯·佩尔迪奥斯近日表示，2019年塞浦路斯入境游客比上一年增加近1%，达到近400万人次，创下历史新高。

1月28日 美国公布"新中东和平计划"，耶路撒冷为以色列"不可分割的首都"，巴勒斯坦国未来将在东耶路撒冷部分地区建立首都。计划公布后，以色列表示支持，巴勒斯坦则拒绝接受。

2月

2月1日　中国国务委员兼外长王毅应约同土耳其外长恰武什奥卢通电话，就中土合作抗疫等问题交换了看法。

在开罗举行的阿盟外长紧急会议宣布，拒绝接受美国政府提出的"新中东和平计划"，支持巴勒斯坦合法权利。

2月3日　中国国务委员兼外长王毅应约同伊朗外长扎里夫通电话，就中伊合作抗疫等问题交换了看法。

中国国务委员兼外长王毅应约同沙特阿拉伯外交大臣费萨尔通电话，就中沙合作抗疫等问题交换了看法。

2月4日　欧盟外交与安全政策高级代表博雷利结束对伊朗的访问。访问期间，博雷利就伊核协议及其他热点问题与伊朗总统鲁哈尼、外长扎里夫等分别交换意见。

2月6日　中国国家主席习近平应约同沙特国王萨勒曼通电话，就双边关系和合作抗疫交换了意见。

中国国务委员兼外长王毅应约同叙利亚副总理兼外长穆阿利姆通电话，就合作抗疫等问题交换了意见。

2月7日　中国国务委员兼外交部部长王毅应约同埃及外长舒克里就合作抗疫通电话。

2月10日　一个正在土耳其访问的俄罗斯代表团与土耳其总统府发言人卡林举行会谈，双方讨论了叙利亚伊德利卜地区紧张局势升级问题。

2月11日　中国国家主席习近平应约同卡塔尔埃米尔塔米姆通电话，就双边关系和合作抗疫交换了意见。

当日下午2时30分前后，埃及公共动员与统计局大楼外悬挂的居民人口实时计数器上的数字首次上升至9位数，埃及成为全球第14个人口过亿国家。

2月18日　据《人民日报》报道，联合国安理会近日通过第2510号决

议，谴责利比亚暴力冲突加剧，要求利比亚冲突方达成持久停火协议。决议还要求各成员国执行对利比亚武器禁运，避免军事介入利比亚冲突或采取加剧冲突的其他行动。

2月25日 中国国家主席习近平应约同阿联酋阿布扎比王储穆罕默德通电话，就双边关系与合作抗疫交换了意见。

中国驻伊朗大使馆代表中国政府和当地中资企业向伊朗卫生和医疗教育部捐赠25万只口罩，支持伊朗抗击新冠肺炎疫情。

2月28日 中国国务委员兼外交部部长王毅同伊朗外长扎里夫通电话，就中伊关系、中伊合作抗疫等问题交换了看法。

2月29日 美国和阿富汗塔利班在卡塔尔首都多哈签署和平协议，旨在结束持续18年多的阿富汗战争。美国阿富汗事务特使扎尔梅·哈利勒扎德和阿富汗塔利班创始人之一毛拉阿卜杜勒·加尼·巴拉达尔参加和平协议签署仪式。根据协议，美国将在135天内将驻阿美军规模从1.3万人减少到8600人，剩余外国驻军将在14个月内撤离；塔利班则承诺确保阿富汗国土不被恐怖组织利用而威胁美国及其盟友的安全。同时，为推动阿富汗内部和解，阿富汗政府将释放大约5000名塔利班囚犯，塔利班将释放大约1000名囚犯。

突尼斯知识界和文艺界人士在首都突尼斯举办音乐会，支持中国抗击新冠肺炎疫情。

3月

3月2日 中国全国人大常委会副委员长陈竺在北京会见了来访的埃及总统特使、卫生部长哈拉。

3月5日 俄罗斯总统普京在莫斯科与土耳其总统埃尔多安举行会谈，双方就伊德利卜省停火问题达成协议。根据协议，从当地时间3月6日零时起，伊德利卜省交战方结束战线上的所有军事行动；横贯伊德利卜的战略要道M4公路南北两侧各6公里范围内设为"安全走廊"；自3月15日起俄土双方沿公路进行联合巡逻。

3月9日 中国国务委员兼外交部部长王毅应约同伊拉克外长哈基姆通电话，就双边关系和合作抗疫等问题交换了看法。

欧盟委员会主席冯德莱恩和欧洲理事会主席米歇尔同到访的土耳其总统埃尔多安就难民安置问题举行会谈。

3月11日 据《人民日报》报道，国际刑事法院日前决定对自2003年5月1日以来美军在阿富汗涉嫌犯罪行为展开全面调查。

3月13日 据《人民日报》报道，日前，南苏丹总统基尔与主要反对派领导人马沙尔经过多轮谈判后，宣布组建过渡联合政府。

3月14日 中国国家主席习近平日前致电伊朗总统鲁哈尼，就近期伊朗发生新冠肺炎疫情，代表中国政府和中国人民，向伊朗政府和人民表示诚挚慰问。

3月15日 伊朗外长扎里夫在致各国外长的信件中表示，应制止美国对伊朗的"经济恐怖主义"，美国的单边制裁影响了伊朗的药物、医疗器材交易和人道主义援助，对伊朗抗击新冠肺炎疫情造成阻碍。

根据俄罗斯与土耳其就叙利亚伊德利卜省停火问题达成的协议，土耳其与俄罗斯军队当日沿叙利亚伊德利卜省M4公路展开联合巡逻。

3月20日 中国国务委员兼外交部部长王毅应约同摩洛哥外交大臣布里达通电话，就合作抗疫等问题交换了看法。

3月23日 中国国家主席习近平同埃及总统塞西通电话，就合作抗疫交换了意见。

3月24日 俄罗斯外长拉夫罗夫与伊朗外长扎里夫通电话，两国外长强调，将继续加强俄伊两国经贸联系，尤其是在当前美国对伊朗实施单方面非法制裁的情况下，俄方将扩大向伊朗出口其急需的农产品。

3月26日 中国国家主席习近平在北京出席二十国集团领导人应对新冠肺炎特别峰会视频会议并发表题为《携手抗疫 共克时艰》的重要讲话。2020年二十国集团主席国沙特国王萨勒曼主持峰会。二十国集团成员和嘉宾国领导人以及世界卫生组织、联合国、国际货币基金组织、世界银行等国

际组织负责人与会。

3月27日 中国国家主席习近平同沙特国王萨勒曼通电话，就二十国集团合作、国际抗疫合作、中沙双边关系等内容交换了意见。

3月31日 中国国务院总理李克强应约同阿尔及利亚总理杰拉德通电话，就双边关系和合作抗疫等问题交换了意见。

4月

4月1日 中国国务委员兼外交部部长王毅应约同卡塔尔副首相兼外交大臣穆罕默德就合作抗疫等问题通电话。

4月7日 据《人民日报》报道，德国外交部日前代表德国、法国和英国发表声明称，三国通过贸易往来支持工具成功完成与伊朗的第一笔交易。

4月8日 中国国家主席习近平同土耳其总统埃尔多安通电话，围绕双边关系与合作抗击疫情交换了意见。

4月9日 中国与阿盟秘书处及阿盟成员国举行首次卫生专家视频会议，就抗击新冠肺炎疫情进行交流。

4月10日 中国国务委员兼外交部部长王毅应约同阿联酋外交与国际合作部长阿卜杜拉通电话。

中国国务委员兼外交部部长王毅应约同毛里塔尼亚外长艾哈迈德通电话，就合作抗疫交换了意见。

4月15日 中国国务委员兼外交部部长王毅应约同伊朗外长扎里夫通电话，就中伊合作抗疫交换了意见。

广州市慈善会与广州合利创兴控股有限公司举行仪式，向伊朗驻广州总领事馆捐赠抗疫医疗物资，包括医用防护口罩、医用防护服、非接触式红外体温计以及医用制氧机等。

中国政府援助叙利亚的首批抗疫物资运抵叙利亚首都大马士革。

4月16日 中国国务院总理李克强应约同苏丹过渡政府总理哈姆杜克通电话，就合作抗疫交换了意见。

4月17日 中国国务委员兼外交部部长王毅应约同塞浦路斯外长赫里斯托都里迪斯通电话。

4月20日 为支持伊拉克政府抗击新冠肺炎疫情，中国援助伊拉克的第三批防疫物资运抵巴格达国际机场。

中国驻巴勒斯坦办事处向巴方移交一批抗疫医疗物资，包括医用口罩、防护服、护目镜和核酸检测试剂盒等。

4月21日 中国国务委员兼外交部部长王毅应约同土耳其外长恰武什奥卢通电话，就双边关系、合作抗疫等问题交换了看法。

中国援助阿尔及利亚的新一批医疗物资运抵阿尔及尔国际机场，阿尔及利亚总理杰拉德及部分政府工作人员到机场迎接。

4月26日 中国红十字会援助伊拉克防治新冠肺炎医疗专家组结束在伊拉克为期50天工作启程回国。

沙特阿拉伯与中国深圳华大基因科技有限公司签署一项总额为9.95亿沙特里亚尔（约合2.65亿美元）的新冠病毒检测合作协议，旨在提高该国新冠病毒检测能力。

4月27日 中国国家主席习近平同伊朗总统鲁哈尼通电话，围绕合作抗疫、双边关系交换了意见。

5月

5月2日 中国医疗专家组完成沙特、科威特抗疫任务回国。

5月4日 伊朗议会批准，伊朗官方货币由里亚尔变更为土曼，1土曼相当于10000里亚尔。

5月5日 俄罗斯和土耳其两国军警在叙利亚北部开展联合巡逻，这是双方在叙利亚北部开展的第8次联合巡逻。

5月15日 据《人民日报》报道，沙特政府日前宣布，从6月1日起，暂停发放政府所有文职人员和军人的生活津贴；从7月1日起，将增值税税率从5%提高至15%。

5月17日　阿富汗总统加尼与前政府首席执行官阿卜杜拉签署分权协议,结束长达数月的政治对立状态。依据协议,内阁成员和各省省长中,双方阵营的人将各占一半。加尼与阿卜杜拉在2014年和2019年总统选举中两度成为对手,2019年总统选举后,双方各自"宣誓就职",阿富汗一度出现"平行政府"的局面。

5月31日　中国驻约旦大使馆向约旦捐赠一批防疫物资,包括医用防护服、口罩、检测试剂等。

6月

6月3日　据《人民日报》报道,世界银行日前表示将向埃及提供5000万美元贷款,帮助埃及实施紧急医疗措施并增强其经济韧性。国际货币基金组织执行董事会也批准向埃及提供约27.7亿美元贷款援助,帮助埃及应对疫情的冲击。

6月4日　中国国务委员兼外交部部长王毅应约同埃及外长舒克里就抗疫经验和中埃抗疫合作通电话。

中国驻叙利亚大使馆向叙利亚卫生部捐赠一批抗疫医疗物资。

6月6日　欧佩克与非欧佩克产油国以视频方式召开部长级会议,会后发表声明,强调欧佩克与非欧佩克产油国一致同意将日均970万桶的原油减产规模延长至7月底。

6月7日　以色列创新局宣布成立3个高科技产学联盟,分别涉及自动驾驶汽车技术、量子通信技术和先进材料加工技术,研究团队均来自以色列高科技公司、大学等机构。

6月10日　中国政府向巴勒斯坦派遣抗疫医疗专家组。

6月19日　国际原子能机构理事会通过一项决议草案,要求伊朗和国际原子能机构全面合作,向该机构提供两处地点的核查准入。

6月22日　沙特阿拉伯外交部发表声明,指出沙特今年将允许人数非常有限的穆斯林前往伊斯兰教圣地麦加朝觐。

美国总统特朗普与法国总统马克龙通电话讨论利比亚问题，一致认为迫切需要在利比亚实现停火，利比亚各方应迅速恢复谈判。

6月22~24日 中国－阿拉伯国家政党对话会特别会议以视频方式举行。中共中央总书记、国家主席习近平向会议致贺信，多位阿拉伯国家领导人向会议发视频或书面致辞。会议由中共中央对外联络部主办，中国共产党与阿拉伯国家68个政党、政治组织代表围绕"携手共建新时代中阿命运共同体"主题，就"加强国际抗疫合作的政党主张""后疫情时代的国际和中东格局""面向未来的中阿战略伙伴关系"等议题进行了富有建设性的交流，达成广泛共识。会议发表了题为《携手抗疫，共建新时代中阿命运共同体》的共同宣言。

6月24日 中国国务委员兼外交部部长王毅同伊朗外长扎里夫举行视频会议，双方围绕中伊关系、伊核问题和合作抗疫等问题交换了意见。

中国国务委员兼外交部部长王毅在联合国安理会巴勒斯坦问题视频公开会上发表题为《维护国际公平正义 推进中东和平进程》的书面讲话。

6月29日 中国国务委员兼外交部部长王毅同埃及外长舒克里通电话，就中埃关系、复兴大坝等问题交换看法。

7月

7月4日 中国国务委员兼外交部部长王毅同沙特阿拉伯外交大臣费萨尔通电话，就中沙关系、合作抗疫等问题交换了意见。

中国国务委员兼外交部部长王毅同约旦外交与侨务大臣萨法迪通电话，就中约关系交换了意见。

7月6日 中国－阿拉伯国家合作论坛第九届部长级会议通过视频连线方式召开。会议由中国国务委员兼外交部部长王毅和约旦哈希姆王国外交与侨务大臣萨法迪共同主持，阿拉伯国家联盟成员国的外长及阿盟秘书长盖特出席了会议。会议除发表《中国和阿拉伯国家团结抗击新冠肺炎疫情联合声明》外，还通过了《中国－阿拉伯国家合作论坛第九届部长级会议安曼

宣言》和《中国－阿拉伯国家合作论坛 2020 年至 2022 年行动执行计划》。

7 月 8 日 中国国务委员兼外交部部长王毅出席联合国安理会利比亚问题高级别公开视频会议。

7 月 16 日 据《人民日报》报道，本月初开始，多国联军对也门胡塞武装展开新一轮军事行动，双方爆发多次冲突。也门境内的军事冲突已持续近 6 年，超过 400 万人流离失所，约 10 万人在冲突中丧生。如今也门是世界上最贫穷的国家之一，1200 万人面临严重饥荒威胁，2400 万人即 80% 的人口需要各类人道主义援助。

7 月 19 日 伊朗外长扎里夫抵达伊拉克首都巴格达进行为期一天的正式访问，与伊拉克外长福阿德·侯赛因讨论了两国关系和地区局势等问题。

7 月 20 日 中国国家主席习近平同巴勒斯坦国总统阿巴斯通电话，围绕新冠肺炎疫情和双边关系以及巴勒斯坦问题等交换了意见。

阿联酋"希望号"火星探测器由日本三菱重工业公司成功发射升空。

7 月 23 日 据《人民日报》报道，中国国家主席习近平近日同沙特国王萨勒曼互致贺电，庆祝两国建交 30 周年。

中国国务委员兼外交部部长土毅同沙特外交大臣费萨尔通电话，就中沙关系交换了看法。

中国国务委员兼外交部部长王毅应约同埃及外长舒克里通电话，重点就利比亚问题交换看法。

7 月 28 日 由中国国际贸易促进委员会和阿联酋经济部共同主办的中国－阿联酋经济贸易数字展览会闭幕。此次展览会在线上举办，旨在服务中阿工商界共同应对疫情影响，为两国企业开展互利合作提供交流洽谈平台。

7 月 31 日 中国国务委员兼外交部部长王毅同阿尔及利亚外长布卡杜姆通电话，就双边关系等问题交换了看法。

8月

8 月 1 日 阿拉伯联合酋长国首座核电站巴拉卡核电站投入运营，这也是阿拉伯世界首座核电站。

8月4日 黎巴嫩首都贝鲁特港口区发生剧烈爆炸，已造成100多人死亡、4000多人受伤。黎巴嫩总理迪亚卜宣布5日为国家哀悼日，黎巴嫩最高国防委员会宣布贝鲁特进入紧急状态。爆炸事件引发国际社会高度关注，一些国家已表示将向黎巴嫩提供援助。联合国秘书长古特雷斯当天通过发言人向黎巴嫩政府和人民表示最深切的慰问，并祝愿包括在黎巴嫩工作的联合国人员在内的伤者早日康复。克里姆林宫网站4日发布公告说，俄罗斯总统普京当天就黎巴嫩首都港口区发生爆炸向黎巴嫩总统奥恩致慰问电。欧盟委员会5日发表声明，欧盟正紧急协调部署100名急救人员、救援车辆、搜救犬以及相应物资。截至6日，荷兰、捷克、希腊已确定参加此次救援行动。法国总统马克龙6日抵达贝鲁特对黎巴嫩进行访问，访问团队中包括55名救灾人员以及医疗物资。爆炸事件发生后，中国赴黎巴嫩维和医疗分队已携带医护物资为贝鲁特提供救助。8月5日，中国国家主席习近平就黎巴嫩贝鲁特发生重大爆炸事件向黎巴嫩总统奥恩致慰问电。

据《人民日报》报道，也门总统哈迪日前签署命令，责成总理赛义德在数周内与南方过渡委员会组建新政府。

8月9日 国际援助黎巴嫩视频会议召开，会议由联合国和法国共同倡议，近30个国家和地区以及欧盟、阿盟等国际组织的代表出席，与会各方承诺尽快聚合资源援助黎巴嫩民众。

阿富汗大支尔格会议通过决议，同意释放400名有争议的塔利班在押人员，从而为开启内部对话铺平道路。

8月10日 据《人民日报》报道，在非盟斡旋下，埃塞俄比亚、埃及和苏丹三国日前就"复兴大坝"问题开启新一轮谈判。

联合国安理会否决了美国提出的延长对伊朗武器禁运的决议草案。

8月13日 阿拉伯联合酋长国外交部日前发表声明称，阿联酋阿布扎比王储穆罕默德、以色列总理内塔尼亚胡和美国总统特朗普在通话后达成协议，同意阿联酋与以色列实现关系全面正常化。如果两国正式建交，阿联酋将成为与以色列建交的首个海湾国家。根据三方发表的联合声明，两国将在

未来数周签署协议，涉及投资、旅游、直航、安全、互设使馆等。

8月14日 中国第十八批与第十九批赴黎巴嫩维和部队指挥权力交接仪式在黎巴嫩南部辛尼亚村中国维和部队营区举行。

8月19日 中国国务委员兼外交部部长王毅同阿富汗外长阿特马尔通电话，就双边关系交换了看法。

中国抗疫医疗专家组抵达南苏丹。

8月23~28日 美国国务卿蓬佩奥访问以色列、苏丹、巴林、阿曼、阿联酋。

8月30日 美国总统高级顾问库什纳开始对以色列、阿联酋、巴林、沙特阿拉伯和卡塔尔进行访问。

8月31日 黎巴嫩总统米歇尔·奥恩任命穆斯塔法·阿迪卜为新总理，并授权其组阁。

中国国家主席习近平同摩洛哥国王穆罕默德六世通电话，围绕新冠肺炎疫情、合作抗疫和双边关系交换了意见。

苏丹过渡政府与苏丹境内反政府武装联盟在南苏丹首都朱巴签署和平协议，以结束各方长达17年的敌对状态。南苏丹总统基尔主持签字仪式，苏丹主权委员会主席布尔汉、过渡政府总理哈姆杜克等人出席。协议内容涉及安全、权力分配、反政府武装解散并纳入政府军等多个方面。

9月

9月2日 法国总统马克龙对伊拉克进行访问。这是马克龙就任总统以来对伊拉克的首次访问，他也成为伊拉克新政府今年5月成立以来首位访伊的外国元首。访问期间，马克龙分别与伊拉克总统萨利赫及总理卡迪米会谈，就反恐及经济合作等议题展开讨论。

9月3日 中国国务委员兼外交部部长王毅在北京出席二十国集团外长视频会议。2020年二十国集团主席国沙特外交大臣费萨尔主持会议。二十国集团成员和嘉宾国外长或代表以及有关国际组织负责人与会。与会各方认为，二十国集团应率先行动并加强合作，密切疫情信息分享和经验交流，开展疫苗研发合作，采取必要措施扩大人员往来，促进物流畅通，推动重建世界经济。

9月9日 中国国家主席习近平同沙特国王萨勒曼通电话，围绕双边关系、合作抗疫、二十国集团合作交换意见。

9月14日 国际原子能机构理事会会议在奥地利维也纳举行。国际原子能机构总干事拉斐尔·格罗西在会上表示，伊朗方面已同意国际原子能机构人员进入伊朗两处据信存放核物质或开展核活动的地点。

9月17日 中国国务委员兼外交部部长王毅应约同沙特外交大臣费萨尔通电话，双方就中沙关系、也门问题、巴勒斯坦问题、中东地区安全等问题交换了意见。

中国向南苏丹提供紧急粮食援助物资交接仪式在南苏丹首都朱巴举行。

9月19日 美国单方面宣称恢复联合国对伊朗制裁，此举遭到多方强烈反对。

9月22日 沙特驻华大使馆在北京举行沙特国庆90周年招待会。中国全国政协副主席辜胜阻、沙特驻华大使图尔基等中外来宾出席。

9月28日 据《人民日报》报道，阿富汗政府、阿富汗塔利班以及阿富汗其他一些政治派别日前在卡塔尔首都多哈开始和平谈判。双方在永久停火、政体选择、宪法改革、权力分配等诸多问题上分歧巨大，未能取得实质性进展。

9月29日 中国中共中央对外联络部部长宋涛同伊朗确定国家利益委员会秘书长雷扎伊举行视频会晤，就加强治国理政经验交流、维护国际与地区和平等议题深入交换意见。

10月

10月1日 中国国家主席习近平向科威特国新任埃米尔纳瓦夫致贺电。

10月3日 苏丹过渡政府同国内主要反对派武装联盟"苏丹革命阵线"

在南苏丹首都朱巴正式签署全面和平协议。

10月9日 据《人民日报》报道，埃及政府日前批准了44亿埃镑（1美元约合15.7埃镑）、涵盖375个农村社区的综合治理投资项目，重点改善关乎民众日常生活的基础设施建设。

10月9~10日 伊朗外长扎里夫对中国进行正式访问。访问期间，中国国务委员兼外交部部长王毅在云南腾冲同扎里夫外长就中伊关系和合作抗疫等问题举行会谈。

10月10日 阿联酋阿布扎比王储穆罕默德在阿布扎比会见来访的中国中共中央政治局委员、中央外事工作委员会办公室主任杨洁篪。

10月11日 阿尔及利亚总统特本在阿尔及尔会见来访的中国中共中央政治局委员、中央外事工作委员会办公室主任杨洁篪。

10月14日 黎巴嫩与以色列在黎巴嫩南部纳古拉镇的联合国驻黎巴嫩临时部队司令部就划定海上边界问题举行首轮非直接谈判。

10月17日 中国第十三届全国人民代表大会常务委员会第二十二次会议决定：批准2018年6月29日由中华人民共和国代表在北京签署的《中华人民共和国和塞浦路斯共和国引渡条约》。

10月22日 中国国务委员兼外交部部长王毅应约同摩洛哥外交大臣布里达通电话。

10月26日 中国政府援助南苏丹第二批粮食交接仪式在南苏丹全国过渡期委员会仓库举行。

10月27日 俄罗斯总统普京应约同土耳其总统埃尔多安通电话，讨论叙利亚局势等问题。

10月29日 据《人民日报》报道，利比亚冲突双方近期同意"永久"停火并正式签署停火协议。停火协议是利比亚联合军事委员会日前在日内瓦举行第四轮会谈期间达成的。根据协议，利比亚冲突双方同意组建一个联合机构监督停火协议的实施，并立即开始对境内所有武装组织和人员进行识别和归类。同时，境内所有外国雇佣兵和战斗人员应在3个月内离开利比亚领土、领空和领海。冲突双方还同意于11月在突尼斯开启政治谈判与和解进程。

11月

11月2日　据《人民日报》报道，截至11月1日，土耳其西部、希腊东部萨摩斯岛附近的爱琴海海域6.6级地震已导致两国至少53人死亡。其中，土耳其至少有51人死亡、近900人受伤。

11月3日　据《人民日报》报道，近日，沙特阿拉伯发布了一项国家数据和人工智能战略。根据该战略，到2030年，沙特将在人工智能领域吸引约200亿美元的国内外投资、培训超过2万名数据和人工智能专家、创建300多家初创企业等。

11月6日　中国国家主席习近平就土耳其遭受地震灾害向土耳其总统埃尔多安致慰问电。

据《人民日报》报道，中国国家主席习近平日前致电阿尔及利亚总统特本，就特本感染新冠病毒致以慰问。

11月9日　中国国务委员兼外交部部长王毅在北京出席中国—海湾阿拉伯国家合作委员会部长级视频会议。海合会轮值主席国阿联酋外交部长阿卜杜拉、候任轮值主席国巴林外交大臣扎耶尼、科威特外交大臣艾哈迈德、沙特外交大臣费萨尔、卡塔尔外交事务国务大臣穆莱基、阿曼外交事务次大臣哈利法、海合会秘书长纳伊夫参会。

11月11日　叙利亚难民回归国际会议在叙利亚首都大马士革开幕，多国代表在会议上呼吁国际社会在帮助叙利亚重建方面加强协作，为叙利亚难民回国创造有利条件。

11月14日　中国国务院总理李克强向巴林王国新任首相萨勒曼致贺电。

11月24日　第四届中阿新闻合作论坛以线上形式举办。来自中国和阿拉伯国家联盟成员国的新闻主管部门代表、主流媒体负责人等近60人围绕"新冠肺炎疫情下媒体在加强中阿共同发展中的责任"的主题进行了深入交流。

11 月 30 日 埃及鲁班工坊"云揭牌"仪式在中埃两国同时举行,两国嘉宾在 5 个分会场共同见证鲁班工坊启用运营。

12月

12 月 1 日 联合国举行"声援巴勒斯坦人民国际日"纪念大会,中国国家主席习近平向大会致贺电。

12 月 8 日 中国外交部援助阿盟的第二批抗疫物资交接仪式在位于埃及首都开罗的阿盟总部举行。

12 月 9 日 阿拉伯联合酋长国卫生和预防部宣布,批准中国国药集团研发的新冠病毒灭活疫苗正式注册。

12 月 10 日 伊朗伊斯兰共和国通讯社援引伊朗外交部发表的一份声明指出,美国驻也门大使克里斯托弗·亨泽尔在也门人道主义危机中发挥了不良作用,伊朗将其列入制裁名单。

12 月 13 日 巴林国家卫生监督管理局宣布,正式批准中国国药集团研发的新冠病毒灭活疫苗在巴林注册上市。

12 月 14 日 中国国务委员兼外交部部长王毅应约同卡塔尔副首相兼外交大臣穆罕默德通电话,就双边关系交换了看法。

中国国务委员兼外交部部长王毅应约同土耳其外长恰武什奥卢通电话,就双边关系、打击恐怖主义、合作抗疫等问题交换了意见。

12 月 21 日 中国国务委员兼外交部部长王毅出席伊朗核问题外长视频会议。会议由欧盟外交与安全政策高级代表博雷利主持,伊朗外长扎里夫、俄罗斯外长拉夫罗夫、法国外长勒德里昂、德国外长马斯、英国外交大臣拉布等出席。王毅就伊朗核问题提出四点看法:一是要坚定不移维护全面协议;二是要推动美方早日重返全面协议;三是要公平客观解决履约争端;四是要妥善处理地区安全问题。

12 月 23 日 据《人民日报》报道,第四十七届巴格达国际书展近日在伊拉克首都巴格达举行。来自 20 多个国家和地区的数百家出版社参展。

12 月 25 日　据《人民日报》报道，中国政府援建的黎巴嫩国家高等音乐学院项目日前在黎巴嫩首都贝鲁特附近地中海之滨正式开工。这是中国援建黎巴嫩的第一个成套项目。

12 月 26 日　第十三届全国人民代表大会常务委员会第二十四次会议决定：批准 2017 年 5 月 13 日由中华人民共和国代表在北京签署的《中华人民共和国和土耳其共和国引渡条约》。

12 月 28 日　中国国务院总理李克强应约同阿尔及利亚总理杰拉德通电话，就两国关系交换了看法。

12 月 30 日　土耳其从中国科兴公司订购的首批 300 万剂新冠疫苗运抵土耳其首都安卡拉。

Abstract

The Middle East upheaval "long wave" and the COVID - 19 epidemic are superimposed on each other, and the global powers adjust their Middle East strategies, which have profoundly affected the development process of the Middle East countries and the evolution of regional situation. On the one hand, the COVID - 19 epidemic has worsened public health security, which not only exacerbated the political, economic and social crises of regional countries, but also changed the economic ecology, social ecology and governance ways of the Middle East countries to a certain extent. On the other hand, with the strategic contraction of the United States in the Middle East, the pace of reshaping the regional order has accelerated, and the relations among countries in the Middle East have entered a period of comprehensive adjustment.

First of all, the economies of the Middle East countries have suffered the dual impact of the epidemic and low oil prices. In the Middle East countries, economic growth has shrunk sharply, inflation has risen, government revenue has fallen, debt has increased, foreign direct investment and the inflow of overseas remittances have fallen, resulting in a sharp increase in unemployment and poverty. The epidemic has also given birth to the digital economy in the Middle East, which has become a new bright spot in economic development. However, the economy of the Middle East countries still faces many challenges when they come out of the trough.

Secondly, under the influence of the epidemic, the strong government governance model that strengthens social control has become widespread. However, as the epidemic continues and spreads, problems such as underdevelopment and poor governance in the Middle East countries have become serious, governance crises have further risen, and social problems have become acute, triggering public protests in some countries such as Algeria, Tunisia, Lebanon, and Jordan. These protests have brought new shocks to the political stability of the countries in the Middle East.

Thirdly, the adjustment of the Middle East strategy by the major powers and the changes of relations among the regional countries are the most prominent variables in the Middle East. The importance of Middle East in the United States' global strategy is declining, and the United States has contracted from Middle East significantly. However, in order to maintain its global hegemony, the United States will continue to withdraw, but it will not leave from the region. Russia focuses on the Syrian issue, and continues to increase its influence in the Middle East by "fanning out from point to area". The EU's ability to mediate on hot issues in the Middle East has declined, but it still seeks to expand its influence. China and Middle Eastern countries have joined hands in fighting the COVID – 19 epidemic, and the level of cooperation has improved, setting a model for the practice of true multilateralism. The Middle East security initiative proposed by China has been well received, and the constructive role of China in the Middle East has become increasingly significant.

Finally, hot-spot issues in the Middle East have heated up, a new round of geopolitical competitions have become fierce, and the regional security situation has become severe. Arab countries such as the UAE, Bahrain, Sudan, and Morocco have established diplomatic relations with Israel, which has profoundly changed and affected Arab-Israeli relations and regional structure. However, the new round of intense Palestinian-Israeli conflict shows that the Palestinian issue is still the root cause of the turmoil in the Middle East, and the prospect for its resolution is bleak. The intensity of the armed conflicts in Syria, Libya and Yemen has declined, but the process of political reconciliation has been struggling. With the withdrawal of American troops from Afghanistan, the political situation in Afghanistan has undergone drastic changes, and the Taliban have returned to power, which has an significant impact on the situation in the Middle East. Meanwhile, the terrorist attacks by "Al-Qaeda" and "Islamic State" frequently occur, and the threat of terrorist organizations to regional security has

increased. The issues of food security, climate change and water resources are serious, and non-traditional security issues will still threaten regional stability and development.

In short, the continuation of the COVID – 19 epidemic and the adjustment of the U. S. Middle East policy have brought ripple effects, which will inevitably increase the variability of the regional situation, and push up the uncertainty of the situation in the Middle East. In this context, the regional powers have restarted dialogues to ease the tension and maintain their own security, and the Middle East regional structure and inter-state relations have entered a period of comprehensive adjustment. In the long run, paying high attention to the security and development, boosting crisis management, and especially promoting the establishment of an inclusive regional security dialogue mechanism are promising to bring new hopes of peace and stability in the turbulent Middle East.

Keywords: Middle East; Economic Downturn; Geo-competition; Security Risk; Regional Strategy

Contents

I General Report

Abstract: The Middle East upheaval "long wave" and the COVID − 19
epidemic are superimposed on each other, which has profoundly affected the
development process of the Middle East countries, and to a certain extent changed
the economic situation, social ecology and governance ways of the Middle East
countries. The COVID − 19 epidemic has not only caused the Middle East
countries to encounter unprecedented economic and social development difficulties
as well as more severe non-traditional security threats than ever, but also worsened
some problems such as poor governance, insufficient development, and
governance crisis. At the same time, the adjustment of the Middle East strategy by
the major powers and the changes of relations among the regional countries are the
most prominent variables in the Middle East. The importance of Middle East in the
United States' global strategy is declining, and the United States has contracted
from Middle East significantly. However, in order to maintain its global
hegemony, the United States will continue to withdrawal, but it will not leave
from the region. China and Middle Eastern countries have joined hands in fighting
the COVID − 19 epidemic, and the level of cooperation has improved. The
constructive role of China in the Middle East has become increasingly obvious. The

hot-spot issues in the Middle East have heated up, a new round of geopolitical competitions have become fierce, and the relations among regional countries have changed heavily. Meanwhile, the regional powers have restarted dialogues to ease tensions, and maintain their own security. In the long run, paying high attention to the security and development, boosting crisis management, and especially promoting the establishment of an inclusive regional security dialogue mechanism are promising to bring new hopes of peace and stability in the turbulent Middle East.

Keywords: The Middle East; Economic Downturn; Geo-competition; National Governance; Security Problems

Ⅱ Sub-Report

Y.2 Security Situation and Outlook in the Middle East
in 2020 −2021　　　　　　　　　　　*Tang Zhichao* / 028

Abstract: In 2020, the security situation in the Middle East remained relatively unstable, regional conflicts increased, traditional and non-traditional security crises broke out at the same time, the region facing the very serious COVID −19 shock, and the region faced a serious public health security crisis. The Iranian issue continued to trigger regional tensions and became the focus of regional conflicts. The armed conflict in Syria, Libya and Yemen has declined in intensity, but the outlook remains bleak. The United Arab Emirates and other countries established diplomatic ties with Israel, dramatically changing the Arab-Israeli conflict. Violent and terrorist forces continued to pose a major threat to regional security, and their spread and spillover to other parts of the region was becoming more pronounced. Oil and gas and geopolitical competition in the eastern Mediterranean were intensifying. Fierce competition among major countries in and outside the region has shaken the foundation of strategic stability in the Middle East.

Keywords: The Middle East; Security Situation; Iran Nuclear Issue; Terrorism

Y.3 The Political Situation in the Middle East and Its Prospects
in 2020 −2021 *Zhu Quangang / 037*

Abstract: In 2020, the COVID −19 epidemic has become a major event affecting the process of human development, and it has also had a significant impact on the political development of Middle Eastern countries. The epidemic has reduced the frequency and intensity of popular protests which are popular in the Middle East in recent years. The political turmoil in some countries has temporarily eased, and the epidemic has not affected the electoral politics in some countries. The war-torn countries in the Middle East did not stop fighting because of the epidemic, and the political reconciliation process in these countries is struggling overall. At the same time, the epidemic has exacerbated the political governance crisis in most countries in the Middle East, and has accumulated new public dissatisfaction, which is likely to bring a new shock on the political stability in the Middle East. In the short to medium term, the Middle East countries are still in the midst of turbulent long waves. The most important task for the political development of Middle Eastern countries is still to find a political development path which is suitable for them.

Keywords: The Middle East; Political Stability; Political Governance; Political Reconciliation Process

Y.4 Middle East Economic Situation and Prospects in 2020 −2021
Jiang Yingmei / 052

Abstract: COVID − 19 epidemic since 2020 has led to the global recession. Since the second half of 2020, with the slow recovery of the global economy and the recovery of oil prices, the global economy, including the Middle East economies, has been better than expected. However, the epidemic situation and low oil prices still have a serious impact on the Middle East economy,

including economic contraction, high inflation rate, deterioration of financial and current account conditions, and rising unemployment and poverty rates. The epidemic has affected all sectors in the Middle East, especially the energy sector, tourism, aviation and other service industries and manufacturing industries. However, the epidemic also gave birth to the development of digital economy in the Middle East. Looking forward to the future, the Middle East economy will achieve a moderate recovery under the background of global recovery momentum and relatively high oil price, but the recovery prospects of regional countries are different, and there are large downside risks.

Keywords: Middle East Economy; International Oil Price; Global Economy

Y.5   The International Relations in the Middle East: Amid
the COVID −19 Epidemic   *Yu Guoqing, Chen Yao* / 081

Abstract: Amid the COVID −19 pandemic, U. S. , Russia and the EU have further modified their Middle East strategies, which deeply affects regional countries' foreign policies. U. S. continuously withdraws from the Middle East, while Russia has increased its influence in the region through the Syrian crisis, and EU seeks to play a more important role in the region. External powers' competition in the region becomes increasingly complex. As the powers adjusting their Middle Eastern strategies, regional countries strengthen ties with neighboring countries, especially those in the Horn of Africa, and improve multi-lateral international cooperation to fight against COVID −19. There are some changes in the relations among regional countries: the Arab Quartet have restored relations with Qatar; four Arab states normalize ties with Israel; Turkey's aggressive regional policy under modification in the context of COVID −19 pandemic. The regional order in the Middle East is rebuilding.

Keywords: The Middle East States; International Relations in the Middle East; External Power; Arab-Israeli Relations

Ⅲ National Report

Abstract: Iran is the country with the earliest COVID −19 outbreak in the Middle East. During the epidemic, the continuous increase in U. S. sanctions caused Iran to encounter serious difficulties in importing medical supplies and 2019 −nCoV vaccines, which became one of the important factors that prevented the Iranian epidemic from being effectively controlled. The superimposed effects of the COVID − 19 epidemic and U. S. sanctions have had an all-round and in-depth impact on Iran's political, economy and society. As the new U. S. President Biden takes office and gradually relaxes sanctions on Iran, Iran's economic recession and the development of the epidemic are expected to improve.

Keywords: Iran; U. S. Sanctions; Government Governance;Islamic Revolutionary Guard Corps;Iran Nuclear Deal

Abstract: The outbreak and spread of the COVID −19 Epidemic is another severe shock to the Turkish economy, which has just recovered from the lira Crisis and is slowly recovering. In the process of preventing and controlling the pandemic, Turkey has adopted the method of recessive herd immunity. After the introduction of epidemic prevention and control measures, Turkish government has frequently adjusted the policies and measures to prevent the pandemic and ensured the production in factories in order to maintain the stability of the

economy and society. Based on the comprehensive medical and health system, a sound medical and health infrastructure, an open and transparent epidemic information release system, and the demographic characteristics, the prevention and control on epidemic in Turkey is effective. President Erdogan and his ruling coalition is facing the risks of split within the AKP and the rise of new parties, weak economic growth, increased religious power, and further social divisions. However, the era of President Erdogan is far from over, the prospects on Turkey's political, economic and social development is promising.

Keywords: Turkey; Medical and Health System; Social Assistance; Social Division

Y. 8　Egypt: The Situation of COVID −19 and Its Impact on the Economy　　　　　　　　　　　　　　　*Dai Xiaoqi / 124*

Abstract: Since 2020, the COVID −19 epidemic has ravaged Egypt. At the first time the epidemic appeared, the Egyptian government began a counterattack against it. From implementing emergency measures to comprehensive measures combining prevention and control, the government has gradually controlled the spread of the epidemic. The epidemic hindered the development of Egyptian economy and the Sisi regime's large-scale economic reforms. In the face of the raging epidemic, the Egyptian government has introduced a series of relief and boost plans to keep the troubled tourism and processing industries running. Although Egypt's future anti-epidemic prospects are highly uncertain, the overall situation will be under control. With long-term structural problems and new problems brought by the epidemic to be delt with for many years, Egypt's economic reform is hardly promising.

Keywords: Egypt; Public Healthcare System; Economic Reform

Y.9 Saudi Arabia: Economic Reform and Its Prospect under the
Impact of COVID −19 Epidemic　　　　*Liu Dong* / 139

Abstract: In 2020, under the dual impact of the drop in international oil prices and the COVID − 19, Saudi Arabia's economy fallen into a total contraction, and the government's financial pressure increased significantly. For the sake of expanding the government revenue, reducing the burden of government finances, enhancing the level of economic diversification, as well as reducing the highly dependents of the economic on oil, Saudi Arabia exert great effort promoting the economic reform and the adjustment target set by the "vision 2030" facing with the extremely unfavorable economic environment. And the economic reform and adjustment effort taken by Saudi Arabia including legislation reform in labor market, tax system and exploitation of mineral resources, as well as investing in not-oil sectors, such as natural gas, tourism and etc.

Keywords: Saudi Arabia; International Oil Prices; Economic Reform; Economic Diversification

Y.10 The Changes and Prospects of Israeli's Domestic and Foreign
Policies under COVID −19 Epidemic　　　*Yu Guoqing* / 154

Abstract: Israel is affected seriously by the COVID − 19 in the Middle East. The incidence of infection is high, but the mortality rate is relatively low. The novel coronavirus pneumonia vaccination rate in Israel has been ahead of the world due to its low population base and relatively advanced health care level. Under the impact of the epidemic, Israel's domestic politics and foreign policy have shown many new features. Since 2020, Israel's domestic politics and elections have wavered, and it has experienced four general elections in less than two years. In terms of foreign policy, there has been a rare breakthrough in the relations between Israel and Arab countries for many years: in 2020, Israel has

realized normalization with four Arab countries, namely the United Arab Emirates, Bahrain, Sudan and Morocco. At the same time, Israel's overt and covert struggle with Iran in the Middle East is becoming more obvious, and its influence on regional affairs is rising.

Keywords: Israel; Legislature Election; Arab-Israeli Relations; Foreign Policy

Y.11   The United Arab Emirates: Adjustment and Prospect
of Domestic and Foreign Policies under the Influence of
COVID −19 Epidemic   *Tong Fei* / 166

Abstract: The United Arab Emirates is an important maritime, land and air transport hub linking Asia, Africa and Europe. It is the center of trade, finance and logistics in the Middle East Region. The spread of COVID − 19 has brought great challenges to human health, world economic development and global stability. It also has far-reaching implications for the open economic development and external relations of the UAE. In response to the impact of COVID − 19, the UAE has adjusted its national economic and foreign policies accordingly. Economically, the UAE has taken priority measures to combat COVID − 19 to ensure the long-term and sustainable development of major economic sectors and promote a balanced and steady recovery of the UAE's economic diversification. Through international anti epidemic cooperation, it has strengthened its strategic position in the Middle East and Africa. In the future, the UAE will seek to use its economic and diplomatic advantages to expand its strategic influence and commercial interests in the Middle East, the horn of Africa and South Asia.

Keywords: The United Arab Emirates; Economic Diversification; Foreign Policy; Economic Diplomacy

Ⅳ　Hot Issue

Abstract: The Gulf situation in 2020 is manifested as " change " and "predicament" are intertwined. On the one hand, the Gulf countries are suffering from the dual effects of the COVID - 19 epidemic and the drop in oil prices, which intensified the structural contradictions of economic and social development in the Gulf countries; on the other hand, the security situation in the Gulf is complex, and it is still high risk. As the Biden administration continues to retreat from the Middle East, the Gulf countries are seeking internal reconciliation and diversification of their security strategies. In the Gulf region, the influence of the United States is declining, and the influence of China is rising. In the future, cooperation between China and the Gulf countries will be more solid.

Keywords: Gulf; Oil Price; Security Strategy

Abstract: In 2020, Arab countries made a historic breakthrough in their relations with Israel, with four Arab countries—the United Arab Emirates, Bahrain, Sudan and Morocco—normalizing their relations with Israel. The fundamental reasons for the breakthrough in Arab-Israeli relations are the change of geopolitical pattern in the Middle East, the exploration of economic diversification by Arab countries in the economic globalization, and the policy adjustment of the Trump administration to solve the Palestine-Israel issue. With the new geopolitical pattern and the new demand of economic development, some Arab countries, in

order to safeguard their national interests, have adjusted their attitude towards solving the Israeli-Palestinian issue and no longer regard the Israeli-Palestinian issue as the core diplomatic issue. The breakthrough in Arab-Israeli relations serves the national interests of both sides, but at the expense of the Interests of the Palestinians. The improvement of Arab-Israeli relations will also have a significant impact on the geopolitical pattern of the Middle East.

Keywords: Arab Countries; Israel; Normalization of State Relations; Abraham Accords

Abstract: Libya experienced the transition from the military confrontation between two factions towards stable unity in 2020. External inventions took various forms. First, Turkey implemented military invention directly, which caused further competing between the supporting countries of the two sides, resulting in more serious chaos. The United Nations increased efforts on mediation through its representative in Libya. Other countries, such as Germany, also urged conciliation by hosting international conferences. These efforts got great results: two factions reached ceasefire, then continue further reconciliation along the established tracks. At present, the reunification is the trend, but the process will still face challenges, which need long time and a lot of joint efforts to get over.

Keywords: Libya; External Inventions; Economic Resurgence; Social System

V Foreign Economic Relation

Abstract: During 2019 the annual Export Value's growth rate of Western Asia (WA) is lower than that of the whole world, whereas that of the NON-Major Fuel Exporters (NMFEs) in WA is a marked positive value. The evaluation illustrates that as the result of COVID − 19's impact, the Daily Value Index (DVI) of Exportation, Importation of 10 Major Fuel Exporters (MFEs) in WA, decreased into its lowest monthly values during May 2020 by degrees as to be 59.1%, 28.5% respectively, whereas that of the 5 Non-Major Fuel Exporters' decreased into its lowest values during April 2020 by degrees as to be 35.6%, 28.3% respectively. During 2010 − 2019, the domestic Manufacture Export Values of most of the MFEs have grown rapidly which signifies that the Industry Diversification Procession of them yielded considerable results. Except for few WA countries which troubled by security problems, China's Export Value (EV) and Import Value (IV) with most WA Countries have grown with speeds which were higher than those of the China's whole EV and IV. The gap degrees were much remarkably before 2008. The paper suggests that at present, the proper measures for expanding the Sino-WA trade are strengthening medical product trade, attending to the Industry Diversification Procession, Participating the reconstruction after turbulences, deepening the trade ties with NMFEs.

Keywords: Western Asia; Fuel Export; Industry Diversification; Trading Partner

Y.16　Foreign Direct Investment of West Asia in 2020

Zhou Mi / 253

Abstract: In 2019, the overall international investment of West Asian countries has shown a downward trend, and the scale of two-way investment and the global share have both declined. In contrast, Chinese companies invest enthusiastically in West Asian countries, and the share of investment in Chinese companies' global investment continues to rise. The oil and gas industry has become the focus of inflow FDI in West Asian countries in 2019, but the economic diversification strategy of many countries has created many new development opportunities for companies including foreign investors. The UAE, Saudi Arabia, Turkey, and Israel are still the key countries that foreign investment pays attention to and inflows. The foreign investment they attract have both common features and their own characteristics. The COVID - 19 will have a serious impact on the international investment of West Asian countries in 2020 and following years. China and West Asian countries should strengthen cooperation, consolidate the foundation and actively explore new areas.

Keywords: West Asia; International Direct Investment; Economic Diversification

Ⅵ　Documentation

皮 书

智库报告的主要形式
同一主题智库报告的聚合

❖ 皮书定义 ❖

皮书是对中国与世界发展状况和热点问题进行年度监测，以专业的角度、专家的视野和实证研究方法，针对某一领域或区域现状与发展态势展开分析和预测，具备前沿性、原创性、实证性、连续性、时效性等特点的公开出版物，由一系列权威研究报告组成。

❖ 皮书作者 ❖

皮书系列报告作者以国内外一流研究机构、知名高校等重点智库的研究人员为主，多为相关领域一流专家学者，他们的观点代表了当下学界对中国与世界的现实和未来最高水平的解读与分析。截至2021年，皮书研创机构有近千家，报告作者累计超过7万人。

❖ 皮书荣誉 ❖

皮书系列已成为社会科学文献出版社的著名图书品牌和中国社会科学院的知名学术品牌。2016年皮书系列正式列入"十三五"国家重点出版规划项目；2013~2021年，重点皮书列入中国社会科学院承担的国家哲学社会科学创新工程项目。

中国皮书网

（网址：www.pishu.cn）

发布皮书研创资讯，传播皮书精彩内容
引领皮书出版潮流，打造皮书服务平台

栏目设置

◆ 关于皮书

何谓皮书、皮书分类、皮书大事记、
皮书荣誉、皮书出版第一人、皮书编辑部

◆ 最新资讯

通知公告、新闻动态、媒体聚焦、
网站专题、视频直播、下载专区

◆ 皮书研创

皮书规范、皮书选题、皮书出版、
皮书研究、研创团队

◆ 皮书评奖评价

指标体系、皮书评价、皮书评奖

◆ 皮书研究院理事会

理事会章程、理事单位、个人理事、高级
研究员、理事会秘书处、入会指南

◆ 互动专区

皮书说、社科数托邦、皮书微博、留言板

所获荣誉

◆ 2008 年、2011 年、2014 年，中国皮书
网均在全国新闻出版业网站荣誉评选中
获得"最具商业价值网站"称号；
◆ 2012 年，获得"出版业网站百强"称号。

网库合一

2014 年，中国皮书网与皮书数据库端口
合一，实现资源共享。

中国皮书网

权威报告·一手数据·特色资源

皮书数据库
ANNUAL REPORT(YEARBOOK)
DATABASE

分析解读当下中国发展变迁的高端智库平台

所获荣誉

- 2019年，入围国家新闻出版署数字出版精品遴选推荐计划项目
- 2016年，入选"'十三五'国家重点电子出版物出版规划骨干工程"
- 2015年，荣获"搜索中国正能量 点赞2015""创新中国科技创新奖"
- 2013年，荣获"中国出版政府奖·网络出版物奖"提名奖
- 连续多年荣获中国数字出版博览会"数字出版·优秀品牌"奖

成为会员

通过网址www.pishu.com.cn访问皮书数据库网站或下载皮书数据库APP，进行手机号码验证或邮箱验证即可成为皮书数据库会员。

会员福利

- 已注册用户购书后可免费获赠100元皮书数据库充值卡。刮开充值卡涂层获取充值密码，登录并进入"会员中心"—"在线充值"—"充值卡充值"，充值成功即可购买和查看数据库内容。
- 会员福利最终解释权归社会科学文献出版社所有。

数据库服务热线：400-008-6695
数据库服务QQ：2475522410
数据库服务邮箱：database@ssap.cn
图书销售热线：010-59367070/7028
图书服务QQ：1265056568
图书服务邮箱：duzhe@ssap.cn

社会科学文献出版社 皮书系列
SOCIAL SCIENCES ACADEMIC PRESS (CHINA)

卡号：962688217352
密码：

中国社会发展数据库（下设 12 个子库）

整合国内外中国社会发展研究成果，汇聚独家统计数据、深度分析报告，涉及社会、人口、政治、教育、法律等 12 个领域，为了解中国社会发展动态、跟踪社会核心热点、分析社会发展趋势提供一站式资源搜索和数据服务。

中国经济发展数据库（下设 12 个子库）

围绕国内外中国经济发展主题研究报告、学术资讯、基础数据等资料构建，内容涵盖宏观经济、农业经济、工业经济、产业经济等 12 个重点经济领域，为实时掌控经济运行态势、把握经济发展规律、洞察经济形势、进行经济决策提供参考和依据。

中国行业发展数据库（下设 17 个子库）

以中国国民经济行业分类为依据，覆盖金融业、旅游、医疗卫生、交通运输、能源矿产等 100 多个行业，跟踪分析国民经济相关行业市场运行状况和政策导向，汇集行业发展前沿资讯，为投资、从业及各种经济决策提供理论基础和实践指导。

中国区域发展数据库（下设 6 个子库）

对中国特定区域内的经济、社会、文化等领域现状与发展情况进行深度分析和预测，研究层级至县及县以下行政区，涉及省份、区域经济体、城市、农村等不同维度，为地方经济社会宏观态势研究、发展经验研究、案例分析提供数据服务。

中国文化传媒数据库（下设 18 个子库）

汇聚文化传媒领域专家观点、热点资讯，梳理国内外中国文化发展相关学术研究成果、一手统计数据，涵盖文化产业、新闻传播、电影娱乐、文学艺术、群众文化等 18 个重点研究领域。为文化传媒研究提供相关数据、研究报告和综合分析服务。

世界经济与国际关系数据库（下设 6 个子库）

立足"皮书系列"世界经济、国际关系相关学术资源，整合世界经济、国际政治、世界文化与科技、全球性问题、国际组织与国际法、区域研究 6 大领域研究成果，为世界经济与国际关系研究提供全方位数据分析，为决策和形势研判提供参考。

法律声明

　　"皮书系列"（含蓝皮书、绿皮书、黄皮书）之品牌由社会科学文献出版社最早使用并持续至今，现已被中国图书市场所熟知。"皮书系列"的相关商标已在中华人民共和国国家工商行政管理总局商标局注册，如LOGO（ ）、皮书、Pishu、经济蓝皮书、社会蓝皮书等。"皮书系列"图书的注册商标专用权及封面设计、版式设计的著作权均为社会科学文献出版社所有。未经社会科学文献出版社书面授权许可，任何使用与"皮书系列"图书注册商标、封面设计、版式设计相同或者近似的文字、图形或其组合的行为均系侵权行为。

　　经作者授权，本书的专有出版权及信息网络传播权等为社会科学文献出版社享有。未经社会科学文献出版社书面授权许可，任何就本书内容的复制、发行或以数字形式进行网络传播的行为均系侵权行为。

　　社会科学文献出版社将通过法律途径追究上述侵权行为的法律责任，维护自身合法权益。

　　欢迎社会各界人士对侵犯社会科学文献出版社上述权利的侵权行为进行举报。电话：010-59367121，电子邮箱：fawubu@ssap.cn。

社会科学文献出版社